東北の民俗芸能と祭礼行事

菊地和博

清文堂

まえがき

本書は、論考を中心とした以下の四部で構成されているが、ここでは各部ごとに概要やねらいなどについて簡潔に述べてみる。

第一部は、東北地方の田植踊りについての論考である。田植踊りは、水田稲作の豊作を祈願する芸能であるが、その分布を東北の県単位でみれば、福島県、山形県、宮城県、岩手県の四県に限られる。秋田県と青森県には見られない。秋田県には石神田植踊があるが、それは田遊びの一種である。青森県八戸市周辺に伝わるエンブリは、同じ豊作祈願の芸能ではあるものの、田植踊りと同種とは考えられない。

田植踊りといっても、各県、各地域によってかなり様相が異なるが、一月十五日の小正月に一軒一軒踊り歩いたことは共通する。東北以外の各地にある御田植神事、西日本の花田植（大田植）などが、ほぼ田植えの時期に早乙女が田んぼに入って苗植えをしたり、囃し手が楽器演奏をしたりするものとは根本的に異なる（ただし、例外的に福島県に御田植神事・御田植祭がみられる）。

東北の田植踊りは、歳神様のいる正月にその年が豊作となることを先取りして祝う、または予め祝う（「予祝」）、という切実な祈りの心から生まれたものと考えられる。度重なる冷害による飢饉に苦しめられたのが東北地方だった。この章では、田植踊りという庶民の芸能について、その厳しい自然や稲作発展史等を踏まえて、「弥十郎」「藤九郎」分布圏などを検討し、起源や伝播論にも言及しながら、その本質やより正確な実態に迫ろうとしたものである。

なお、山形県村山地方の田植踊りを区分する名称として、これまでその一つを「テデ棒系」と称していた。しかし、本書では記録や実態の裏付けを踏まえて、「突き棒系」と称すべきであることを新たに提示している。

第二部は、東北の霊山で活動した修験山伏が伝えた山伏神楽・番楽についての論考である。本論の修験系神楽とは、青森県東通村の能舞、岩手県の山伏神楽、秋田県・山形県の番楽をさす。この神楽には獅子舞を中心にして三番叟や翁舞などの猿楽能やその他の芸能が組み合わされており、中世芸能の遺風をよく伝えている。これは東北地方にのみ継承されてきた固有の文化であり、当地方の歴史文化の考察には欠かせないものである。

本書では、修験系神楽つまり山伏神楽・番楽を、「鐘巻」という演目を通して比較分析し、太平洋側（旧陸奥国側）と日本海側（旧出羽国側）の大きく二つの舞台において、その類型化や交流文化圏を考察してみたものである。また、考察は芸能史的研究ではなく民俗社会史的視点に立って進めた。つまり、神楽芸能は地域生活とどう関わって継承されてきたのか、また、神楽芸能があることが地域生活にとってどのような影響や意味があったと考えることができるか、というような観点で考察を行った。

それは、およそ五年間の調査研究に基づいているが、その対象に、岩手県花巻市の大償神楽・岳神楽、および六つの「弟子神楽」、山形県真室川町の三つの「真室川番楽」、秋田県由利本荘市の十三の「本海番楽」などを選定し、分析・検討を進めた。

第三部は、東北のシシ踊りという芸能の実態や本質を考える論考である。東北地方南部（南奥羽）を視座にすえて、同じ東北地方でも北部方面、さらには関東地方のシシ踊りをも視野にいれて比較・検討を行っている。そこで明らかにしたことは、地域社会がシシ踊り（鹿踊・鹿子踊）を必要とした最大の理由は、お盆の鎮魂供養、特に無縁仏供養を行なう芸能として不可欠だったことである。その供養には飢饉の餓死者供養が含まれており、再び凶作・飢饉に襲われないように、丁重に悪霊・怨霊を鎮めて送り出そうとした配慮・工夫がみられる。

本書では岩手県一関市の「本寺鹿子踊」を考察の対象としているが、江戸時代の飢饉における犠牲者への弔いの心といたわりの心情をもって踊られたのであろうことを述べている。凶作にならないよう鹿子踊は集落の豊作・五穀豊穣を切に祈って、盆の鎮魂供養を行なったので「豊年踊」とも称された。

東日本のシシ踊りのなかで、関東地方のシシ踊り（三匹獅子舞）と東北地方のそれとでは大きく異なるのは、今述べた怨霊の供養性が強いことのほかに、演目およびシシのカシラそのものに強い野生性・野獣性がみられるのが特徴である。ここでは、岩手県のシシ踊り（鹿踊）の演目「案山子踊り」「綱踊」「綱がかり」を通して、そのことを実証的に検討している。

第四部は、東北の祭礼行事について論じたものである。東日本大震災の壊滅的な打撃を受けながら、なおも祭りにかける人々の情熱は想像を超えるものがあった。はたして、人々を祭りにかりたてるものは何なのか。本書では、祭りとは本来どういうものだったのかという問題意識を根底にすえ、中世から現代までの歴史的諸相を通じて祭りの本質を問い、現代の地域生活における意義とは何かについて分析・考察している。

また小正月火祭り行事について考察を深めるため、広く滋賀県近江八幡市・神奈川県大磯町・福井県勝山市に事例を求めた。東北の事例としては仙台市大崎八幡宮の「どんと祭」を取り上げ、さらに東北各県の実態もみつめてみた。これらの広域的事例を比較検討してみた結果、火祭りは「神送り」であるとの従来の見方に対して、そこには「神迎え」の側面があるのではないか、という問題提起を試みた。その真義はともあれ、本章では列島各地にみる小正月の火祭り行事とは何かの本質を考えてみようとした。

以上、これら四部で取り上げた内容は、かつて論考として発表したものである。これらはそもそも単独として成立していた。それを一書としてまとめるには、当然ながら内容のダブりや表現などの整合性に不具合が生じてくる。そのような理由から削除や修正をはかった部分がいくつかある。それ以外はほぼ原文のまま掲載している。各部の論考は、巻末に「初出一覧」としてその出処を記載した。

東北の民俗芸能と祭礼行事

目次

第三部　東北のシシ踊り、その供養性と野獣性……259

写真／著者撮影
装幀／柴田精一

第一部　東北の歴史風土と田植踊り

第一章　東北地方の歴史風土と田植踊りの本質

はじめに

東北地方には稲作芸能の一種である田植踊りが分布している。ただし、その分布を県単位でみれば、福島県、山形県、宮城県、岩手県の四県に限られる。秋田県と青森県には見られない。秋田県には石神田植踊があるが、それは田遊びの一種である。青森県八戸市周辺に伝わるエンブリは、同じ豊作祈願の芸能ではあるが、後述するように田植踊りと同じとは言えない。山形県でも庄内平野が広がる水田地域には田植踊りはまったく見られない。岩手県では盛岡以北から田植踊りは激減する。福島県会津地方では、田植踊りのことを早乙女踊りと称することが多い。このように、東北地方の全域にわたって田植踊りが分布しているわけではない。それでも、東北地方の特性を語る芸能の一つとして、田植踊りは主要な位置をしめる。

田植踊りといっても、各県、各地域によってかなり様相が異なる。たとえば、山形県の女装した早乙女は、後方であまり位置を変えずにササラを摺る役目をはたす。ところが、宮城県の早乙女は女性が多く、動きも舞踊化している。岩手県北上市では踊り手の輪踊りが中心になるところもある。

しかし、これらの田植踊りは小正月の雪降る時期に、一軒一軒踊り歩いたことが共通する。一月十五日の年明け早々、豊作を祈願する田植踊りの一行が個人の庭先や座敷で踊る姿が見られたのである。東北以外の各地にある御田植神事、西日本の花田植（大田植）などが、ほぼ田植えの時期に早乙女が田んぼに入って苗植えをしたり、囃し手が楽器演奏をしたりするのとは根本的に異なる。

東北地方の田植踊りは、歳神様のいる正月のうちに豊作をあらかじめ祝いたいという切実な祈りの心から生まれたものと考えられる。度重なる冷害による飢饉に苦しめられたのが東北地方だった。田植踊りという庶民の芸能を考察するには、その厳しい歴史風土と稲作農耕史を背景にしなければ本質は見えてこない。

一　小正月門付け芸としての田植踊り

東北地方の田植踊りの本来の姿とは、家々を訪れて踊りを演じる門付けの芸能である。百十組を超える岩手県内の田植踊は「庭田植」と「座敷田植」と呼ばれる。屋外の敷地内で踊るものが庭田植であり、一軒一軒上がり込んで屋内で踊りを披露するのが座敷田植である。各県にもこの二つのタイプが混在する。

田植踊りにはきまって口上が述べられるが、次に記すとおり、踊りの初めに語られる文言は、多くの田植え作業人を伴って地主や旦那衆をはじめとする家々を訪れることを示している。

①弥十郎「ハイハイドウと、当年な御作だちもハヨーござって毎年の通り、明の方から御田植が参った。これの長者様に千秋おめでとうござる、それそれ。」

藤十郎「日より日がしら相吉日にもさしあたり、上の早乙女三千人、中の早乙女三千人、合わせ申して六千人の御早乙女。かくこう申す弥十郎、それそれ。」

（岩手県北上市上江釣子「荒屋田植踊」口上）

②「やって来たりやご亭様、おうちに御座るか年々の御家例をもって。アレ、アキの方から大田植・小田植・苗取り・しろかき・共に千八百人つれて参った。」

（山形県西村山郡中山町「小塩お福田田植踊」口上）

③「東西東西、東西東西と申しましては、各々の様方、御見物舌長な口上、あまり高う御座候へども、平に御免被りまして。さて、今晩　のため呼び入れてくださいまして、誠に有難や幸せと存じ奉る。名ある芸者は入れ替わり立ち替わり、諸芸をつくし終えたるあと、われらふぜいな者ども、昨年不作今年万作百姓田植踊などどは作つかまつる。（後略）」

（福島県安達郡大玉村「本揃田植踊」口上）

④「一月十八日あした日照りて、やがて雪のいたくふれり。田植躍といふもの来る。（中略）それが詞に〈えぶりずりの藤九郎がまいりた、大旦那のお田うえだと御意なさるる事だ、前田千苅り後田千苅、合わせて二千苅りあるほどの田也〉」

（菅江真澄　天明六年現岩手県胆沢郡滞在日記(1)）

中世に起源をもつ田遊びや田楽などは、諸国一宮や官寺の祭礼で行われる相撲、競馬、流鏑馬などの稲作神事のなかに見いだされる。それは荘園の水田などでも行われ、一般に耕作始めの儀礼的なかたちをとるものが多かった。ところが、東北地方の田植踊りは小正月に大勢が地主、旦那様の家に田植えの手伝いに参ったというかたちをとる。家々を祝福する門付け芸として受け入れられ広まったのが田植踊りであり、田遊びや田楽とは違ったスタイルを持つ稲作芸能として発展してきた。

山形県の田植踊は四十組近くあるが、現在門付け芸としての機能を完全な形で保っているのは、大蔵村合海地区に伝承される合海田植踊だけである。しかしこの踊りでさえも、本来の小正月の時期には行わなくなっている。山形県のみならず東北地方の田植踊りは、もはや門付けを行わないものが多く、踊る時期も小正月に限定していない。それはあくまでも簡略化された田植踊りの姿である。

二　芸風・芸態からみた田植踊り

田遊びや田楽は東北地方にはきわめて少ない。岩手県和賀郡江釣子村に県内唯一の「春田打ち」が伝承されている。それは田遊びの一種であるが、六演目を稲作の農作業を模擬的に演じ舞う。コミカルに狂言風に所作を演じるものもあれば、扇舞を中心にした穏やかで古い芸風の舞いが多い。

田遊び的な要素が田植踊りに取り込まれていることにも留意したい。岩手県紫波郡紫波町の山屋田植踊には多彩な演目がみられる。「三番叟」「苗代作」「五穀くだしと種まき」「中踊りと早乙女」「御検分」「早苗振仕度」「水見」「代流い」「稲刈り」など、田づくりの作業工程を芸能化している。

それは、福島県安達郡大玉村の本揃田植踊の演目にも見られる。「前口上」「五葉の松」「苗代すり」「振り込み」「苗代うない」「苗代しめ」「種蒔き」「苗取り」「籾よし」「春田うない」「隠居田植え」「籾吹き」「籾すり」「田の草取り」「籾倉入れ」「ふきはぎ」「郷踊」「上がりはか」「米搗き」「稲刈り」「代かき」「稲扱き」の実に一八種がある。

田楽躍として継承されているのは、岩手県平泉市毛越寺の延年の舞のなかの「田楽躍」、宮城県金成町の小迫の延年のなかの「田楽舞」、山形県遊佐町の吹浦田楽と同じく羽黒町の高寺八講のなかの「田楽躍」（いずれも「花笠舞」と称する）などがある。

田楽躍は数人が円陣形を組んだり向き合ったりして、ある型を持って構成する。動きはパターン化されたものがあり、舞踊や跳躍の動きはあまり見られない。特に印象的なのは、二、三列に並んでシンメトリック（左右対称）で幾何学的な動作を繰り返すところである。概してこれらは古風であり、ある定型化された芸態をみることができる。

他方、田植踊りは上下・左右にわたる躍動性という点において踊りの形態が違い、アップテンポと軽妙な芸風は時代や系譜が異なるものを感じさせる。女性の輪踊りや早乙女の舞踊化、風流化が一段と進んだものもある。こうして比較すれば、田植踊りは田遊びや田楽などと比べて、かなり異なった芸態であることが実感される。

ここで、田植歌と田植踊りの関係について若干触れてみたい。田遊びや田楽または御田植神事、御田植祭などは、いずれも稲の豊作を祈願する所作や舞踊を行うところに田植踊りとの共通性がある。これら中世に起源を持つ稲作神事や芸能に伴う田植歌を比較検討することも重要だろう。まず、福島県会津高田町の伊佐須美神社に伝わる御田植神事の田植歌「催馬楽」を以下に記してみる。(2)

第一段　大明神の召さうとて　繋ぎおきたる御座船
第二段　御正田のはやし田は　高天の原のよいところ
第三段　大明神のみたしろは　葦毛の駒を早うひく
第四段　さやけきやさやけきや　竹の音のさやけき
第五段　大明神の御手つぼに　おろす豊のちたり穂
第六段　広い田や安い田や　植うるところの楽しき

（以下十一段まで省略）

つぎに、福島県磐梯町の恵日寺に残る「田植歌」は、奥書によれば鎌倉時代の建治二年（一二七六）に書写されたという。その一節を次に記そう。(3)

みなわかきたれ　ひじりこかきよせ
おとめらが　さとめらが
うゑわたす若苗　みとしろもせきまで
うゑわたす　神のさとめらが
うゑわたす若苗
磐梯山に雲ゐ棚びく　たなびきて
雲ゐたなびきて　をさめそぼふる
とれや早苗　ううれや　さをとめ
かさもきるな　をがさもかぶるな
ううれや　ううれや　大御田　（以下略）

このように、中世の田植歌は古語で表現され明らかに時代性を物語っている。これに対して、田植踊の歌詞や口上には中世ふうの古謡はほとんど見られない。

なお、福島県会津高田町の伊佐須美神社、会津坂下《ばんげ》町の栗駒稲荷神社、喜多方市の慶徳稲荷神社には御田植神事・御田植祭がみられるが、これは東北地方ではきわめて稀な事例である。こういう民俗現象は、福島において東北的要素とそれ以南の要素が混在するケースがいくつかあることを示唆している。

三　新田開発と田植踊り

1　新田開発と東北地方

田植踊りの成り立ちを考える場合、江戸時代前期の十七世紀に行われた新田開発がポイントになると思われる。この時期は畿内およびその周辺よりも東国や東北地方および西南地方の開発が多く、日本の耕地面積がおよそ二倍になっているという。菊池勇夫氏は「一七世紀の大開発時代を通して東北農村は一部山間地帯を除き、水田稲作を基調とする田園地帯に変貌を遂げたと評価して間違いあるまい。」と述べている(4)。

この開発は江戸時代初期にとどまらず以後も続いて行われた。高橋富雄は「日本全体としては、三〇〇年足らずの間に、耕地面積にしておよそ七〇%の増加を見ている。東北もそれにほぼ対応するような開発の進展がたどられるのである。」としている。特に東北諸藩の新田開発については、「近世全期を通ずるその開発総額はおよそ二〇〇万石、慶長期の二六〇万石に対して約八〇%の増となって、実高四五〇万石ほどの大勢を示していたのである。」と述べている(5)。

2　新田開発と飢饉

山形市山家本町に残る史料には、元文二年(一七三七)堂宇再建に当たって村の若者が田植踊りを踊ったことが記されており、「をんと取り」三人、「早乙女」六人の踊り手がいたことが認められる(6)。この頃には山形県村山地方で田植踊りが行われていたことを示す貴重な資料である。東北地方の田植踊りの起源は、伝承を含めて江戸時代の中期以降に求められるものが多い。新井恒易氏は「奥羽の田植踊には近世的色彩が強く、田遊びのとぼしい反面で、田植え踊りが広汎に盛行していたことが奥羽の特色である」と述べている(7)。

田植踊りの成り立ちについては、新田開発という社会経済史的観点から考えれば、それは東北の水田稲作の発展とともにあったと想定できる。それは繰り返される凶作と飢饉の風土のなかで、農民の豊作への切なる祈りとして広まったことが考えられる。寒冷地の東北では稲作だけでは生き延びられず、稗や粟、雑穀をたよりとした地域が少なくない。稲作への祈りはいっそう切実なものとならざるをえない。田植踊りの発生と広まりはそこにあると考えるのである。

たとえば、山形県寒河江《さがえ》市の幸生田植踊は、宝暦五年（一七五五）の奥羽大飢饉をきっかけに翌年豊作祈願として始められた。同じく東根市の小田島田植踊は、宝永五年（一七〇八）に村山地方が大飢饉に見舞われた際に生まれた。このような起源伝承は明らかに当地方の農耕事情の一端を示している。また、切実さということでは、東北の田植踊りがほとんどといっていいほど一月十五日の小正月に門付けされていたことである。先に口上の事例をあげた岩手県北上市の荒屋田植踊は、小正月に庭元にある「田之神」の碑に「笠揃え」してその年の田植え踊りをスタートさせることを慣習としてきた。

3　歳神様への予祝

雪深い小正月に早々と豊作祈願の芸能を繰り広げるのはなぜか。それは歳神様に豊作を約束させるという意図が込められているからだと考えたい。関東から西日本で行われる稲作芸能や御田植神事は、田植え時期に直接田の中で早乙女が苗植えを行って神に祈願するかたちをとる。他方、東北の田植踊り、さらには庭田植え（雪中田植え）なども雪の中で行われる。その違いは、東北の厳しい風土と農耕の歴史的実態を踏まえて初めて理解できる。民俗芸能の本質は農業などの産業基盤、飢饉などの歴史との関わりを踏まえて考察することによって見えてくる。

四　エンブリと田植踊り

エンブリは、毎年二月十七日から二〇日までの四日間、青森県八戸市中心部とその周辺地域で繰り広げられている豊作祈願の芸能である。近年では八戸市内に二五組、その周辺町村に一三組が活動している。青森県の県境近くの岩手県内には七組のエンブリ組が存在する。これらは明治時代初期にはおよそ一二〇組あったと伝えられている。

1　歌詞にみる豊作祈願

エンブリ組の一つである「中居林えんぶり組」の演目には、「摺り始め」「中の摺り」「摺り寄せ（摺り納め）」「田植え」「御祝い」「目出た節」「松の舞」の演目がある。そのなかで歌われている「田植え」の歌詞はつぎのような内容である。

〈田植え〉
そーのやーい　今朝のはかは　千刈田の　みなぐちぐち　植えたる若松　そーのやーい　一の枝　黄金花
九つ咲いたる若松　そーのやーい　人は問わば　次郎と　太郎の植えたる若松　そーのやーい　一つの呼んだし　呼ぶも　呼ばれたし　朝日長者と呼ばれた　そーのやーい　あまり植えれば　腰は　やめ候　おいと

ま申すぞ田の神

内容からもエンブリが田の神に豊作を祈願する芸能であることがわかる。本来一月十五日に行われており、エンブリは予祝の芸能である。それは年明け早々、正月の歳神様がいる時期に踊るのを常とする。先に述べたように、それは歳神様に豊作を約束してもらう意図がこめられているだろう。冷害に苦しんだ東北地方に特有の田植踊りも、ほとんどが雪降る時期である小正月に踊られていた。西日本には見られない民俗現象である。それだけ北国の人々は、豊作を祈るこころが切実であると考えたい。

2　稗栽培地における豊作祈願

エンブリの始まりについて、鎌倉時代に起源を求める伝承が三種ぐらいある。その妥当性はともかく、記録としてさかのぼれるのは江戸時代中頃である。享保十九年（一七三四）の八戸藩『御用人日誌』に記載されているので、そこに「田植上り御末ニても」という表現があり、「田植」がえんぶりのことと解釈されている。また、えんぶりの名称の初見は、延享三年（一七四六）の『八戸藩日記』にみられる(8)。

それでは江戸中期の八戸および周辺地域の農耕はどういう状況だったのか。えんぶりは田の神への豊作祈願の芸能であると記した。田の神といえば稲作の神をすぐさま想起させるが、はたしてこのあたりの水田稲作の進展はどうだったのだろうか。

八戸を含む東北地方北部の太平洋沿岸地帯は、冷たい北東の風、いわゆるヤマセが吹きつけ、凶作・飢饉の悲劇が江戸時代にピークを迎えたことは記すまでもない。江戸期の東北地方は冷害型の飢饉が特徴的であった。ヤマセの吹き付ける冷害の地域では、稲が壊滅的である場合でも、稗というものが人々を飢饉（ケカチ）から救っ

表1　青森県内主要農産物作付け反別・収穫高

	水稲・陸稲		大麦・小麦		あわ		ひえ	
	作付け反別	収穫高	作付け反別	収穫高	作付け反別	収穫高	作付け反別	収穫高
	反	石	反	石	反	石	反	石
昭和5年	69,114.2	1,305,433	6,140.0	77,949	5,786.3	71,628	5,922.3	95,475
弘前市	34.2	1,058	−	−	0.2	0.4	−	−
青森県	280.8	6,054	−	−	−	−	−	−
八戸市	460.5	8,385	504.6	8,063	157.6	2,049	650.2	13,654
東津軽郡	8,103.6	146,954	23.0	189	59.1	501	6.4	74
西津軽郡	11,260.1	216,440	2.6	35	33.4	364	1.6	17
中津軽郡	6,335.3	141,879	1.2	14	70.3	1,047	−	−
南津軽郡	11,642.7	267,164	0.9	11	34.6	272	4.0	53
北津軽郡	11,008.5	201,540	0.4	4	25.5	251	9.6	125
上北郡	10,506.6	152,578	1,234.4	18,881	2,283.2	24,264	1,529.0	23,553
下北郡	1,947.8	28,783	8.4	96	133.2	1,624	75.7	1,559
三戸郡	7,534.1	134,598	4,364.5	50,656	2,989.2	41,252	3,645.0	56,440

（昭和5年『青森県統計書』）

た。「稗にケカチなし」とか「凶作知らず」と語られてきたのである。[9]特に盛岡藩北半部、北上山地、八戸藩では、水田に稗を栽培することはめずらしくなく、下北地方では明治に入っても水田にはほとんど稗しか作らなかった。[10]

表1に明らかなように、昭和五年の八戸市では水稲と陸稲合わせた収穫高は八三八五石にすぎない。ところが稗の収穫高は一万三六五四石である。じつに稗の収穫高が米の収穫高の一・六倍もあったのである。[11]

表2は軽米町の作付け面積の状況を示したものである。軽米町は現在岩手県最北端に位置するが、かつては八戸藩の一部であった。軽米町においては、なんと昭和三五年までは稗の作付け面積が第一位を占めている。稲は三位か四位にすぎない。[12]

気候上から当地域一帯の農耕事情はほとんど同じものだったと考えられる。八戸では昭和三十年代までは稗が主食であったという伝聞も、それほど実態からかけ離れたものでないことが表2の統計からいえるのである。

水田に稗を栽培することはめずらしくなかったと記したが、その稗は田稗といわれた。田に植える稗は、苗代や田

表2　一戸当り作物別作付面積の変遷（軽米町）

	一位	二位	三位	四位	五位	六位	七位
昭和二十八年	ひえ　四七a	大豆　三四a	小麦　二九a	稲　二八a	大麦　七a	小豆　四a	
三十年	ひえ　四七	大豆　四〇	稲　三一	小麦　二九	大麦　八	小豆　五	
三十五年	ひえ　四七	大豆　三四	小麦　三四	稲　三〇	そば　一七	大麦　一〇	あわ　一〇
四十年	稲　三五	ひえ　三一	小麦　三〇	大豆　三〇	そぱ　一六	あわ　一一	大麦　八
四十五年	稲　四五	小麦　三三	大豆　三二	ひえ　三二	そば　一一	大麦　六	小豆　六

『軽米町誌』（軽米町誌編さん委員）昭和五十年

植女による田植えを行うなど稲作とかなり類似する方法で栽培していたことがわかっており、外見ですぐさま稲か稗かはわからなかった。八戸藩九戸郡軽米村で著述された淵沢円右衛門の『軽邑耕作鈔』には、苗代への播種時期、稗苗、本田への移植、田植え、など田稗の栽培方法が詳述されている(13)。この田稗については『会津農書』によっても知ることができる。そこには、「肥料分のある水がかかっている稲ができすぎて倒れてしまうような水口の田には、ひえを植えるとよい。（中略）ひえを植えるのは五月の中前後がよい。また、六月土用前に植えても立派に実る。ひえ苗は葉先を切り、一株に二本ずつ、稲の場合より株間を離して植えるとよい。」と記されている(14)。

盛岡藩、八戸藩、秋田藩などでは、検地による田畑の等級を決めるにあたり、水田の等級の上田、中田、下田、下々田以外にも、稗田あるいは上稗田、中稗田、下稗田、下々稗田のランクを設けている。弘前藩は検地の田位として「稗田」はなかったが、稗は一定程度の作付け率となっている(15)。

以上のように、近世農書にみる田稗の栽培、藩政策としての稗田への等級付与などを踏まえるならば、農耕実態として近世期に八戸周辺では田稗の栽培が行われていたことは明らかである。

繰り返しになるが、稗栽培はヤマセの吹き付ける太平洋沿岸地域ばかりでなく、弘前藩、秋田藩、会津藩などの日本海側の東北地方でも広く行われていた。それは少なくとも八戸周辺では近代に入ってからもしばらく続いた。このことは民俗文化をただちに水田稲作に結びつけて考えてしまう傾向に反省をせまるものだ。民俗芸能の発生史やその基盤について、特に東北地方は稲作農耕文化の中だけで考えては見落としてしまう部分があるだろう。

3　田植踊りとの相違

これまでみてきたように、エンブリを歴史的な農耕実態とつき合わせて考えると、すぐさま稲作芸能というわけにはいかない。つまり、エンブリが田の神に祈願する豊作とは、必ずしも稲の豊作だけではなかったことがわかる。それは稗、粟、大豆、小麦など稲作以外の作物であったことはいうまでもない。そういえば、江戸時代の盛岡藩奥通地域は畑作優位の大豆生産地帯であったことも想起される。エンブリとは水田稲作の芸能とはいいきれない。長い時代に主食であった稗をはじめとする雑穀の豊作を祈る芸能でもあった、と考えるのが当地方の農耕実態と合致する。

エンブリは同じ稲作上の田植踊りの芸能として扱われる場合がしばしば見受けられる。たとえば、『民俗芸能辞典』（東京堂出版　一九九六年）や『日本民俗大辞典　下』（吉川弘文館　二〇〇〇年）には同じ種類とある。たしかに山形県寒河江市の中郷田植踊、谷沢田植踊、幸生田植踊などでは「エンブリ」と名づけられた人物も登場する。こういうことから両者は同一系譜と考えられやすい。しかし、八戸周辺のエンブリと田植踊りは芸態上も異なるし、発生史的に同一視してはならない。

エンブリは稗や雑穀の豊作を切実に祈る北国の農民の心を表現する芸能であった。しかし、八戸周辺の稲作の発展史をふまえた厳密な意味において、エンブリは稲作芸能ではない。ただし、現在ではエンブリはすぐれて稲作芸能の役割を果たしていることは確かである。

まとめ

⑴田植踊りは、田遊び、田楽などと違って、小正月に行われる門付け芸能として発展してきた。訪問はまず地主、旦那衆の家を始まりとしており、大勢を引き連れて踊りに参ったというかたちをとっている。田植踊りは地域的展開性、広域性をもった芸能である。

⑵田遊びなどの芸風・芸態とは違い、より舞踊化され躍動性がある。華やかさや娯楽性も加味されて風流化がより進んだ内容が田植踊りに認められる。歌謡の面では中世風の古謡的要素はうかがわれない。

⑶江戸時代前期以降の新田開発によって、東北地方には水田稲作農耕がめざましく進展した。しかし、寒冷地である東北地方では冷害による飢饉が絶えなかった。田植踊りはそのような歴史的背景をもった祈りの芸能として形成されたと想定できる。歳神様のいる小正月に予祝芸を行わざるをえない切実さが見いだされる。

⑷エンブリは昭和に入ってからも稗や雑穀栽培が続いた八戸周辺に伝承されてきた。そのような農耕事情を踏まえれば、厳密にはエンブリは水田稲作にもとづく芸能としての田植踊りと同じ芸能とは言い難い。民俗芸能は風土や社会経済的要因を下敷きにして、その地域的実態に即して分析・把握されなければならない。

⑸以上の観点に立てば、田植踊りは列島における水田稲作の進展とともに田遊びや田楽などが伝播、風流化したものという一元的認識では捉えきれない。たんなる田遊びの東北的展開、一派生形態という認識では田植踊りの本質に迫ることはできない。

註

(1)菅江真澄　天明六年現岩手県胆沢郡滞在日記、『菅江真澄全集第一巻』未来社　一九七一年
(2)平成十二年七月十二日実施の御田植神事当日の調査に基づく。
(3)岩崎敏夫『東北民間信仰の研究上』　名著出版　一九八二年
(4)菊池勇夫『近世の飢饉』吉川弘文館　一九九七年
(5)高橋富雄『東北の歴史と開発』山川出版社　一九七三年
(6)「虚空蔵再建記」(『山形市史編集資料』第十六号所収)山形市教育委員会　一九八一年
(7)新井恒易『農と田遊びの研究上』明治書院　一九八一年
(8)『青森県民俗芸能緊急調査報告書』青森県教育委員会　一九九六年
(9)高橋九一『稗と麻の哀史』翠揚社　一九八三年
(10)前掲『近世の飢饉』
(11)『青森県統計書』青森県　一九三〇年
(12)『軽米町誌』軽米町誌編纂委員会　一九七五年
(13)淵沢円右衛門「軽邑耕作鈔」(『日本農業全書第二巻』所収)農山漁村文化協会　一九八二年
(14)『会津農書・会津農書付録』(『日本農業全書第一九巻』所収)一九八二年
(15)菊池勇夫「赤米と田稗」(『宮城学院女子大学研究論文』第七七号所収)一九九三年(その後『東北から考える近世史―環境・災害・食料、そして東北史像』〈清文堂出版、二〇一二年〉に収録)。

第二章　菅江真澄の「八戸田植踊」と豊作祈願芸能

はじめに

菅江真澄は、三河国出身でのちに羽後国秋田に住み着いた江戸時代後期の旅行家・民俗研究家である。真澄は東北の旅の途中で見た芸能のなかで「田植踊(躍)」と記しているものがあり、それに関する歌や口上を含めた説明文や写生図を残している。その中の一つに、文化六年(一八〇九)に著された「ひなの一ふし」の中の「八戸田植踊」がある。本稿は次のようなねらいをもって構成した。一つは、「八戸田植踊」は現在も継承されている東北四県にみられる田植踊りとどのような関係にあるかを明らかにすることである。二つは、『八戸藩日記』に記録された「田植」とは、現在の八戸市周辺で行われている「えんぶり」のことであるとの従来の解釈に対して、むしろその多くは田植踊りであった可能性があることを明らかにすることである。

さらに、これらの考察を通じて八戸市で田植踊りが消滅していった理由、つまり当地方の歴史風土に田植踊りが根づかずに「えんぶり」という芸能が定着した歴史文化的背景を考察する手がかりをつかむことである。

一　口上と歌詞にみる「八戸田植踊」

まず、「八戸田植踊」と現在行われている東北の田植踊りとを比較検討してみたい。「ひなの一ふし」（文化六年頃）には、「八戸田植踊」の踊りの最初に述べられる「ヤン重郎の口上」、およびそれに続く「唄」、さらに「口上」が記されている[1]。その詳細を以下に記す。

おなし国風俗八戸田植踊　［正月興之。ヤン重郎が口上といふ。開口の辞なり］

えんぶりずりの藤九郎が参た、白き名馬は三十三匹、くろき名ン馬は卅三疋、合せて六十六疋、サァーサァー鶴子よ亀子よ、千歳子や万歳子や、主等が年では腰もいたくないとしだ、大埒小埒四方四角にふつつめて植ろ、ソヲレガヨエ。

唄　鎌倉のヲナン、御所の庭でよねを搗く、女の数は三十三人、杵の数は三十三本、よねをつくやアエ、前田千刈、つぼ穂でそろえた、七穂て八升、八穂で九升取る。

昼持の女郎か、まだとほらほどさ、きつそろた、竹か林へきつそろた、夏はしろき帷子、綾の襷をしつかとかいて、ホヲイホヲイ。中食持の女郎は、唯今きつそろた。

口上　たんなさまのお田、植へあげた、是から兄御さまのほまち田が千刈ほとある、これを一もんじに殖てしまつた。

以上の記述から、「八戸田植踊」を演じる人物は「ヤン重郎」と称し、「えんぶりすりの藤九郎が参った」と口上を述べる。途中に唄をはさんでまた口上が続けられる。これらの口上では、多くの名馬とともに大勢が旦那様の所有する田に苗植えをしに参上して、すでに植え終えた様子が語られている。一方、唄は「鎌倉の御所」の庭で大勢の女性によって「よね」（米）の餅搗きが行われている様子である。米の収穫の賑わいを示す内容となっている。

口上にみられる名馬とともに大勢で田植えをしに参上したというような内容は、真澄が採録した胆沢郡徳岡の「田植踊」にもみられる[2]。真澄は天明六年（一七八六）の正月、仙台藩領の胆沢郡徳岡（現岩手県奥州市胆沢町）で迎えている。当地における日記「十八日」には「田植踊」を目の当りにしたことを記している。ここでは「やん十郎」の口上のみを引用することにする。

やん十郎といふ男竿鳴子を杖につき出テ開口せり。それが詞に、「杁ずりの藤九郎がまいりた、大旦那のお田うえだと御意なさるる事だ、前田千苅リ、後田千苅リ、合せて二千刈あるほどの田也。馬にとりてやどれやどれ、大黒、小黒、大夫黒、柑子、栗毛に鴨糟毛、躍入で曳込で、煉れ煉れねっぱりと平耕代、五月処女にとりては誰れ誰れ、太郎が嫁に次郎が妻、橋の下のずいなし（いしふし、またかじかのことなり）が妻、七月姙身で、腹産は悪阻とも、植てくれまいではあるまいか、さおとめども

以上、これまでとりあげた二つの記録は真澄がみた江戸時代の田植踊りの事例であるが、現在の東北地方の田

植踊りの口上や唄にも同類の内容がみられる。以下に各県一団体の事例をあげてみる（福島県会津地方は「早乙女踊」と称している）。

①福島県会津美里町佐布川の「早乙女踊」(3)

〈歌詞〉

葦毛の駒に黒鹿毛　お馬三匹たて揃え　えんぶり方を先に立て　あまたの早乙女引きつれて　植えや植えやれ早乙女たち　千秋楽でヨイトナ　そこらでお暇申され早乙女たち　これが御田のお早苗振り

②山形県西村山郡中山町「小塩お福田田植踊」(4)

〈口上〉

弥十郎「ハイハイドウと、当年な御作だちもハヨーござって毎年の通り、明の方から御田植が参った。これの長者様に千秋おめでとうござる、それそれ」

藤十郎「日より日がしら相吉日にもさしあたり、上の早乙女三千人、中の早乙女三千人、合わせ申して六千人の御早乙女。かくこう申す弥十郎、それそれ」

③宮城県気仙沼市「大石倉田植踊」(5)

〈弥ン十郎の口上〉

ヤーレ御当主ご免なされや、年々の御吉礼も相変わらず、アキの方、万の方より、七福神の田植参上居出まして、ヤーレおめでとう申し上げまする。（中略）大黒、小黒、大万黒、鹿毛や河原毛、寅月毛、中に取っても、明三才の鹿毛、鹿白毛などが良かりょうと、この家このお方のお旦那様にては、御意なさる。

④岩手県北上市上江釣子「荒屋田植踊」(6)

〈口上〉

やって来たりやご亭様、おうちに御座るか年々の御家例をもって。アレ、アキの方から大田植・小田植・苗取り・しろかき・共に千八百人つれて参った。

以上であるが、各県の田植踊りの口上や唄をとりあげてみると、真澄が記録した「八戸田植踊」は現在の東北四県の田植踊りとほぼ共通する要素をもっていることが認められる。田植踊りの共通要素についてさらに検討を進めるために、真澄が記した「八戸の田植唄」をとりあげてみる。「八戸の田植唄」は、「ひなの一ふし」に記されている以下のような歌詞である。(7)


千刈のみな口に、咲たる花はなにばなやら、こがね花やら銭花やら、是はちよんじゃと成りばなだ。

五月はなに咲く、肩と裾にはよもぎ菖蒲、なかにうんのうづらばな。

おひるもちのやかたは、何で障子を　りた、松と檜の木のわかきめんどりて、しゃんじをかざった。

お田の神はどこらほどへ来そべった、西か浜へ来そべった。

御田の神のおむかひには、誰れ人か参りました、梶原か参りました。

お田の神の御膳は何せん斗そろへた、九十九膳そろへた。

鎌倉の御所の姫の五月めしたる帷子、肩と裾にはよもぎ菖蒲、中にうん卯の花。


ここで注目したいのは、最後の一行にみられる「鎌倉の御所」である。前記「八戸田植踊」の唄にも「鎌倉」および「御所」の語句があった。このなかでもとりわけ「鎌倉」の語句は現在の田植踊りの歌詞にもみられるのである。例えば次のような事例があげられる。

〈A型〉

岩手県和賀町「山口中通り田植踊」

鎌や倉の御所屋形は　二階造りの八ツ棟

〈B型〉

①山形県寒河江《さがえ》市「日和田弥重郎花笠田植踊」

何んにょとせい鎌倉のおおしょう（大将）のごんご（奥方）は五月召したる帷子

②岩手県北上市「煤孫中通り田植踊」

鎌倉殿　かけよ上りの　にほや松の恋しさ

③岩手県陸前高田市「雪沢田植踊」

鎌倉のな　長者殿はよいとは聞けど　からすさ男は水をくませ女にや薪木とらせた

以上、実際はもっと他地区の事例もあるが、ここでは特徴的なA・B二つの型をもつ事例を示した。A型は政治的都である「鎌倉」と京都の華やかなイメージを伴う「御所」の語句を合わせて「鎌倉の御所」という表現をとっている。豪華な二階造りの「八ツ棟」からなるという。建造物をめでる、いわば「建物ほめ」に類する。この歌詞は風流踊り系の歌謡である「鎌倉節」に見出されるものであり、かつて「鎌倉節」は全国的に広まった。それが東北の田植踊りの歌詞の一部に取り込まれたとみられている(8)。

一方で、B型①「鎌倉のおおしょう」②「鎌倉殿」③「鎌倉の長者殿」は、「鎌倉節」そのものを取り込んでいるとは思えないものである。このような事例は岩手県内の田植踊りに比較的多くみられる。花巻市の湯本田植踊に「鎌倉権五郎」の歌詞がみられるほか、北上市の横川目田植踊や岩崎宿田植踊などには、田植踊りの発祥そのものに後三年の役で勇猛をはせた鎌倉権五郎の伝承がかかわっている。(9) したがって、田植踊りにみられる「鎌倉」はすべて「鎌倉節」に直結するとは限らず、荒武者であった鎌倉権五郎の伝承を含んでいることに留意しなければならない。

いずれにしても、ここで確認したいのは、「八戸田植踊」の中に「鎌倉」が見出される事実を通じて、「八戸田植踊」は他の東北の田植踊りと同じ系譜のなかで捉えられることができるということである。すでに述べたように、東北の多くの田植踊りは名馬とともに大勢が旦那様の所有する田に苗植えをしに参上したという筋書きで始まる特徴をもっていた。「八戸田植踊」もまたしかりである。この筋書きと今述べた「鎌倉」にかかわる文言を考え合わせれば、真澄が記録したものは、たしかに田植踊りという東北地方に伝承される地域性の濃厚な芸能だったことが確認できる。

二　『凡国奇器』にみる「八戸田植踊」用具の写生図

真澄は多くの写生図をまとめた『凡国奇器』を残している。およそ一七八六年から一八〇〇年頃までの記録といわれる。(10) その中の一部に「八戸田植踊」の記録もみられる。そこには「奥南部八戸　正月十五日　田植踊之器アヤ」の文字および図柄をみることができる。これによって、江戸時代に八戸で一月十五日小正月に田植踊りが行われていたことがあらためて確認できる。図柄とは八戸の田植踊りに用いた用具で、被りものである烏兜型の烏帽子と、綾の模様がほどこされたアヤ棒である。なぜかこの二点のみであり、大勢で踊る田植踊りにしては装

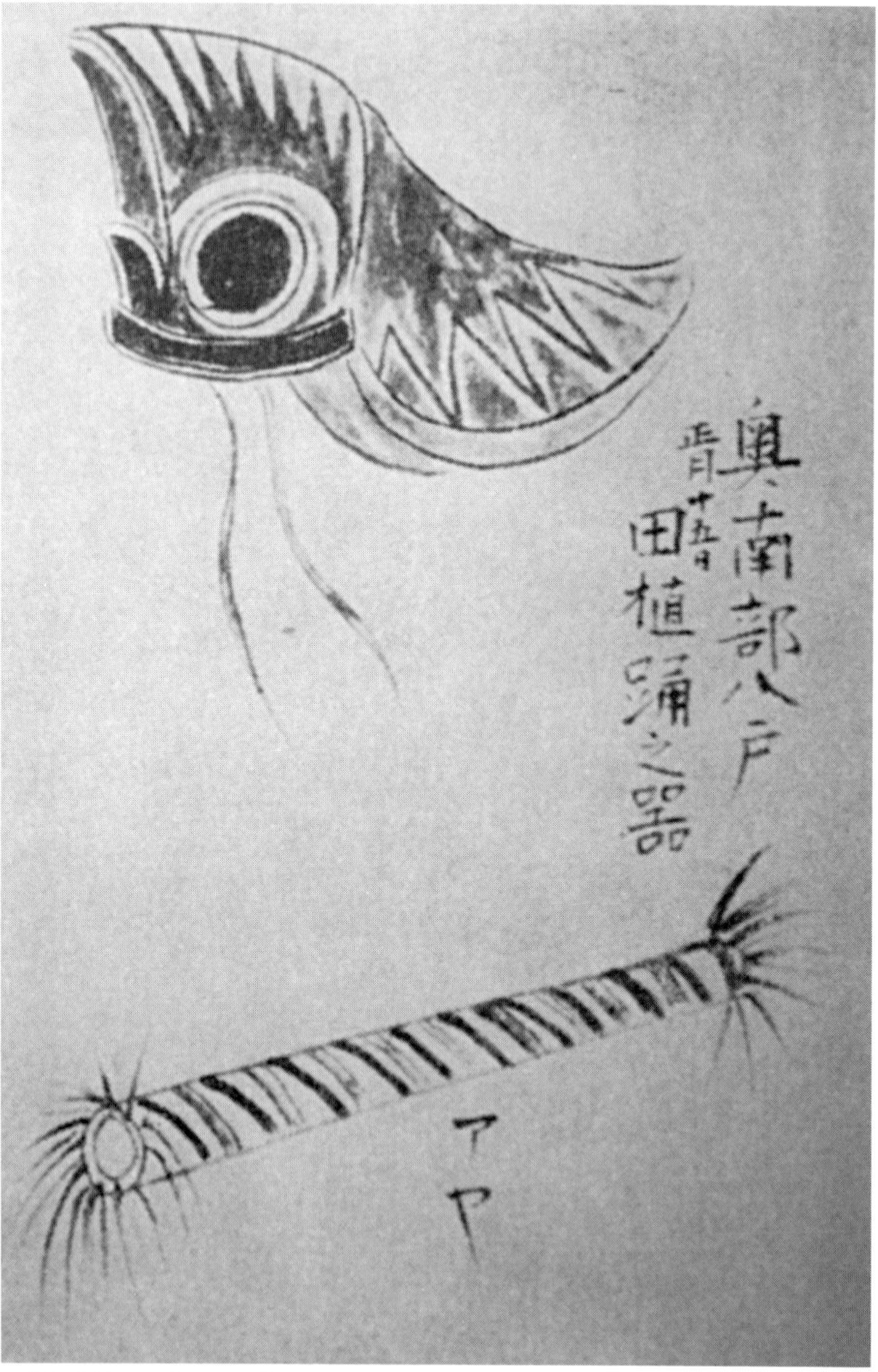

菅江真澄の写生図１　「アヤ」
出典：『凡国奇器』

束、採り物、楽器等が少なすぎる。そういう疑問点を残しながらも、とりあえず、『凡国奇器』の文字および図柄から、江戸時代に八戸に「田植踊」と称する芸能が存在したという事実は明確に捉えることができる。この二つの用具については後ほどあらためて検討してみる。

三　『八戸藩日記』にみる「田植」の再検討

現在、毎年八戸市内では二月中旬の四日間、およそ三十団体による「えんぶり」という独特の芸能が盛大に行われている。その歴史由来を説明するものとして、よく『八戸藩日記』が取り上げられる。この『八戸藩日記』には「田植」という文言が幾度か登場する。この「田植」こそ、これまで地元では今に続く「えんぶり」の芸能をさしていると解釈されてきたのである。これまで「えんぶり」の起源が記録上確認できるのは、最も古くて江戸期の正徳五年（一七一五）であるとされてきた。それは『八戸藩日記』のなかの「田植」が「えんぶり」と想定してのことである。以下に「田植」を「えんぶり」とみなす一例を紹介しよう。[11]

えんぶりの人たちが、一組毎年一月十五日に藩庁をご祝儀に訪れたことは、次のように書かれている。

享保十九年（一七三四）正月十五日

一、田植上リ御末ニても　（御用人所）

宝暦三年（一七五三）正月十五日

一、本日御末御台所江田植上ル尤長苗代通り上ル　（御勘定所）

ここには、「田植」として出ているが、後に「えぶりすり」とも出てくる。巷間では、「えぶり」と言っていたらしいが、「田植」と言うのは全国的であり、田植踊りと同じ意味で常套的に使ったものであろう。しかし、ここでは、内容には触れていない。また、日記には、継続して正月十五日は「田植」の一組が、藩邸の台所に、八戸通りと長苗代通りより、交互に一組ずつ上がったことや、演じられ場所も示されている。

文化二年(一八〇五)正月十五日

一、田植例年之通罷上右書付御代官差出差上ル

一、三拾五人　　　田面木村

右之通来十五日罷上候段申出申上ル

一、来十五日田植罷上リ候ニ付例年右人数羽織並女衣裳ニ而地織糸入帯着用仕来候然所此節御制服ニ付御代官内々伺出相談之上相伺候所一統是迄之通羽織並地織糸入帯着用之儀勝手次第被仰付三代官へ申達ス

(御勘定所)

引用文は以上であるが、ここでは「田植」という語句について「全国的であり、田植踊りと同じ意味で常套的に使ったものであろう」としていること、また、『八戸藩日記』にみる「田植」とはのちの「えんぶり」であると考えていること、などを読みとることができる。

次に引用する文も同じく『八戸藩日記』の「田植」の解釈についてまったく同じ考えに立っている。(12)

この日記では享保十九年(一七三四)正月十五日

田植上へ御末ニて

次いで延享三年(一七四六)に

例年通下台所江えぶりすり罷上ル御末江
例年田うへ罷上ル御末へも上ル

宝暦元年（一七五一）から後は毎年、長苗代通と八戸廻りと交互に上がっている。殆んどが「田植」「御田植」で、「えぶりすり」がさきの一年と宝暦四年、十二年、明和元年（一七六四）この次の年に「えぶり」がすべてで五度、江戸定府の人達が田植、御田植とあちら風に書かしたものらしい。

以上であるが、この引用文では頻繁に登場する「田植」「御田植」の語句について、江戸風の表現だろうと考えて「あちら風に書かしたものらしい」と記しており、結論的に「田植」は「えんぶり」であるとみている。

これら二つの引用文にみられるのは、「田植」は全国的に行われているものであり、かつ「あちら風＝江戸風」の表現であるという認識である。その上に立って『八戸藩日記』に記される「田植」とはいわゆる「えんぶり」のこと、という解釈なのである。

この解釈は、野田健次郎『八戸藩の日記に見えるお田植（えぶり）』にすでにみられる。[13] 同著は「えんぶりすり」「えぶりすり」「えんぶり」の三種の表記が五か所のみであり、あとは「九分通りお田植とある」と記している。そのうえで「お田植は、全国共通の語を用いたのではなかろうか。此の地では、えんぶり、えぶり、えんぶりすり、えぶりすりと云っていたものであろう。それとも御田植行事の内の、えんぶりすりか」と述べている。

結論に若干の迷いがちらついているが、「田植」がえんぶりであるという解釈に変わりはない。

近年になってもこの解釈を後押しするものがみられる。『月刊あおもり草子　八戸えんぶり』の中の「えんぶりの起源」では、「藩日記などの公式の記録には、公用語として全国的な名称であった「田植踊」の柄「田植」を一般的に使用した」と記している。[14]

写真１　えんぶり（八戸市）

しかし、はたしてそうであろうか。ここで『仙台市史』に掲載された留意すべき部分をとりあげる。それは『仙臺始元』の「仙臺年中の祭祀」正月の項の記録のなかの「柳袂扇舞」（たうへをどり）と書かれた部分であり、前文に次のようにあると紹介している。[15] ちなみに、『仙臺始元』は安永～文化年間（一七七二～一八一八）に書かれたものである（未刊で原本は斎藤報恩会〈二〇一五年解散〉所蔵）。

正月仙台に柳袂扇舞と云へるあり。俗是田植といふ。大田うへ・小田うへ・大黒田うへ等の品別あり。家毎に入りて踏舞するにもあらず。其人の需に応じて踏舞す。正月に限り、二月は厳に禁じてある事なし。（以下省略）

以上の文は、仙台でも田植踊りを俗に「田植」といっていたことを示すものである。けっして「田植」とは中央都市部の「あちら風」の表記ではないことがわかる。仙台で「田植」が行われていたことは、じつは真澄自身の記録そのものの中にも見出せる。それは寛政十年（一七九八）正月、東津軽郡平内町童子部落に滞在して「えぶりすり」の芸能を見たことを説明した文にある。「十五日の記録」とある部分に「南部、仙台などにて田うへてふおどりせる」という文言がそれである。[16]南部藩や仙台藩などで「田うえという踊りが行われている」という証言なのである。なお、この文は後段にも記すことにする。

このことからも「田植」が地方では使われない言葉ではなかったことが確認できよう。そもそも田植踊りは全国あるいは江戸で行われていた記録はなく、今日まで東北特有の芸能として伝承されてきたのである。田植踊りが全国的に行われていて広く使われた名称ということではけっしてない。

なお、『八戸藩日記』には「御田植」の表記もごく一部みられるが、今も関東や西日本で行われている「御田植神事」や「御田植祭」が八戸でも行われていたとは考えにくく、これも「田植踊」を示す表記であろうと考えられる。

さて、これまでの検討内容を踏まえて言えることは、『八戸藩日記』の「田植」とは、真澄が記録した「八戸田植踊」そのもの、あるいは同種のものであった可能性があるということである。記録された「田植」はそのまま「田植踊」と理解したほうが自然ではなかろうか。

このように考えるならば、『八戸藩日記』に登場する「えぶりすり」「えんぶりすり」「えぶり」は田植踊りとは別物という捉え方をする必要がある。つまり、江戸時代の八戸には「田植踊」と「えぶりすり」などと称する二つの異なった芸能団体が同時に存在したことを想定しなければならない。『八戸藩日記』のなかの二種の異なる表記はまさにそのことを暗示していると考えられる。以下に「えぶりすり」の芸能を検討してみよう。

四　「えぶりすり」と「えんぶり」との関連

真澄は寛政十年（一七九八）正月、東津軽郡平内町童子部落に滞在して「えぶりすり」という芸能を見ている[17]。さて、この「えぶりすり」こそ、『八戸藩日記』に記録された「えぶりすり」「えんぶりすり」などと同種の芸能であり、現在八戸市周辺で行われている「えんぶり」に繋がるものではないのかということを検討してみたい。次は平内町「えぶりすり」を説明した真澄の本文と用具類の写生図である。

(1)本文

「十五日」の記録

えぶりすりといふもの、むれ来る（天註―えんぶりずりの藤九郎が参たとて、南部、仙台などにて田うへてふおどりせるも、もとは、田の杁かいならせるまねびよりはじまれり）。ことなる立烏帽子に白うさぎ、とが矢（の＝脱）かたなどかいて、五葉の小枝もて舞ひ、あるは扇、ゆづる葉折かざしてまふ。笛つづみにはやし、鍬がら（柄）といふものに鳴子、馬の鳴輪、つかりなどつないで、これをつきてほうし（拍子）とりて、うたうたふに、あらればしりのここちす。こは、かたいらがわざにてもあらず、村々のわかうどがうち戯れにぞしける。田植、やらくさ、鳥追のためしは、としどししるしたれば、かいもらしぬ。

(2)写生図

本文のほかに、「えぶりすり」が持つ装束や採り物、楽器類の写生図を丁寧に描き出している。ただしそこに説明文はない。その図柄は、白うさぎと二つの矢羽根が描かれた立烏帽子、五葉の小枝、扇、ゆづる葉、笛、つづみと二本のバチ、鍬柄についた鳴子と馬の鳴輪、などの装具である。そのほか「あや棒」一個や、紐でつながる一対の「手平鉦」と思える楽器などが描かれている。全部で十種類の装具がみえるが、本文に沿ったじつに細やかな描き方である。

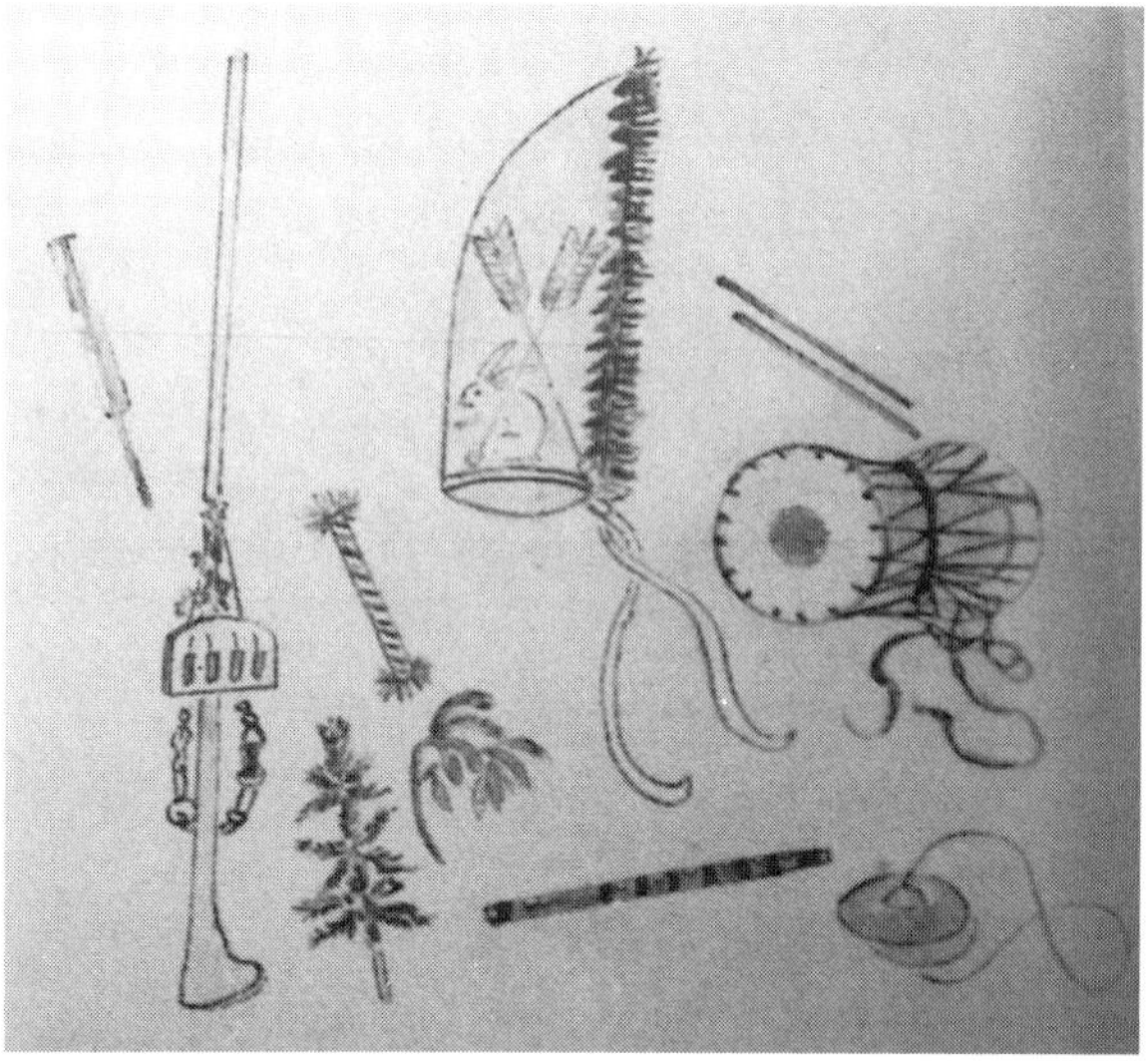

菅江真澄の写生図 2

出典：『つがろのつと』

以上、真澄は(1)本文「十五日の記録」冒頭で記しているように、平内町童子部落の芸能を「田植踊」ではなく「えぶりすりといふもの」と記して区別している。指摘するまでもなく「えぶりすり」と「えんぶり」とは語彙上の相関性を感じさせるものであり、本文及び写生図に示された立烏帽子・鳴子・鳴輪・手平鉦などは、現在の「えんぶり」に用いられる用具類とほぼ一致しているのである。

以下に現行「八戸えんぶり」と具体的に比較してみる。まず鍬柄について、鳴子板と金属製の鳴輪を付け、さらに柄の中程には奉書紙を巻いてそれに松の葉を結わえたスタイルのものをナリゴ（鳴子板）といっている。これは「ながえんぶり」系の太夫（藤九郎）が持つ。鳴子板・鳴輪がないものはカンダイといい、藤九郎以外の太夫が持つ。一方、鳴子板がないものはジャンギと呼ばれ、「どうさいえんぶり」系の太夫が持つ。これら三種は、太夫たちが右手に持って踊りのなかで振ったり地面を突いたりするものである。本来農具である杁（えぶり）を象徴する用具として踊りには欠かせないものとなっている。

この鍬柄の中程に結わえる松の葉は、真澄の文や写生図にも「五葉」として描かれているが、かつて各えんぶり組は松の葉を左手に持って常に額の上にかざして踊っていたものである。現在では左手に松の葉に変わり扇子を持つ組が多くなっている。扇子は松の舞、喜びの舞でも使用されるものである。扇子は写生図にも示されている。

文中に「つつみ」とありさらに写生図にも鼓太鼓一個が描かれている。これは現在えんぶり各団体が使用する大小二個の締め太鼓よりも、「田植万歳」や余興の芝居で使っている鼓太鼓を表すと考えたほうが形態的に合致する。田植万歳は鼓太鼓持った才三と扇子を持った万歳の太夫の二人の掛け合いで行われる。描かれている手平鉦（銅拍子）と呼ばれる鉄製の楽器、および横笛は現在も使用しているものである。

以上、被り物、採り物、楽器などが過去も現在もほぼ同じものであることをみてきたが、このことは平内町童子部落の「えぶりすり」と現在の「えんぶり」は同系統であり、多くの類似性を持つ芸能であることを示唆している。これは同時に、江戸時代に現在に繋がる「えんぶり」が明らかに存在していたということでもある。よって、『八戸藩日記』に記された「えぶりすり」「えんぶりすり」とは、「えんぶり」と同系統の芸能だったのではないかと考えられる。

五　「八戸田植踊」と「えんぶり」との相違点

前述のとおり「八戸田植踊」には丈の低い烏兜型の烏帽子が描かれていた。この点に着目して、以下に現在の東北の田植踊りにも烏兜型烏帽子を被って登場する役柄が多いことを取りあげる。その役柄とはまさしく「エブリスリ」「エンブリ」「エブリ」などと呼ばれ、岩手県北上市周辺の田植踊りに集中してみられる。例えば切留田植踊のエンブリとは旦那（もしくは「藤十郎」）と弥十郎の二人（これを「中立」ともいう）をさし、この二人による掛け合いで演目全体が進行するのである。二人は烏兜型烏帽子、紋付羽織、裁着袴の姿にツマゴワラジを履き、長い柄の杁を手に持ってえぶり摺りの所作を行う。このようにエンブリは田植踊りの全般にわたって重要な役割を担っている。その他、エンブリ役の存在が確認できる北上市内の田植踊り団体を以下に列記してみる。[18]

煤孫中通り田植踊・岩崎上契約会田植踊・岩崎下契約会田植踊・岩崎宿田植踊・横川目表田植踊・押切田植踊・堰の上田植踊・長沼田植踊・中野田植踊・荒屋田植踊・鳩岡崎座敷田植踊（烏帽子は被らない）・江釣子宿田植踊・妻川田植踊・口内田植踊（現在エンブリは中断）

このほか北上市以外では、奥州市水沢区の上巾庭田植踊、[19]奥州市胆沢区の都鳥田植踊にエンブリ役二人（太夫と弥十郎）がみられる。[20]繰り返しになるが、これらの多くが被っているのは烏兜型烏帽子であり、そうでない場合は例外を除き丈の低い烏帽子である。

では、現在の八戸市周辺の各「えんぶり」組の太夫といわれる者が被る烏帽子はどうか。それは丈が大変長く大型のものであり、平内町童子部落で描かれた「立烏帽子」にかなり近いものである。現在はより大型化し豪華になっている傾向がみられる。この烏帽子は馬の頭をかたどったものとされ、豊作をもたらす農神が降臨するための依代と考えられている。かつて八戸が馬産地であった土地柄を反映している。先に列記した岩手県内の田植踊りにみられる烏兜型烏帽子ないしは丈の低い烏帽子とはまるで姿かたちが異なっている。ちなみに、これらの烏兜型烏帽子には神の依代的な発想はみられない。

以上、烏帽子という被り物を通して「八戸田植踊」は現在の岩手県内の田植踊りとの繋がりを濃厚に感じさせるものであり、逆に言えば現行の「えんぶり」との繋がりの薄さを思わせるものである。

なお、写生図にある「アヤ棒」についてであるが、これも先にあげた岩手県北上市内の田植踊り十五団体のうち口内田植踊を除いてすべての団体が持つ用具である。アヤトリと称する少年少女たちは、アヤ棒を両手に持ってクルクル回したり、空中に放り投げて受け取ったり曲技的な所作を取り入れて賑やかに踊る。「八戸田植踊」が存在したときから「アヤ棒」は現在のような華やかな踊りの演出に使用されたものかも知れない。「八戸田植踊」は現在の田植踊りの古くからある姿について思い起こさせるものでもある。

まとめ

これまでの考察を通じて言えることは、第一に、「八戸田植踊」は口上、歌詞、被り物、採り物などの点から、現在行われている東北地方の田植踊りと共通性や類似点がきわめて多く、同系統の芸能であると考えることができる。第二に、平内町の「えんぶりすり」は同様の比較を通じて、現在行われている八戸市周辺の「えんぶり」との繋がりが見い出され、こちらもほぼ同系統の芸能であるといえる。このことから、江戸時代から「田植踊」と「えんぶり」とは同じ豊作祈願芸能であっても、系統的・芸態的にすでに異なる姿をしていたことが考えられる。

以上を踏まえれば、『八戸藩日記』に記録された「田植」を「えんぶり」とする従来の解釈は再検討されなければならない。要するに「田植」は、まさに「八戸田植踊」かまたは同種の田植踊りであった可能性を考える必要があるだろう。

真澄が記録した時期には「田植踊」と「えんぶりすり」「えぶり」などは別個の集団を形成していたことが考えられる。八戸において二つの芸能が併存した歴史的事実が『八戸藩日記』において「田植」及び「えぶりすり」の二種の表記として現れたと考えられよう。やがて八戸では田植踊りよりも「えんぶりすり」及び現在の「えんぶり」が隆盛したことがうかがわれる。東津軽郡平内町童子部落の「えんぶりすり」などの影響を受けつつ現在の姿に発展したものであろうか。明治期以降は八戸市周辺で百組以上にものぼる「えんぶり」に彩られていくのである。[21]

しかし、現在平内町童子（内童子・外童子）には「えんぶりすり」は継承されておらず、津軽地方全体にも「えんぶりすり」または「えんぶり」は継承されていない。「えんぶり」系は、八戸周辺以外では岩手県内北部地域に継承され、現在では八団体が活動している。[22]

ところで、同じ豊作祈願の芸能として田植踊系とえんぶりすり系は互いに影響し合い関係性の濃い芸能であったことがうかがわれる。それは次のような事実からである。

(1)現在の田植踊りのなかにも「えんぶり」という役柄があること。その根底には「杁」（えぶり）という農具を用いて「えぶりすり」の労働所作を芸能化するプロセスが共通にみられること。

(2)口上にある「えんぶりすりの藤九郎が参った」という文言は、「八戸田植踊」や平内町の「えんぶりすり」、胆沢郡徳岡の「田植踊」などに共通にみられること。

(3)「藤九郎」は現在八戸えんぶりのリーダーである太夫の名前として生きていること。

(4)「八戸田植踊」に使用されたアヤ棒と似た棒は平内町の「えんぶりすり」にも使われている。これは現在のえんぶり組の親方などが使用する「ザイ」という指揮棒に繋がっていることが考えられること。

(5)真澄が天明六年(一七八六)の正月、仙台藩領の胆沢郡徳岡(現岩手県奥州市胆沢区小山)で見た「田植踊」の用具として記録した「銭太鼓」は、現在の宮城県の田植踊りの採り物、及び演目名として使用されており、一方では「えんぶり」の演目「えんこえんこ」にも使われていること。

以上、これら両要素が混在した実態は、穀物の豊作祈願の類似芸能として影響し合い、ときには相互補完し合った歴史が潜んでいるのではないかと考えられる。例外もあるが、おおよその俯瞰図として、稲作を主とする地域(福島県・山形県・宮城県・岩手県)に田植踊りが伝承され、それが北部方面へと伝播して地域的展開をとげるなかで独自の芸態が生み出されるようになる。その一つが稗栽培などを主とする太平洋側北部地域(岩手県北部・青森県)にみられる現在の「えんぶり」ではなかろうか。このもとになった「えんぶりすり」は、江戸時代に平内町童子以外にも東津軽郡内に存在したのかも知れない。

おわりに

最後にあたって確認しなければならないのは、『青森県統計書』や『軽米町誌』に記載されているように、八戸およびその周辺は稲作農耕が難しい時代が長く続き、昭和三十年代まで稗の作付面積が稲を越えていた歴史をもっている。そういう実態を踏まえれば、この地方で演じられてきた「田植踊」や「えんぶり」はけっして稲作の豊作祈願芸能とは言い難いということである。それは稗をはじめとする穀物全般の豊作を祈願する芸能だったといわなければならない。このことについては『日本歌謡研究』第四十六号(二〇〇六年)などですでに述べたので、詳細はそれに譲ることにする。

江戸時代の一時期に併存していたと思われる「八戸田植踊」と「えんぶりすり」などであるが、江戸末期から明治期以降には「えんぶり」だけになっていった背景に何を読み取ることができるのか。それは前述したように八戸という稗栽培を主としてきた歴史風土においては、主として稲作農耕をもとに展開・伝播した田植踊りよりも、より厳しい青森の土壌に発生した「えんぶり」のほうが、地域文化としてより馴染みやすい要素を含んでいたからではなかったろうか。真澄の「八戸田植踊」を考察することによって、このような歴史風土を背景とした芸能伝承を描く手がかりは得たが、まだまだ多くの事例に基づく実証的研究が不足しているので今後の課題としたい。

註・引用文献

(1)「ひなの一ふし」『菅江真澄全集』第九巻所収　一九七三年　未来社
(2)「かすむこまがた」『菅江真澄全集』第一巻所収　一九七一年　未来社
(3)『福島県の民俗芸能』福島県教育委員会　一九九一年
(4)丹野正『小塩の御福田と田植おどり』小塩御福田保存会　一九六〇年
(5)『気仙沼市史』気仙沼市史編さん委員会　一九九四年
(6)『岩手県の民俗芸能』岩手県教育委員会　一九九七年
(7)前掲「ひなのひとふし」
(8)小野恭靖「田植踊歌の風流」『日本歌謡研究』第四十六号所収　日本歌謡学会　二〇〇六年
(9)『北上の田植踊』岩手県北上市教育委員会　一九九二年
(10)「凡国奇器」『菅江真澄全集』第十巻所収　一九七四年　未来社
(11)『えんぶり』八戸市教育委員会　一九八一年
(12)小井川潤次郎『えんぶりの話』えんぶり保存会　一九六一年
(13)野田健次郎『八戸藩の日記に見えるお田植（えんぶり）』八戸郷土研究会　一九五〇年

(14)『月刊あおもり草子　八戸えんぶり』企画集団ぷりずむ　二〇〇三年
(15)『仙台市史　特別編6　民俗』仙台市史編さん委員会　一九九八年
(16)「つがろのつと」『菅江真澄全集』第三巻　一九七二年　未来社
(17)同　右
(18)前掲『北上の田植踊』
(19)『水沢市史　6　民俗』水沢市史編纂委員会　一九七八年
(20)前掲『岩手県の民俗芸能』
(21)前掲『えんぶり』
(22)前掲『岩手県の民俗芸能』

参考文献

(1)「青森県内主要農産物作付け反別・収穫高」『青森県統計書』所収　青森県　一九三〇年
(2)『軽米町誌』軽米町誌編さん委員会　一九七五年
(3)菊地和博「東北地方の歴史風土と田植踊りの本質」『日本歌謡研究』第四十六号所収　日本歌謡学会　二〇〇六年(本書第一部第一章)

第三章　菅江真澄の江戸期「胆沢郡徳岡田植踊」と豊作祈願芸能

はじめに

菅江真澄は、江戸期の東北各地の豊作祈願の芸能について詳細な説明文や写生図を残している。その中には伊達藩の「胆沢郡徳岡田植踊」（現岩手県奥州市胆沢区）をはじめ、八戸藩の「八戸田植踊」・「八戸田植唄」（現青森県八戸市）、南部藩の「田名部県田殖躍唄」・「田名部田植え唄」（現青森県むつ市田名部）などが記録されている。

本稿ではこの中で特に「胆沢郡徳岡田植踊」の内容をもとに、現在の東北四県の田植踊りや八戸市周辺及び岩手県北部のえんぶりとの関連や相違点の比較分析を試みた。そのことを通して、「弥十郎」の役柄などを含め江戸期以来の東北の豊作祈願芸能の一端を明らかにしようとしたものである。

一　「胆沢郡徳岡田植踊」の概要

菅江真澄は、天明六年（一七八六）の正月を当時伊達藩（仙台藩）領であった胆沢郡徳岡（現岩手県奥州市胆沢区小山）で迎えている。当地における日記「十八日」には「田植踊」の記述がみられ、真澄は明らかにこの地の「田植踊」を目の当りにしていると思われる。その記述内容を以下に引用してみる[1]。

十八日　あした日照りて、やがて雪のいたくふれり。田植躍といふもの来る。笛吹キつづみうち鳴らし、また銭太鼓とて、檜曲に糸を十文字に引渡し、その糸に銭を貫て是をふり、紅布鉢纏したるは奴田植といひ、菅笠着て女のさませしは早丁女田植といへり、やん十郎といふ男竿鳴子を杖につき出テ開口せり。それが詞に、「杁ずりの藤九郎がまいりた、大旦那のお田うえだと御意なさるる事だ、前田千苅リ、後田千苅リ、合せて二千刈あるほどの田也。馬にとりてやどれやどれ、大黒、小黒、大夫黒、柑子栗毛に鴨糟毛、躍入で曳込で、煉れ煉れねっぱりと平耕代、五月処女にとりては誰れ誰れ、太郎が嫁に次郎が妻、橋の下のずいなし（いしふし、またかじかのことなり）が妻、七月姙身で、腹産は悪阻とも、植てくれまいではあるまいか、さおとめども」といひをへて、踊るは、みな、田をかいならし田うゑるさまの手つき也。「うえれば腰がやめさふら、御暇まをすぞ田ノ神」と返し返しうたひ踊る。そが中に、瓠を割て目鼻をえりて白粉塗て仮面として、是をかがふりたる男も出まじり戯れて躍り、此事はつれば酒飲せ、ものくはせて、銭米扇など折敷にのせて、けふの祝言とて田植踊等にくれけり

この文から、おおよそ次のような情景が浮かび上がってくる。以下は意訳に近いものである。

田植踊り集団が笛や鼓太鼓を打ち鳴らしながら家々にやってくる。一行は銭太鼓というものを手に持っているが、これは檜の曲げ輪に糸を十文字に貫いて、その糸に銭を通してこれを振って音を出しながら踊るものである。紅布を鉢巻きにして踊るのを奴田植といい、菅笠を被って女性姿で踊るものを早乙女田植といっている。

やん十郎という男性が鳴子を杖にして登場し口上を述べる。それは次のような台詞である。「杁すりの藤

九郎が参った、大旦那のお田植えだとみな承知してのことである。それは前田千苅リ、後田千苅リ、合せて二千刈あるほどの田である。馬は、大黒、小黒、大夫黒、柑子栗毛に鴨糟毛など立派なものを連れて来て田に引き込み、しっかりと代掻きをさせた。五月処女（早乙女）は誰れ誰れか。太郎が嫁、次郎が妻、橋の下のずいなし（かじか）の妻など、七月に妊娠して腹産は悪阻であっても、苗を植てくれないということはあるまいだろう。さおとめたちよ」と言って終わる。

その後田植えの踊りが始まるが、皆が田を掻いならしたり、田に苗を植える手つきをする。「植えれば腰が痛んできそうだ、お暇いたしますぞ、田の神様よ」と返し返し歌って踊る。その中に、瓠を割って目鼻をえぐり白粉を塗って仮面とし、これを被る男も出て戯れて踊る。このことが一段落して終われば田植踊り一行に酒を飲ませて食事も与え、そして銭や米を扇などを折敷に載せて、今日の祝言とて田植踊の一行に差し上げるのであった。

さて、真澄が見た徳岡の田植踊り集団は、「奴田植」と「早乙女田植」があったようである。最初の「やん十郎」が大仰なほどの口上を述べ、それが終われば全員による田植えの所作を演じ、賑やかな踊りが繰り広げられる。最後は現在の多くの田植踊り集団も同じく、「お暇申すぞ田の神」とか「来年もまた来るぞ田の神」のような文言で締めくくる。このパターンや踊りの展開は現在も基本的には変わっていない。文中では、仮面を被っていわば道化として戯れて踊る男もいたようだ。たいそう賑やかな農村の小正月が田植踊りによってもたらされる様子がよく伝わってくる。踊りが終われば、田植踊り集団はお祝いにと家々で酒食や米銭のもてなしを受けたこともわかる。これも一部の地域では今も継承されているものと考えられる。

二　豊作祈願芸能との比較検討

前述の「徳岡田植踊」の内容を以下に述べる(1)弥十郎、(2)藤九郎、(3)えぶり、(4)銭太鼓、(5)奴田植踊、(6)仮面(道化)の六点にしぼり、江戸期の真澄の記録、現在の東北の田植踊りや八戸市周辺及び岩手県北部のえんぶりなどとの比較検討を行ってみたい。

1　「弥十郎《やんじゅうろう》」(山形県は「弥重郎《やじゅうろう》」)について

文中「やん十郎といふ男」の名は真澄の他の記録にもみられる。「おくのてぶり」には、寛政六年(一七九四)正月十五日、田名部(現青森県むつ市田名部)で「田植え唄」をうたう女性たちの様子を本文と写生図・説明文の二つに分けて記している。その説明文の最後の部分に「えぶりすりをここにて藤九郎といひ、仙臺にてはやん十郎といふ」とある。(2) ここでは「やん十郎」という存在に着目し、どういう役割を持つ存在なのか、その他の地域ではどうであるかを含めて検討してみたい。

(一)宮城県の「弥十郎」

宮城県仙台市周辺の田植踊りの現在に目を向けてみる。確かに今なお各田植踊りでは、「弥十郎」と呼ばれる頭巾を被る男子(少年の場合もある)が登場するものが多い。二名が多いように思われるが、団体によっては五名などまちまちである。「弥十郎」は田主(たあるじ)の役柄といい、(3) 早乙女の踊りを奨励する。場面転換の節目に登場し、きまってめでたい口上を述べながら踊り全体を進行させていくのが特徴である。

以下は宮城県内で「弥十郎」が登場する田植踊り団体である。
秋保《あきう》町の「馬場の田植踊」・「長袋の田植踊」・「湯元の田植踊」、気仙沼市の「新城の田植踊」、加美町の「小野田の田植踊」（弥次郎一名）、富谷町の「富谷の田植踊」、宮城町の「愛子の田植踊」・「新川の田植踊」・「芋沢の田植踊」（弥十郎三名）・大倉の「役人田植踊」（弥十郎五名）・「下倉の田植踊」（弥十郎四名）、丸森町の「青葉田植踊」、登米市の「小島の田植踊」、気仙沼市の「大石倉田植踊」

このように宮城県では広範囲で「弥十郎」の存在が確認できる。なお、最後にあげた気仙沼市の大石倉田植踊の「弥十郎」は江戸期に岩手県気仙郡から伝播したとされており[4]、成人二人が扮する「弥十郎」の姿は岩手県内に伝承されるものとよく似ている。

（二）岩手県の「弥十郎」

現在の岩手県の「弥十郎」は、烏兜（または烏帽子）を被りえぶり棒を持つ成人男子が多く登場する。おおよそ二人が登場して口上を述べながら踊り全体をリードする重要な役目を負っている。とりわけ北上市周辺では、「弥重郎」と「旦那」の二人が「エンブリ」（中立《なかだち》）という名称で登場する。また、岩手県内の田植踊り団体に「えぶりすり上手の弥十郎」という意味の歌詞が多くみられる。特徴的な事例として、北上市の横川目田植踊では、えぶり棒を持つ「弥十郎」と「旦那」の二人の掛け合い問答が延々と続く[5]。

本田安次は『田楽・風流』の中で、昭和八年三月岩手県紫波郡見前村（現岩手県盛岡市西見前）の田植踊（現「見前町田植踊」）、さらに昭和二十三年十二月に岩手県岩手郡西山村長山（現岩手県岩手郡雫石町長山）などの田植踊りを見聞きして詳細な記録を残している。(6)それによると、見前村の田植踊りでは九番目の演目「仕付口上」、西山村の田植踊りでは五番目の演目「中踊」に「植付口上」が紹介され、「旦那」と「弥十郎」そして「朳」（または「朳摺」）が問答しながら田の「えんぶりすり」などの農作業が進められていく様子が記されている。

現在も伝承される奥州市胆沢区の都鳥田植踊では、「弥十郎」は「朳摺」（太夫）の家来であり「農家の下男頭を型どるといふ」とされる。(7)両者の関係・立場が対等でない点に留意したい。

以下は現在「弥十郎」が登場する北上市、奥州市、遠野市の主な田植踊り団体である。

〈北上市〉

切留田植踊・山口東向田植踊・煤孫中通り田植踊・岩崎上契約会田植踊・岩崎下契約会田植踊・岩崎宿田植踊・横川目表田植踊・押切田植踊・堰の上田植踊・長沼田植踊・中野田植踊・荒屋田植踊・鳩岡崎座敷田植踊（烏帽子は被らない）・江釣子宿田植踊・妻川田植踊・口内田植踊（現在エンブリは中断）など。

〈奥州市〉

水沢区の上巾庭田植踊、胆沢区の都鳥田植踊など。

〈遠野市〉

上柳田植踊と山口田植踊では、「弥十郎」は「鍬頭・農夫頭」として登場する。

以上、岩手県の「弥十郎」には「掛け合い問答」や「えぶりすり」の農具や実際の所作を伴っている団体が多い点が目につく。

(三)福島県の「弥十郎」

福島県では、田植踊りの中に「弥十郎」の名は、現在ではほとんど見当たらない。二本松市の「石井の七福神と田植踊」、安達郡大玉村の「本揃の田植踊」、安達郡白沢村の「稲沢の田植踊」などでは鍬頭を「久六」と名付けており、久六棒を持って口上を述べながら自ら踊る役割も演じている。双葉郡浪江町の「津島の田植踊」の鍬頭は道化とも言われるが「久六」とは呼んでいない。(8)

ところが、江戸期の『陸奥国白川領風俗問状答』(現福島県白河市周辺)の五月の項に、次のような「田うえうた」の中に「弥十郎」の名を見出すことができる。(9)

田うえうた
なひの中のうくひすは、なにをなにをとさへずる、くらますにとかそへて、
たわらつめ、弥ン十郎とさへづる

とうたひ申候、尤うた数は多く有之趣に御座候へ共、いづれも歌の仕舞は弥ン十郎と留申候。夫ゆへ弥ン十郎ぶしこと申候よし。(以下略)

この白川領内の「田うえうた」の歌詞の一部とまったく同じものが、「須賀川市仁井田の田植唄」にある。それは昭和四十年当時の調査のなかで見出されたもので、次のようなものである。(10)

今朝のさむさに浅川こえて　娘なにとり来

うらにちん取り巴の紋で　手籍よりに来
白の萱笠涼しい声で　うだえながらに来
植える手先にきらきらひかる　旦那暮の鐘がゴーン
今日の田植の田んのし様は　大金持ちと来　きこえたよ
奥は奥州南部や津軽　外が浜まで来
苗の中のうぐひすどりは　なにをなにをとさえずる
くらますにとかきかけて　たわらつめ　弥ン十郎とさえずる

以上であるが、確かに最後の二行は前述『陸奥国白川領風俗問状答』とほぼ同じである。この『問状答』に「いづれも歌の仕舞は弥ン十郎と留申候、夫ゆへ弥ン十郎ぶしこと申候よし」とある。つまり、唄の最後は必ず「弥ン十郎」で終わるので、この種の「田植唄」を「弥ン十郎節」というとのことである。田植唄に「弥十郎」が深く関与している事例を現福島県須賀川地域に確認することができるのである。

各地の「田植唄」と「田植踊り唄」・「口上」とを比較すると、双方の内容に相違があって、どちらが先行しているのかを含めて、これらの問題をどう考えたらよいか十分な検討を要する。したがって、須賀川市仁井田「田植唄」及び「田植踊」は必ずしも一体的には捉えられないのであるが、「田植唄」に「弥十郎」の名が確認できることの意味は少なくないだろう。つまり、福島県にも「弥十郎」が登場する田植踊り系がかつて中通り地方にあり、限定的ながら「弥十郎」分布圏として加えることができるということである。

(四)山形県(西村山地方)の「弥重郎《やじゅうろう》」(他県の「弥十郎《やんじゅうろう》」とは異なる書き方)

山形県における「弥重郎」は、寒河江《さがえ》市の金谷田植踊、日和田弥十郎花笠田植踊、西覚寺田植踊、谷沢田植踊、河北町の両所田植踊、西川町の間沢田植踊、石田田植踊にだけみられ、なぜか西村山地方に限定されている。「弥重郎」の二人(金谷田植踊は三人、谷沢田植踊は一人)が茶色の大型の仮面を被りながら口上を述べ、扇子を巧みに操って早乙女数人の前方に出て踊るのが特徴である。この面が持つなんとも不思議な表情から「弥重郎」が道化役とみられるむきもある。

なお、この役が仮面で登場するのは、宮城県仙台市青葉区芋沢の田植踊の「弥十郎」であるが、この場合は古い黒色の二対の面である。道化面といわれるもののけっして滑稽な顔つきとはみえない。芋沢の田植踊の「弥十郎」と山形県西村山地方の「弥重郎」は仮面を被る点が共通であり、伝播や系譜を考えるうえで留意すべき点であろう。

(五)青森県八戸市「田植万歳」の「弥十郎」

例外的事例として、「弥十郎」の名は八戸えんぶりに付随する祝福芸の一つ「田植万歳」の中でもみられる(11)。「田植万歳」とは扇子を持った太夫と鼓太鼓を持った才三との掛け合い問答で進められるが、太夫が才三に問いかける言葉の最後にはきまって「なるまいがなぁ(くれまいがなぁ)弥十郎」と繰り返して言い、相手の才三を「弥十郎」に見立てて問答を繰り広げている。この飛び地的現象をどう捉えるか、今後も東北の田植踊り四県と八戸えんぶりを繋ぐ要素として慎重に検討する必要があるだろう。

2　藤九郎について

前述した「やん十郎といふ男」が口上を述べる場面の出だしは、「杁ずりの藤九郎がまいりた」という文言から始まっている。この「藤九郎」という人名は、東北の五か所の豊作祈願芸能に共通して登場する。[12] その中で、天明六年（一七八六）の「胆沢郡徳岡田植踊」では「やん十郎」、文化六年（一八〇九）「八戸田植踊」は「ヤン重郎」と名乗る人物が口上を述べるなかに「藤九郎が参った」と記されている。同じく文化六年「田名部県田殖躍唄」においては「弥武十郎或は藤九郎といふが、男姿して鳴子竿を杖と突立てうたふ」とある。このように「藤九郎」は「やん十郎・弥十郎・弥武十郎」とほぼ同じ人物として描かれ、それはまた「えんぶりすり」「えぶりすり」といわれる田植え前の重要な農作業を行う人物でもあるのが特徴である（団体によっては、「やん十郎（弥十郎）」と「えんぶりすり（えぶりすり）」は別人物の場合もある）。

しかし、「胆沢郡徳岡田植踊」と「八戸田植踊」はすでに消滅しており、現状では「藤九郎」が田植踊りにみられる事例はまずない。田名部（現むつ市田名部）の「田名部県田殖躍唄」は現在では伝承が途絶えており、やはり「藤九郎」は姿を消している。寛政六年（一七九四）の「田名部田植え唄」には「えぶりすりをここにて藤九郎といひ、仙臺にてはやん十郎といふ」とあった。この「田植え唄」も消滅して今では「藤九郎」を確認することができない。

現在下北半島の東通村・むつ市・佐井村など四二集落で、小正月に「田植え唄」「餅つき踊り」（一部の集落では「田植え餅つき踊り」）が伝承されている。[13] それらの口上や歌詞をみても「藤九郎」の名を見出すことはできない。

このように、踊り・唄も含めた田植踊り系の中では「藤九郎」はほぼ消滅している。ところが、現在の八戸市の各えんぶりの歌詞の中に「えんぶりすりの藤九郎が参った」の文言がほとんど入っていることは注目される[14]。また、「ながえんぶり」系の太夫の名称そのものが「藤九郎」なのである。毎年「藤九郎」は生きた人物として八戸えんぶりに登場し、その中心的役割をはたしている。

岩手県北部地域でも「えんぶり」八団体が活動している。その中の一例として、九戸郡軽米町の「小軽米えんぶり」ではえんぶりを摺る太夫三人の先頭は「藤九郎」である。歌詞にも「藤九郎は舞込んだ、前田七千刈、後田七千刈、合わせて一万四千刈の豊田(ほうだ)より植えて申したりやい」というものである。このように、八戸市周辺及び岩手北部の「えんぶり」集団において、「藤九郎」は田植踊り系の「弥十郎」に対するもう一方の主要な存在として注目される。東北の豊作祈願芸能における「弥十郎」分布圏の一方で、「藤九郎」分布圏が想定されるゆえんである。

3　「えぶり(杁、えんぶり)」「えぶりすり(杁摺り、えんぶりすり)」

前記「弥十郎」分布圏と「藤九郎」分布圏の間で見え隠れして双方を繋いだり、底流を貫いているものが「えぶり(えんぶり)」もしくは「えぶりすり(えんぶりすり)」の存在である。ここでは、八戸市周辺のえんぶり以外の田植踊り四県の「えぶり」「えんぶり」事例をとりあげるが、さらに参考にあたいするものとして三重県志摩市の「御田植祭」の中の「杁差し」の役柄を紹介しよう。

(一)山形県

山形県全体では「えぶり」「えんぶり」の存在や呼称はきわめて少ないが、寒河江市の中郷田植踊、谷沢田植踊、朝日村の大網田植踊では成人男子が「えんぶり」と称する棒を手にもって踊るので「えんぶり衆」ともいわれる。それ以外の団体は「テデ棒」とか「源内棒」などを持って踊るので「えんぶり衆」とはいわない。

(二)福島県(会津地方では「早乙女踊」)

大沼郡昭和村の「両原の早乙女踊」や会津美里町の「佐布川の早乙女踊」でも二人が農具の「えんぶり」を持って登場し、早乙女の前に出て農作業の所作をしながら踊る。このタイプは会津地方の田植踊りである各早乙女踊の団体に少なからずみられるものである。なお、「佐布川の早乙女踊」は後に述べる「伊佐須美神社御田植祭」のときに演じられており、盛大な祭り行事に花を添えている。

(三)岩手県

岩手県では、先にみたとおり「弥十郎」とともに「えぶりすり」役が登場する場面がきわめて多いのが特徴である。その一例として、奥州市胆沢区の都鳥田植踊に「弥十郎」とともに鳥兜(烏帽子)を被った「杁摺」が登場するが、これは田植踊りのリーダーで「太夫」ともいっている。この点において、「杁摺」は八戸周辺のえんぶりリーダーである「太夫」(どうさい系えんぶりでは「藤九郎」)の存在とも重なってくるのである。

(四)宮城県

宮城県では「えんぶり」の存在は岩手県とは逆にあまりみられない。しかし、青葉区大倉地区の「大倉の役人田植踊」に三人(かつては五名)の「弥十郎」が登場するが、その長(リーダー)が「鬼人」と書いて「えんぶり」と呼ばれる人物である。頭には引立烏帽子を被って背には「神武天皇」と書かれた陣羽織を着る。手には鳴子のついた「えぶり」を持って登場し、えぶりすりの所作から踊りは始まる。

また、かつて泉地域（現仙台市泉区）の六集落に「奴田植」といわれる仙台市域とは異なる芸態の田植踊りがあったが、これには「えんぶり振り」の太夫二人が登場したという。「大倉の役人田植踊」は後に記す「奴田植」との繋がりが強いとされている。(15)

(五)三重県志摩市

「えぶり」の存在は、三重県志摩郡磯部町（現志摩市）の伊雑宮御田植祭にもみられる。この祭りは毎年六月二十四日に開かれ、「磯部の御神田」として日本三大御田植祭の一つとして名が知られている。平成二年に重要無形民俗文化財に指定された。この祭りで「えぶり」は「杁差し《えぶり》」と呼ばれており、二人が大型の杁の農具を持って行列の先頭に立つ。一文字笠を被って派手な模様の浴衣地で仕立てた短衣を着用する。紺色の股引に脚絆を着けて白足袋をはいている。「杁差し」の役目は、当日午前九時頃に「七度半」といわれる使いに出ることから始まる。苗代の早苗数本を抜き取り、これを持って伊雑宮の一つの鳥居の北の根方に置いてくる。これを七度繰り返すのである。実際に田植えを行う「御料田」では、苗代に行ってその東側に杁を畔に突き立てたり、または二つの杁を鳥居型に立てて田植えの神事を見守る。激しい「竹取り神事」が終わってから、荒れた田をならすために実際に杁で田面を平に整地する場面もみられる。

お田植え神事が終わって午後の「踊り込み」のときは、「杁差し」は諸役行列の先頭に立って高らかに歌って杁を振り上げて柄尻で大地を打ち終始リード役を勤める。(16)以上が「磯部の御神田」における「杁差し」役の概要である。「えぶり」「えぶりすり」は地域を越えて、西日本の田植えの祭り行事に明らかに存在し、重要な役目をはたしているのである。

なお、「えぶり」「えぶりすり」については、後段の「分析と考察」でも多面的に検討を加えて論じたい。

4　銭太鼓について

菅江真澄の文には、「銭太鼓とて、檜曲に糸を十文字に引渡し、その糸に銭を貫て是をふり」とあって、「銭太鼓」という用具が記されている。じつは現在の宮城県のいくつかの田植踊りの中に真澄が描いたものとほぼ同じ「銭太鼓」が採り物として使われている。それは直径およそ十八センチメートルの竹の輪に紅白の綾文が巻かれている。輪の中には針金や糸が十文字に交差しており、針金(または糸)には三枚の「銭」(貨幣)が貫かれている。これを振ると音が出るいわば楽器の一種であるが、踊り手は両手にとって振りながら踊るのである。この踊りは、一方では「銭太鼓」の演目名で以下に示すとおり今なお多く存在する。

宮城県内で「銭太鼓」の演目を持つ団体は、秋保《あきう》町湯元の田植踊、馬場の田植踊、長袋の田植踊、宮城町愛子《あやし》の田植踊、新川の田植踊(「銭太鼓くづし」もあり)、芋沢の田植踊、丸森町青葉の田植踊(「銭太鼓田植」と称する)、登米市小島の田植踊などである。特に秋保町の三団体の「銭太鼓」には現在でも江戸時代の一文銭が使われている。岩手県金ヶ崎町の三ヶ尻座敷田植踊の演目にも「銭太鼓」がある。手にもって踊る「銭太鼓」は現在は鈴に変わっている。

他方では、「銭太鼓」は現在の八戸市およびその周辺に継承される「えんぶり」の一演目「えんこえんこ」にも用いられている。こちらも約二十センチメートルの輪で赤と黄色の綾文様に布を巻いており、さらに輪の四か所に紅白の房を付けている。縦横十文字に針金を通して穴の開いた貨幣や鈴をそれに通している。それを踊り手たちが両手に持ってクルクル回しながら踊る。岩手県九戸郡軽米町の小軽米えんぶりでは、えんぶりに付属した余興芸能として、女性の手踊りの演目「鎌倉」の中で「銭太鼓」を持って踊るものがある。

じつは、「銭太鼓」とは各地の芸能にみられるもので「銭太鼓踊り」なども ある。銭(硬貨)の触れ合う音を利用して踊りの伴奏に使う楽器ともいえ、似たようなものは沖縄にもみられる。おおよそ曲輪型(タンバリン型)と竹筒型の二種があり、全国的にも有名な島根県安来節の「銭太鼓」は後者である。前者の曲輪型が「えんぶり」の「えんこえんこ」や宮城県の田植踊り団体などが使用しているものである。

これまでみてきたように、「銭太鼓」は真澄によって江戸期の天明六年(一七八六)、伊達藩北部胆沢郡の田植踊りに使用されていたことが確認できる。はたして「銭太鼓」とりわけ曲輪型の起源は東北地方の豊作祈願芸能にあるのか、または東北以外から取り込まれて八戸周辺まで伝播したものか。これまで、東北における文化は畿内や西方よりもたらされたもの、との先入観や固定観にとらわれてきたきらいがある。今後、従来の思考の枠組みにとらわれない姿勢で文化の起源問題を検討する必要がある。

5　奴田植について

真澄の文には「紅布鉢纏したるは奴田植といひ、菅笠着て女のさませしは早丁女田植といへり」とある。後者の「菅笠を被って女装をした早乙女の田植踊り」とは、現在も続く最も一般的な東北の田植踊りの姿をさすであろう。ここで注目したいのは前者の「奴田植」というものである。頭に紅布の鉢巻きをした奴である男性の踊り手が浮かび上がるが、はたしてどのような芸態や特徴をもっていたのか。

その手がかりとして、宮城県の田植踊りには「奴田植」と「弥十郎田植」の二種があったことが『仙台市史』には記されているので、以下に引用してみる。(17)

仙台市域の旧村落にはその土地の田植踊にかかわる書付が多く残っている。さらに古老の口碑によっても仙台城下周辺の農山村の集落の大半には田植踊組があったようであり、現在活動しているもの九組と中断・

廃絶したものを合わせると二九組にのぼり、うち弥十郎田植二三組、奴田植六組であることが一応確認される。

ここに記された「奴田植」とはどのようなものであったのか。それはかつて旧泉市（現仙台市泉区）に伝わっていたもので、奴振りの手太鼓打ちや「えんぶり」役がついた田植踊りだったという(18)。引き続き『仙台市史』の関連部分を引用してみる。

泉地域にしか伝承されなかった奴田植は六集落ほどにあったらしいが、いまは全く廃絶して、一部の文献にみられるほかは道具衣裳なども残っていない。奴田植は、青葉区大倉の役人田植踊との関連を考えるのに欠かせない。泉区実沢あたりと大倉とは地理的にも近く、山越えしての交流が深かったことからも同系に近い芸能が行われた可能性は濃い。

奴田植にはえんぶり振りの太夫という役が二人、控一人もいたが、これは大倉でえんぶりと呼んでいる役と似ている点が多い。馬役という男の子二人が出るというが、大倉にはない。奴役は一二人である。奴姿に向鉢巻木刀を差し、股から下は素つねで左手に大団扇、右に長い綾竹をもつ。これが奴田植と称する所以の役柄と思われるが大倉には欠けている。そして役人か躍人かは不詳だが、役人田植と呼ばれた所以の役の男八人がいる。投げ頭巾をかぶり、袖無羽織を着、手太鼓を打ち振るもので、大倉では弥十郎と呼んでいる二人が「役人」であろう。奴田植には、このほか当然花笠に振袖姿の早乙女がおり、女三人で踊ったといい、囃子方も大勢だったらしい。（中略）奴田植は昭和の初年まで踊られていたと聞く。（以下略）

引用は以上であるが、焦点である「胆沢郡徳岡田植踊」の中の「奴田植」と泉地域のそれとはどれほどの繋がりがあったのか、ここからは知ることができない。

ところで、現在伝承されている岩手県奥州市胆沢区の都鳥田植踊にも「奴」といわれる数名が登場する。「奴田植」とは呼ばれていないが、真澄が記録した「胆沢郡徳岡田植踊」は現奥州市胆沢区小山であり、都鳥田植踊とは隣り合わせの集落なのである。この「奴」は真澄の時代の「奴田植」と何らかの関連がありそうなものであるが、はたしてどうであろうか。

都鳥田植踊の「奴」とは二〇歳前後の青年の役で、五～六人が向こう鉢巻（前結びの鉢巻）をして背に「入梅」の紋をつけた法被を着る。右手に約三十センチメートルの竹に鳥の羽根を結びつけたものを持って踊る。それは苗を表すものといわれる。

この「奴」以外に、「杁摺り」（太夫・田植踊りのリーダー）一人、「弥十郎」（杁摺りの家来、七、八歳の子ども）一人、「羯鼓」（十二、三歳の少年）五～六人の役割がある。小正月に家々を回る門づけでは、笛、太鼓、杁摺り、弥十郎、羯鼓、奴の順に入って庭先か土間で演じたという(19)。

以上をまとめると、泉地域の「奴田植」には「えぶり振りの太夫」がついていた。現在の大倉の役人田植踊にも「えんぶり」役がいる。また都鳥田植踊にも「杁摺り」がいて「弥十郎」を従えて踊り全体をリードするのである。このような点から、「奴田植」は八戸市周辺のえんぶりなどへと繋がる側面が見出されるが、確かなことは不明であり多くの検討すべき余地を残している。

6　仮面(道化)について

真澄の文中に、「瓠を割て目鼻をえりて白粉塗て仮面として、是をかがふりたる男も出まじり戯れて躍り」とある。これは仮面を被ったいわば道化ともいえるものだろう。この文面からは即興で踊ったむきも感じられる。道化は、現在でも田植踊に少なからず登場する。例えば、岩手県金ヶ崎町の三ヶ尻座敷田植踊では野良着姿の男一人と妊婦姿の女一人、盛岡市の見前町田植踊と紫波町の山屋田植踊に「一八」（いっぱち）、遠野市上郷町の暮坪田植踊には「種ふくべ」という存在がみられる。

福島県では、南会津町の鴇巣早乙女踊に「太郎次」と「次郎次」という二人の道化が登場する。この会津地方各地の早乙女踊には、ひょっとこや道化が比較的多くみられる。先にあげた佐布川の早乙女踊にもかつて道化がついていた。

これらの道化役は鍬や杁をかついで登場して田をならす所作も演じたり、ときには口上も述べる場合もある。最も本領を発揮するのは、ユーモラスな表情で腰や尻を振りながら、やや品位を欠く行状で観客を笑いの渦に巻き込むところにあるだろう。道化は田植踊りに限らずシシ踊り、獅子舞、山伏神楽、念仏踊りなどにもみられる。古今東西、風流芸能をはじめ多くの芸能において、たんに余興芸としてのみならず、演じ手側と観客側の壁を打ち破る「繋ぎ役」として貴重な役割をはたしているといえよう。

三　分析と考察

1　「弥十郎」の存在

東北の豊作祈願芸能を解明するカギとなるものに、「弥十郎」と「藤九郎」という役柄があるであろうことはすでに述べた。ここでは、とりわけ広範囲に登場する「弥十郎」について、以下に紹介する江戸期の文献を参考としながら、分析と考察を加え今後の解明の手がかりとしたい。

江戸時代の大衆作家十返舎一九は二十数年をかけて『方言修行金草鞋』二四編を著した。そのなかで、文化十一年(一八一四)に著した第二巻の七編「本宮」宿(現福島県本宮市)の場面が注目される。そこには「屋ん十郎」と称する人物が描かれている。[20]

その人物は頭巾を被りどてらを着て前掛けをした成人男子である。目鼻立ちが整ってきりりとした表情をしており、体格の良い青年と見受けられる。前掛けには蕪を付けた蕪一個が大きく描かれているのが目につく。左手は何か握っているかに見えるが、あるいはどてらの袖口を掴んでいるふうでもある。

後方には一文字型に近い道中笠を被って目だけを残して白布で顔を覆った人物が描かれている。髪型や細身の体型から明らかに女性と思われる。着流しに帯姿であるが、歩きやすいようにということであろうか、着物の前方の裾を左手でたくし上げて、次の場所へと急いでいるふうである。

さらにそのあとに、三味線を抱え烏帽子らしきものを被った中年男性が続く。後方の男女二人は「屋ん十郎」のお伴をしている様子にみえる。三味線が付いているところをみると、一行は旅芸人風でもある。この三人のほか路上には八人が描かれており、建物や人々の図の合間にはびっしりと説明文が記されているが、この三人の存在を推測する内容は一切読み取ることができない。

さて、ここで『方言修行金草鞋』の中の「屋ん十郎」一行について、東北の田植踊りで近似すると思われる事例をいくつかあげてみよう。

先に宮城県太白区秋保町の三地域の田植踊りをあげたが、いずれも「弥十郎」の前掛け衣裳には「蕪紋」が描かれているのである。このことに関連して『仙台市史』は次のように記している。

嘉永二年（一八四九）刊の二世十返舎一九『奥州一覧道中膝栗毛』の「仙臺年中行事大意」によれば、当時仙台城下には大田植と称する田植踊のほか、大黒田植、副太郎、独田植、案山子、米搗田植などの門付芸があった。大田植といってもせいぜい早乙女二人、弥十郎一人、岡の衆が二、三人というごく少数の田植踊であった。大田植には三組ばかりの系統らしいものがあって、一つは蕪組といって衣裳に蕪の紋をつけていたといい、現在の太白区秋保や青葉区旧宮城町地域の田植踊の大半には弥十郎の背紋や前幌というまわしに千両蕪の大紋が付いている。他の二組には蟹と海老の紋が付きかに組、えび組といっていたというが、これらは現在は残っていない。なお、『奥州一覧道中栗毛』には歌川国芳の挿絵によって田植踊衆五人が活写されている。

以上の引用には仙台城下の田植踊りと「蕪紋」の由来が記されている。現在の秋保町の田植踊りには「弥十郎」が着るブッツァキと呼ぶ衣裳や大平袖に「蕪紋」がみられる。この「蕪紋」が『方言修行金草鞋』の「屋ん十郎」の蕪と一致するとみるべきか。そうすると「屋ん十郎」はじめ少なくとも描かれた三人は田植踊りの一行と読みとってもいいであろうか。当時の仙台の田植踊り一行は岩手などと異なってごく少人数の組だったことも知られる。大いに興味がそそられる事例である。

また、「屋ん十郎」の後方の女性は目を残して顔を覆っているが、じつは仙台の田植踊りで早乙女が目出しして鼻・口を三角の白紙で覆うのは、現在は大沢の田植踊と芋沢の田植踊である。ただし、この二団体の早乙女は成人男子が演じており、現在では他の宮城県の田植踊りの中では異例となっている。宮城県内の田植踊りの早乙女役は華やかに着飾った若い女性がきわめて多い。これはのちに女性に変わったのであって、本来は男性であり大沢と芋沢の田植踊りこそ古態であるとの見解がなされている。(21)

さて、田植踊りの中の早乙女役は、本来女性であったのか男性であったのか。民俗芸能の歴史由来においては、女性への穢れ観念に起因して男性が芸能の主たる役割を担ってきたことは事実である。しかし、田植え作業は古くから田の神との関わりで、早乙女が果すのが本来であったという歴史に照らし合わせれば、田植踊りの芸能において、早乙女役のみは女性であったことはなかったのか。今後はこのあたりの文献及び絵画資料上の慎重な検討が必要である。

「弥十郎」の後方に三味線を持つ一人の男性も描かれていたが、山形県西村山地方の寒河江市日和田弥重郎花笠田植踊には三味線がついている。ここでは先に述べたように大きな仮面を被った二人が「弥重郎」に扮して扇子さばきも巧みに踊る。田植踊りに三味線がつく事例はこれ以外ほとんどないが、とりあえず手がかりとしてあげておきたい。

さて、類似事例の紹介はここまでにして、『方言修行金草鞋』の「本宮」の場面をさらに続けてみよう。「屋ん十郎」の手前に子ども二人がおり、「アレアレ、屋ん十郎がきたきた」と叫んでいる。すでに前を歩いていた武士風の男とそのお伴が同時に振り返って「屋ん十郎」を見ている。これに対して「屋ん十郎」は右手をあげて子どもたちに答えている風情である。この場面は、次の頁の「杉田」（現二本松市杉田）にもまたがって描かれている。このように、「屋ん十郎」は十分に世間に知られた存在であったことが窺える。ただし、この時点で「屋ん十郎」の名が特定の人物名であったか、一般化した名であったかは定かでない。

『方言修行金草鞋』を通して、「屋ん十郎」とは実在した芸能者ではないかとの憶測も生まれる。もしかして、図は長唄三味線の家元である「杵屋弥十郎」（初代江戸中期）を描いたものではないかとの思いも巡る。残念ながら、現状では東北の田植踊り系の「弥十郎」そのものとの繋がりはほとんどみえてこない。

江戸期「本宮」の宿場町界隈にみられる「屋ん十郎」が田植踊りの「弥十郎」の役柄に相当するものだとした

ら、なぜ現在の福島県の田植踊りでは「弥十郎」が消えているのか。「弥十郎」は旅芸人の一人であってその土地に定着していなかったからか。では、仙台を中心とした宮城県、及び岩手県盛岡以南、八戸市周辺の広い範囲で現在も「弥十郎」が存在するのはなぜなのか。

「弥十郎」が特定の人物であったかどうかの詮索をしているのではない。「弥十郎」役の有無を通じて、東北の田植え踊りの発生や分布、さらに系譜等を探りたいのである。『方言修行金草鞋』の「屋ん十郎」は、その究明のための足がかりとなるものと考えられる。今後さらに検討を重ねる必要がある。

2　「えぶり」と「えんぶりすり」

これまでの考察から、東北四県の田植踊りはおおよそ「弥十郎」分布圏であり、一方では八戸市周辺および岩手県北部のえんぶりなどは「藤九郎」分布圏とみることができる。この二つの分布圏を貫くものとして、「えぶり」（えんぶり）の農具、及びそれを持って農作業の所作を含めた演技を行い、ときには口上を述べたりする「えぶりすり」（えんぶりすり）の存在を見出すことができる。

実際、田面を平にならすことは、田植えが支障なく遂行できそれが豊作に繋がる必須条件であったといえる。これを可能とする道具「杁」と重労働である「杁摺り」が象徴化されて芸態・演目としての「えぶり」「えぶりすり」が生じたといえる。

『今昔物語集』巻二八の中には「近江国矢馳郡郡司堂供養田楽語第七」という箇所がある。そこには、かつて比叡山の学僧であった教円が対岸の郡司が建立した仏堂の落慶供養に招かれた際、白装束を着た十余人の男衆の田楽の芸能を目の当りにした場面の説明がある。田楽の演奏集団の中にまじって「杁ヲ差テ」いる人物もいる。その場面の前後の文を次に引用してみる。[22]

日ノ高ク成ヌレバ、馬ヲ□テ□ギ行クニ、此ノ白装束ノ男共ノ馬ニ乗タル、或ハヒタ黒ナル田楽ヲ腹ニ結付テ□□ヨリ肱ヲ取出シテ、左右ノ手ニ桴ヲ持タリ。或ハ笛ヲ吹キ、高拍子ヲ突キ、□ヲ突キ、朳ヲ差テ、様々ノ田楽ヲ二ツ物・三ツ物ニ儲テ打□リ、吹キ乙ツ、狂フ事無限シ。供奉、此レヲ見テ、此レハ何カニ為ル事ニカ有ラムト思ヘドモ、□テ否不問ズ。

この文は、白装束の男たちが馬に乗ったり、あるいは黒色の太鼓「田楽」というものを腹につけて、左右の手に桴を持って打ち鳴らしている。まわりには笛を吹く者、「高拍子」(楽器か)を突く者もいた。そこに朳の農耕用具を振り回している者もいた、というようなことを説明している。

中世の田楽において特に「田植田楽」の系譜であれば、田に入って早乙女の苗植えを囃し立てる田植え儀礼の楽器演奏を行う。一方で「田楽躍」となると、大寺社の祭礼などで行われた専属の芸能集団の楽器演奏や踊りが主であり田には入らない。この両者は根底で繋がって発祥を同じくするのかどうかは不確かであるが、前述の『今昔物語集』の場面はどうやら後者の田楽にあたるとみられる。ここで朳を振り回す役が登場しているのが注目される。古くから芸能に「えぶり」が伴い、朳の用具そのものや「えぶりすり」役もあったことが再確認できる。

広島県山県郡千代田町で毎年六月第一日曜日に行われる「壬生の花田植(大田植)」では、飾り牛の代掻きが終わったあとに実際に朳を持った人が田をならす作業があり、それとともに注目の早乙女たちによる苗の手植えのハイライト場面があることにも留意しておきたい。

三重県志摩市「御田植祭」にみられる「朳差し」などの役柄があることはすでに述べた。そういう役柄と東北の豊作祈願芸能とを比較すれば、口上を述べて踊ったり一部道化役も演じたりというような、芸能化された役柄ではない点が異なっている。しかし、同じ田植えを基本にした祭り芸能において、「杁差し」や「えぶり」「えぶりすり」などが先導的役割を担っていることは共通項として確認できるのである。

関東や西日本に多い「御田植祭」「御田植神事」「花田植（大田植）」系の祭り行事は福島県会津地方が北限であり、現在では伊佐須美神社御田植祭（会津美里町）、慶徳稲荷神社御田植祭（喜多方市）、栗村稲荷神社御田植祭（会津坂下町）があげられる。ただし、これらの中には「杁」役はみられない。伊佐須美神社御田植祭では佐布川の早乙女踊に「えんぶり」二人の踊りがついていることは先にあげたとおりである。これから東北の豊作祈願芸能の包括的研究を進めるためには、「御田植祭」「御田植神事」「花田植」などとの全国的関連にも注意を払う必要があり、その場合、「えぶり」「えんぶり」「えぶりすり」などは重要なキーワードになると考えられる。

青森県では「えぶりすり」を「えびりすり」ともいい、「重労働なのでこのエビリスリを担当したものは田植えが終われば来年まで寝て暮してもよいというたとえもあった。泥の高低を見きわめるのは難しいため経験豊富で指導的立場の男性がその役にあたった。」というのである。(23)

また、『会津農書』上巻三十一の項には次のように記されている。(24)

杁摺　山田里田共に杁の摺様は下畔を少し高く水をよく持つやうに摺べし。村ずりあれば稲不出来する。但下畔の餘り高は上畔の稲水にも喰て悪し、泥の練不合は不作のもとひ也。田の内を能見て馬の不通所有は指図をして代を掻くべし。掻田の才覚は杁摺の役目也、才覚也。

ここで、文末の「掻田の才覚は杁摺の役目也、才覚也」とあるように、「えぶりすり」はきわめて重要な役目でありそれは才覚であると断言されていることが注目される。

このような「えんぶりすり」という労働の現実を踏まえれば、次のような「えぶり」という道具の解釈もあながち否定できないだろう[25]。

（えぶりは）田畑の泥をゆり動かしならして、田畑（耕地）の霊魂・霊力を、呼びさまし目覚めさせるためのものであった。（中略）杁によって前述通り、田畑を揺り動かして、田畑の中の作物を育てるより霊力や霊魂を、ふるいたたせるための呪具とした。

文末にある「呪具」という捉え方はかなり踏み込んだ解釈である。しかし、これまでみてきた東北地方の豊作祈願芸能を考えれば、「えぶり」はたんなる農具として用いられているだけでない。切に豊作を祈って踊る象徴的「採り物」として用いられていることがわかるのである。「えぶり」は田畑の霊力を呼び覚ます「呪具」と捉えられた一面をもち、その観念が豊作祈願の芸能の「えぶり」「えぶりすり」に繋がっていることが十分考えられる。

まとめ

「胆沢郡徳岡田植踊」の内容には、東北に数多い豊作祈願芸能の相互関連性や系譜等を考察するうえで、きわめて貴重なものが含まれている。本稿では、その中から⑴弥十郎、⑵藤九郎、⑶えぶり、⑷銭太鼓、⑸奴田植踊、⑹仮面（道化）の項目を立てて比較検討を試みた。そうして、特に⑴⑵⑶は江戸期以降の秋田県を除く東北地方の豊作祈願芸能を貫く共通要素であることを明らかにした。さらに本稿では、とりわけ重要と思われる⑴「弥十郎」、⑵えぶり、を分析・考察の対象として取り上げた。

そこで「弥十郎」について言えることは、東北の豊作祈願芸能の中で不可欠な役割を演じる存在であること、当地方の豊作祈願芸能の解明において、歴史的芸態的研究では見落とせない役柄であることである。江戸期を含めたおおよその「弥十郎」分布圏を想定すれば、福島県(中通り地方)、山形県(西村山地方)、宮城県、岩手県盛岡以南、青森県八戸周辺にあるといえるだろう。

このような「弥十郎」分布圏に対して、現在の「藤九郎」分布圏は、おおよそ岩手県北部地域から八戸市周辺に分布するえんぶり系地域に見出すことができる。「弥十郎」「藤九郎」については、とりあえずこのような一定の類型化と分布圏の設定が可能であることを提起したい。

二つの分布圏の背景には、農耕上の生業的相違が横たわっていることが考えられる。例えば、「弥十郎」分布圏では稲作が主として行われてきた農耕地域、「藤九郎」分布圏では、主として稗栽培が行われてきた山間地域や太平洋沿岸地域ということが想定されるのである。今後研究を進めるうえでは、民俗芸能に対する生業史的観点を加えた分析・考察が必要であろう。

また、本稿では「えぶり」「えぶりすり」が二つの分布圏を貫く共通項として浮上した。東北地方のかなりの豊作祈願芸能にこのどちらかの存在と役割がみられるのである。「えぶり」は田植え前に不可欠な作業用具であり、それを使った重要な農作業が「えぶりすり」である、という意味合い以上のものがそこに投入されていた。つまり、芸能においては「えぶり」はたんなる農具ではなく、切に豊作を祈って踊る象徴的「採り物」として用いられてきたのである。したがって、「えぶり」は「呪具」であるという捉え方、解釈はそれなりの妥当性をもっている。人々によって「えぶり」は田畑の霊力を呼び覚ます「呪具」とされ、それが豊作祈願芸能の「えぶり」「えぶりすり」に繋がっていることは十分頷ける。

おわりに

菅江真澄が記した豊作祈願の芸能で、本稿では詳細な検討を加えることができなかったものに、「田名部田植え唄」、「南陪糠部郡田名部県田殖躍唄」、「津刈の田唄」、「七戸田植唄」などがある。本来はこれらを含めた比較分析や全体考察が必要だったのであるが実現できなかった。

また、「田名部田植え唄」（寛政六年）と「南陪糠部郡田名部県田殖躍唄」（文化六年）について、下北地方の現東通村を中心に伝承されている「田植餅つき踊り」にどう繋がっているのかなども重要な問題であったが論を進めることができなかった。これらのことは今後とも課題意識をもちながら調査研究を進めていきたい。

最後となったが、「弥十郎」についての『方言修行金草鞋』や『須賀川市史』等の史料をご教示下さった前福島県立博物館学芸員の佐々木長生氏に感謝を申し上げる。

註

（1）「かすむこまがた」『菅江真澄全集』第一巻所収　未来社　一九七一年
（2）「おくのてぶり」『菅江真澄全集』第二巻所収　未来社　一九七一年
（3）『仙台市史　特別編6　民俗』仙台市史編さん委員会　一九九八年
（4）『気仙沼市史』宮城県気仙沼市史編さん委員会　一九九四年
（5）『北上の田植踊』岩手県北上市教育委員会　一九九二年
（6）本田安次『田楽・風流一』木耳社　一九六七年
（7）同上『田楽・風流』

（8）『福島県の民俗芸能』福島県教育委員会　一九九一年
（9）『須賀川市史』文化と生活　福島県須賀川市　一九七八年
（10）同上『須賀川市史』
（11）『えんぶり』八戸市教育委員会　一九八一年
（12）五か所の豊作祈願芸能とは、「胆沢郡徳岡田植踊」「八戸田植踊」「東津軽郡平内町童子えんぶりすり」「南陪糠部郡田名部県田殖躍唄」「田名部田植え唄」である。
（13）『東通村史』民俗・民俗芸能編　青森県東通村史編集委員会　一九九七年
（14）『えんぶり詞集』八戸えんぶり保存会連合会　一九七三年
（15）前掲『仙台市史』
（16）伊藤保『磯部の御神田』三重県志摩郡磯部町教育委員会　一九七六年
（17）前掲『仙台市史』
（18）『仙台の民俗芸能』仙台市教育委員会　一九九五年
（19）『岩手県の民俗芸能』岩手県教育委員会　一九九七年
（20）今井金吾監修『方言修行金草鞋』第二巻（五～八編）大空社　一九九九年
（21）前掲『仙台の民俗芸能』
（22）『今昔物語集五』新日本古典文学大系37　岩波書店　一九九六年
（23）『日本民俗学大辞典』上　吉川弘文館　一九九九年
（24）長谷川吉次編著『会津農書』佐瀬与次右衛門顕彰会　一九六八年
（25）石上堅著『日本民俗語大辞典』桜楓社　一九八三年

第四章　東北の豊作祈願芸能における「藤九郎」

はじめに

これまで、東北地方の田植踊りやえんぶりの芸能のなかにしばしば登場する「弥十郎」や「藤九郎」の存在に興味が惹かれ、その系譜や意味するもの、その背後にあるもの等について考察してきた(1)。本稿ではとりわけ「藤九郎」の存在に着目して、江戸時代に東北を歩いた菅江真澄が残した二つの記録、「田名部田植え唄」と「南部糠部郡田名部県田植躍唄」を手がかりに「藤九郎」を再検討し、若干ではあるが農耕史的観点を加えて見えてくる東北の芸能文化史の一端を考えてみようとした。

一　「藤九郎」とは

菅江真澄は天明六年(一七八六)の正月を当時伊達藩(仙台藩)領であった胆沢郡徳岡(現岩手県奥州市胆沢区小山)で迎えている。当地における日記「十八日」には「田植踊」の記述がみられるので、小正月の民俗芸能である田植踊りを現地で直接目にしたものとみられる。以下にその記述の一部を引用する(2)。

十八日　あした日照りて、やがて雪のいたくふれり。田植躍といふもの来る。笛吹キつづみうち鳴らし、また銭太鼓とて、檜曲に糸を十文字に引渡し、その糸に銭を貫て是をふり、紅布鉢纏したるは奴田植とい ひ、菅笠着て女のさませしは早丁女田植といへり、やん十郎といふ男竿鳴子を杖につき出テ開口せり。それが詞に、「杁ずりの藤九郎がまいりた、大旦那のお田うえだと御意なさるる事だ、前田千苅リ、後田千苅リ、合せて二千刈あるほどの田也

（以下略）

ここでは、田植踊集団の一人である「やん十郎といふ男」が口上を述べているが、その台詞は「杁ずりの藤九郎がまいりた」という言葉から始まっている。

さて、「藤九郎」という名はこの「徳岡田植踊」のほかに、菅江真澄が記した江戸期の東北地方の四つの豊作祈願芸能である唄や踊りに登場する。四つとは、文化六年（一八〇九）頃記述の「八戸田植踊」、寛政十年（一七九八）記述の「東津軽郡平内町童子えんぶりすり」、寛政六年（一七九四）記述の「田名部田植え唄」、文化六年（一八〇九）頃記述の「南陪糠部郡田名部県田植躍唄」である。

「八戸田植踊」では「ヤン重郎」と名乗る人物が述べる口上の中に「えんぶりすりの藤九郎が参りた」と紹介されている。また、「東津軽郡平内町童子えんぶりすり」でも「えんぶりずりの藤九郎が参たとて、南部、仙台などにて田うへてふおどりせるも、もとは、田の杁かいならせるまねびよりはじまれり」と記されている。

これら「八戸田植踊」「東津軽郡平内町童子えんぶりすり」のほか「胆沢郡徳岡田植踊」についても、すでに別の場面で検討を加えているので(3)、本稿では、残る「田名部田植え唄」「南陪糠部郡田名部県田植躍唄」の二つの記録をとりあげて「藤九郎」を検討してみることにする。

二　「田名部田植え唄」

菅江真澄は、寛政六年（一七九四）正月十五日、田名部（現青森県むつ市田名部）で「田植え唄」をうたう女性たちの様子を本文（「十五日」の記述）と写生図および説明文の二つに分けて記している。以下にそれらを①②として引用する。[4]

①「十五日」の記述

ひるつかた、うへにゆかたびらをきて紅のすそたかくからげ、はぎまきにわらうづふんで、田植のむれりめ（群女）の声をそろへて、「えもとさえもがほうたんだ、一本植れば千本になる、かいどのわせのたねとかや。ほいほい」と、鳴子うちならしてさりぬ。こは去年見しことならねど、早苗とるにも、此うた、もはらうたえば、かかることをや「風流のはじめやおくの田植唄」と、ばせをの翁の、うべもいひけり。

②写生図の説明文

正月のごいはひにまつの葉を手にもちて、いはふなるものかな。これはたれがほうたんだ　えもとさえもかほうたんだ、一本植れはせんぼになる、街道の早稲のたねかな、とうたひて杁すりか鳴子うちならし、ほうしとる男姿のふりことなり、えぶりすりをここにて藤九郎といひ、仙臺にてはやん十郎といふ

ここで①②について少し補足してみたい。はじめ①について、「田植のむれりめ（群女）」が鳴子を打ち鳴らして、声をそろえて「えも（右衛門か）と、さえも（佐衛門か）がほうた（宝田または封田か）んだ。一本植れば千本とな

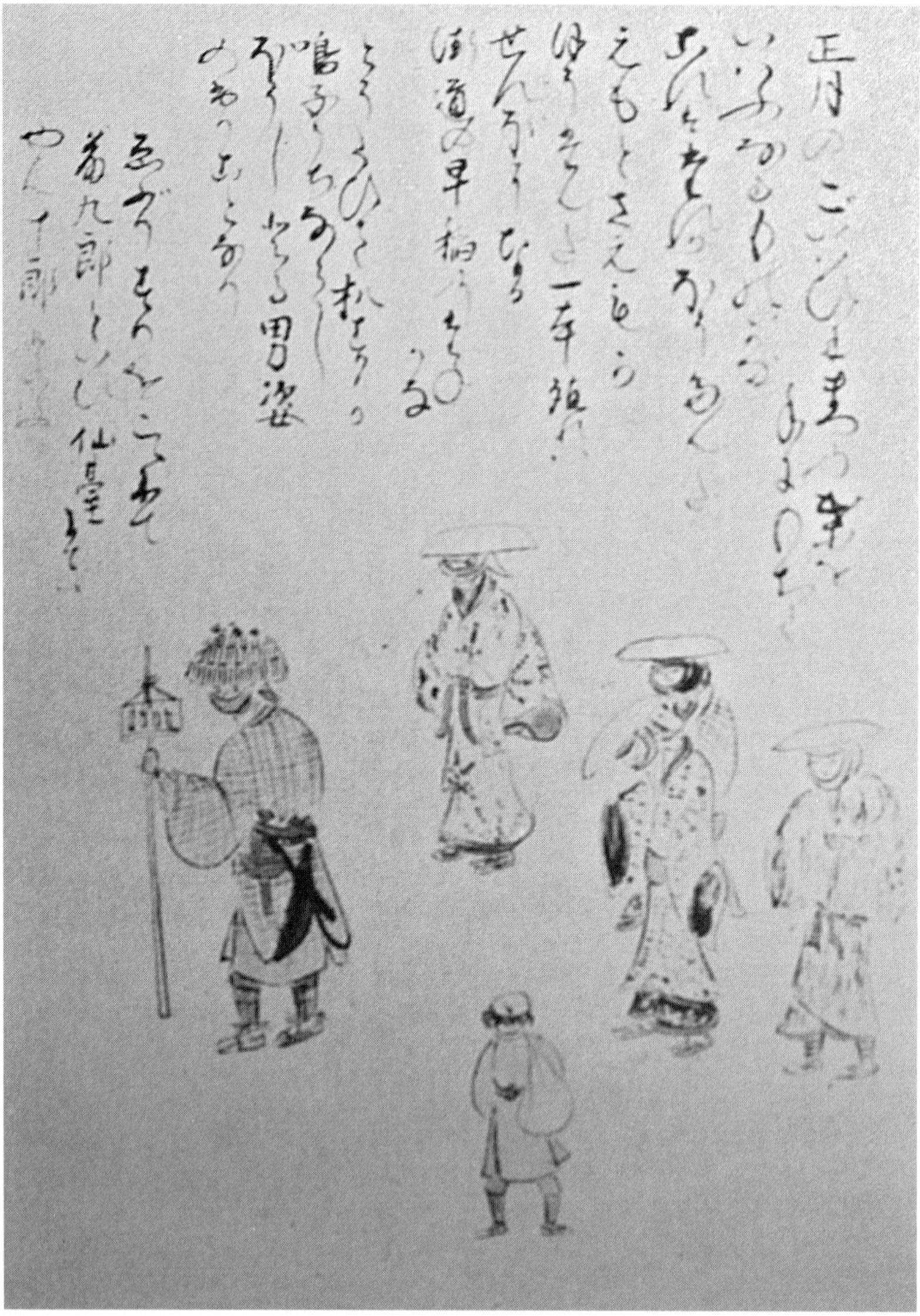

菅江真澄の写生図３　田植え唄を歌う女性たち
出典：『おくのてぶり』

る。かいど（街道か）のわせ（早稲）の種とかや。ほいほい」と歌っている場面が描写されている。女性による田植え唄の賑やかな光景が浮かんでくる。文中最後は松尾芭蕉が詠んだ「風流の　はじめやおくの　田植え唄」の句が紹介されている。田植え唄とは、芭蕉も「奥の細道」の旅の途中で見聞きしたものであり、すでに元禄年間には当地方で歌われていたことを知ることができる。

なお、真澄の「十五日」の記述に続いて「十六日」の部分にも「わけて此日は、田うえめ多くむれありき、家々に入みちたり」とあり、翌日にも田植芸能に関連する記述がわずかながら見出される。両日ともに「田植のむれりめ」「田うえめ」とあり、この田植唄の芸能はいずれも女性たちによって担われていたことが明確に認められる。

次に②について、まず写生図には分厚そうな「ゆかたびら」を着て笠を被った五人が描かれており、そのほか一人が謝礼（ご祝儀の米）を入れる袋を担いでいる。先頭の人物が現在の八戸えんぶりの持物を連想させる「鳴子」（あるいは「ジャンギ」）を手にしている。説明文には「杁すりか鳴子をうちならし、拍子をとる男姿」とある。「男姿」とあえて記しているのは、やはりこの集団が女性だからであろうか。

この集団は「正月の御祝いに、松の葉を手に持って祝うものかな」と歌うのである。現在の八戸えんぶりも本来は手に「松の葉」を持つ。「松の葉」「杁すり」「鳴子」などの共通性から、この田植え唄集団と現在のえんぶり集団とは時代を超えてなんらか繋がりがあると考えていいだろうか。

ところで、②の文中最後の部分で「えぶりすりをここにて藤九郎といひ、仙臺にてはやん十郎といふ」という記述に留意したい。真澄によれば、この時代に「えんぶりすり」を田名部地方では「藤九郎」の名で呼び、仙台方面では「やん十郎」と呼んでいたことがわかり、両者は地域的に異なる呼称であったことが知られる。ほぼ同じ役割をもつと思われる存在について、なぜか呼び名が異なっていることを把握しておきたい。なお、「田名部田植え唄」も現在は消滅しており、今では「藤九郎」を確認することができない。

三　田名部の田植踊唄

菅江真澄のもう一つの記録「南陪糠部郡田名部県田殖躍唄」は文化六年（一八〇九）頃の記録「ひなの一ふし」に記しているものである。以下にその記録の一部を引用してみよう。(5)

おなしくにぶり南陪糠部郡田名部県田殖躍唄［正月十五日より廿日の頃まて、若き女近き村より群れ来て諷ふ。弥武十郎或藤九郎といふが、男姿して鳴子竿を杖と突立てうたふが、此鳴子、杁にとりなし、田面するさまして、辞凡（ことば）おなし］

たんなの封田を植て申た、これから兄御さまの保田を植へ申、前田千刈、あはせて二千刈、けら虫も通さぬやうに、鼠の穴も通さないやうに、しつぽりと植て申す、サアサア早乙女ともうたへうたへ、下畔から上畔まで、千歳子万歳子よ、しつぽりこと植て申す。

正月の御祝ひに、松の葉を手に持て、祝ふなるものかな。

これは誰れが宝田だ、右衛門と佐衛門がほうたんだ、一本植れば千本となる、街道の早稲の種かな。

田植の上手の田植るは、苗（前トモ）にざんざら波たちて、風はそよとふかねど。

かつちき田にねせ田、つめをつい田もねせ田。

〔天註―糞をじきといふ。科野の国のかりしき、此里にかつちきといふ。田に生柴を敷わたす。刈敷にゃ、又刈糞にゃ〕

（以下略）

引用は以上である。先に取り上げた「田名部田植え唄」の記録とは十五年間の隔たりがあり、また田植芸能の「唄」に対する「踊り」の相違はあるものの、二つの内容には似通っている部分がみられる。文中書き出しには、「若き女性たちが近くの村から群れ来る。」「弥武十郎或は藤九郎といふが、男姿して鳴子竿を杖と突立て歌う」などと記されている。ここでも若い女性が担い手であることが明らかにされている。

一方、いささか異なった内容もみられる。つまり、「弥武十郎」（弥十郎）は「藤九郎」であるということが記されており、「やん十郎」（弥十郎）と「藤九郎」の呼称の区別に言及していない。しかし、前述した「田植踊り唄」では「藤九郎」は田名部の呼称であって、仙台では「やん十郎」であるとして呼称の地域的相違に触れていた。この点は課題として残るが、前述した「胆沢郡徳岡田植踊」「八戸田植踊」「東津軽郡平内町童子えんぶりすり」では、いずれも「やん十郎」が口上を述べるなかに「朳（またはえんぶり）すりの藤九郎が参った」とあった。結局、「やん十郎」（弥十郎）と「藤九郎」は田をならす朳を持つ「えんぶりすり」の役目としては同一者なのではないかと考えられる。ただし、呼称の点において、「田名部田植え唄」にあるように、「やん十郎」（弥十郎）と「藤九郎」は一定の地域性を帯びた呼称であった可能性を考えることができる。そのことについては後に述べることにする。

なお、「田名部県田殖躍唄」も現在では伝承が途絶えており「藤九郎」は姿を消している。また真澄の「ひなの一ふし」のなかには、「田植踊」ではない「田植唄」として、「津刈の田唄」と「七戸田植唄」が記録されている。しかしそこには「藤九郎」の文言は一切みられない。

四　えんぶりに生きる「藤九郎」

「藤九郎」は「やん十郎・弥十郎・弥武十郎」とほぼ同一人物として描かれ、それはまた「えんぶりすり」「えぶりすり」といわれる田植え前の重要な農作業を行う人物でもあったと捉えることができよう（ただし、現在岩手県では「弥十郎」と「えんぶりすり」の二人が登場する団体もある）。

ところが、現在では「踊り」「唄」も含めた田植踊り系の中では「藤九郎」はほぼ消滅している。下北半島の東通村・むつ市・佐井村など四十二の集落で、小正月に「田植え唄」「餅つき踊り」（一緒の集落では「田植え餅つき踊り」）が現在も伝承されている。それらの口上や歌詞をみても「藤九郎」の名を見出すことはできない。現状では田植踊り系の芸能においては、「藤九郎」ではなく「弥十郎」が多く見出されるのが実態である。

しかし、一方では現在の八戸市周辺に伝承される豊作祈願芸能のえんぶりの各集団の歌詞の中に「えんぶりすりの藤九郎が参った」の文言がほとんど入っていることが注目される。(6) また、「ながえんぶり」系の太夫の名称そのものが「藤九郎」であることも重要である。今なお「藤九郎」は生きた人物として登場し、各えんぶり芸能の中心的役割をはたしているのである。

岩手県北部地域でもえんぶり八団体が活動している。その中の一例として、九戸郡軽米町の小軽米えんぶりでは、えんぶりを摺る太夫三人の先頭は「藤九郎」である。歌詞にも「藤九郎は舞込んだ、前田七千刈、後田七千刈、合わせて一万四千刈の豊田（ほうだ）より植えて申したりやい」というものである。このように、八戸市周辺及び岩手北部のえんぶりの芸能集団において、「藤九郎」は田植踊り系の「弥十郎」に対するもう一方の主要な存在として認識される必要がある。

まとめ

これまで東北地方の豊作祈願芸能を分析・検討して「弥十郎」と「藤九郎」について、おおよそ二つの分布圏の存在を提起してきた。(7) つまり、江戸時代を含めた「弥十郎」分布圏を想定すれば、福島県(中通り地方)、山形県(西村山地方)、宮城県、岩手県盛岡以南、青森県八戸周辺にエリアを描くことができる。一方、それに対する「藤九郎」分布圏は、現状においては、おおよそ岩手県北部地域から八戸市周辺に分布するえんぶり芸能系地域に見出すことができる。

ただし、承知のとおりこの分布圏にはダブりがあることをあえて述べておきたい。すなわち、「弥十郎」分布圏は岩手県盛岡以南と記したが、江戸期にあった「胆沢郡徳岡田植踊」(現奥州市胆沢区小山)はこのエリアに相当しており、まさしく「藤九郎」が存在した。また同じく「弥十郎」分布圏に八戸周辺をあげたが、かつて「八戸田植踊」にも「藤九郎」が見出された。よってこの二つの分布圏には、少なくとも江戸時代には、岩手県中部地域から青森県八戸周辺一帯に「弥十郎」「藤九郎」が混在して重なりあっていたと考えることができる。それが現在では、これらの地域ではおもに田植踊り系の芸能が消滅しており、当然ながら「藤九郎」も存在しないというのが実態である。

とくに「八戸田植踊」について、この芸能はいつしか消滅したが、八戸えんぶりは存続して、前述のとおりえんぶり芸能系の「藤九郎」の存在・役割が浮上しているといった状況がみられるのである。

なお、二つの分布圏の背景には、少なくとも明治時代以降は農耕上の歴史的相違が横たわっていることが考えられることも提起してきた。すなわち、「弥十郎」分布圏では水田稲作が主として行われてきた内陸部地域、また「藤九郎」分布圏では、昭和時代に入ってからも稗栽培が続いた山間地域、太平洋沿岸地域ということが想定されるのである。先に「弥十郎」と「藤九郎」は一定の地域性を帯びた呼称であった可能性を考えることができると記したのは、じつはこのような農耕史的背景を想定してのことである。

以上、同じ農耕でも稲作と稗栽培とに区分して二つの分布圏を想定したが、稗栽培において「田稗」ともなれば水田稲作とほぼ同じような農作業の工程があり、外見上は水田稲作と区別がつかない光景がかつてみられたことも付け加えておきたい(8)。

おわりに

東北地方の豊作祈願芸能において、「えんぶりすり」というほぼ共通する役割名称をもちながら、それがときには「弥十郎」や「藤九郎」などと人名が違っていることに興味をもった。それを追求していくうちに、人名の相違と農耕に依拠する地域生活の相違がおおよそ重なりあっているのではないかという疑問もいだくに至った。「弥十郎」については、これまでいくらか検討はしてみたものの、まだまだ不明な点が多くて解明には至っていない。「藤九郎」についてもさらに検討を重ねなければならない。それらの作業を通じて、「弥十郎」分布圏と「藤九郎」分布圏についてより正しく論じられるよう、今後も考察を重ねていきたいと思っている。

註

(1)菊地和博「菅江真澄の江戸期『胆沢郡徳岡田植踊』と豊作祈願芸能」『東北文教大学・東北文教大学短期大学部

研究紀要第1号』所収　二〇一一年三月三十一日（本書第一部第三章）
（2）「かすむこまがた」『菅江真澄全集』第一巻所収　未来社　一九七一年
（3）前掲 菊地和博「菅江真澄の江戸期『胆沢郡徳岡田植踊』と豊作祈願芸能」（本書第一部第三章）
（4）「おくのてぶり」『菅江真澄全集』第二巻所収　未来社　一九七一年
（5）「ひなの一ふし」『菅江真澄全集』第九巻所収　未来社　一九七三年
（6）『えんぶり詞集』八戸えんぶり保存会連合　一九七三年
（7）前掲 菊地和博「菅江真澄の江戸期『胆沢郡徳岡田植踊』と豊作祈願芸能」（本書第一部第三章）
（8）田稗については次の記録にあらわれている。
⑴淵沢円右衛門『軽邑耕作鈔』『日本農業全集　第2巻』所収　農山漁村文化協会　一九八九年
⑵佐瀬与次右衛門『会津農書・会津農書付録』『日本農業全集　第19巻』所収　農山漁村文化協会　一九八二年
なお、菊池勇夫の「赤米と田稗」『宮城学院女子大学研究論文集』七七号所収　一九九三年（その後『東北から考える近世史―環境・災害・食料、そして東北史像』〈清文堂出版、二〇一二年〉に収録）には水田稲作と田稗の作業工程の類似性がよく指摘されている。

第五章　東北の田植踊りの起源・伝播に係る考察

はじめに

本稿のきっかけは、山形県上山市の金生田植踊の起源を延宝六年（一六七八）とするのは正しいかどうかという自問であった。それは山形県内の田植踊りの由来や系譜等についても、改めて検討・考察することに繋がるものである。

この問題解決は、必然的に東北地方の田植踊りの発生や伝播という根源に関わらざるを得ない。そこでは気候・歴史風土や水田稲作の進展など、庶民の芸能が生まれる歴史社会的観点を踏まえた論証プロセスが必要とされる。じつに困難な作業を伴うものであるが、むろん本稿はそこまで及んでおらず、今後論証すべき課題を多く積み残している。

一　田植踊り芸能の特徴

東北地方の田植踊りという固有な芸能を理解するため、山形県上山市の金生田植踊を主として取り上げ[1]、田植踊りの全般的概況をみていきたい。

1　演目

金生田植踊は次のような八つの演目が演じられている。各演目の始まりには必ず「口上」が述べられる。

・お正月（年頭のご挨拶）
・思う人（苗代の上出来を喜びながら「苗引き」する場面）
・それはや（田植えを表す）
・それさき（稲穂の上出来と豊作を喜ぶ）
・やんさのさ（稲刈の収穫から籾摺までの作業を示す）
・つんばくら（籾吹き・米の調製・玄米の作業を示す）
・まいのよい（米搗きを表す）
・上がりはか（全作業を終了して暇乞いをする）

これらの演目は山形県村山地方、主として山形市南部方面（南山形地区）の田植踊りにほぼ共通しており、風流芸能としてある程度定型化している。しかし、東北地方の田植踊りの演目は四県にかなりの違いがあるのが現状である。

2　「田遊び」との相違

田植踊りは演目「お正月」で年の始めの挨拶から始まり、その後は田植え集団によって苗植えから稲刈り・収穫までの一連の稲作農業の手順に沿って演技が展開される。最後の演目「上がりはか」において、暇乞いをして全員が去っていくストーリーが描かれる。

日本の稲作芸能には中世に起源をもつ「田遊び」といわれるものがある。それは諸国一宮や官寺の祭礼などで行われる稲作神事の中にみられる。一般に耕作始めの儀礼的なかたちをとっている。芸能的には田遊びは稲作農業そのものを模擬演技化しており、田植え作業の工程がリアルに表現される。それは西日本、とりわけ古くからの水田稲作地帯に比較的多くみられるものである。(2)

それに対して田植踊りは、田植え作業がより舞踊化されて新たな振り付けが施され、著しく抽象的に表現される。田遊びに比して作業のリアル性はきわめて薄く風流芸能化が進んでおり、芸態として明らかに異なる。ただし、田植踊りの中にも田遊び的な演目が多数みられる山屋田植踊（岩手県紫波町）や津島田植踊（福島県浪江町）なども存在する。そのことを考慮すれば、田植踊りは、田遊びの要素などを取り込みながら生み出された芸能ではないかと考えられる。

かつて東北の田植踊りは、雪の降る一月十五日の小正月に門付芸として各家々を巡り、早々とその年の豊作を祝う予祝の芸能として演じられてきた。田遊びはそういう要素はまったくみられない。

3　余興芸および構成

近年の金生田植踊は先にあげた演目の三番目「それはや」までを演じており、その他は省略することが多くなっている。また、かつては演目の間に「合狂言」という余興芸が少なくとも六種類行われていた。「大黒舞」「三河万歳」あるいは「おかめ・ひょっとこ」の登場など、余興芸はかつては金生田植踊のみならず多くの田植踊り団体にみられ、この踊りに花を添えた。演技の途中に観衆の一人から「褒め言葉」が述べられ、それに対して中太鼓役からの御礼の言葉、つまり「返し言葉」が述べられることも、村山地方の田植踊りを中心に多くみられる。しかし近年は山形県内のかなりの田植踊り団体で、内容の省略・簡略化が進んでいる。

金生田植踊の構成員として、早乙女四人・中太鼓一人・源内棒(鉄打衆)二人・陰太鼓一人・横笛三人・囃子(唄い)三人がいる。このような構成は、特に南山形地区の田植踊りに多く見られるものである。西村山や北村山、そして最上地方の田植踊りとはかなり異なった構成といえる。中太鼓のかわりに片手に団扇太鼓をもつのは、中山町小塩御福田田植踊・達磨寺田植踊、東根市の小田島田植踊[3]、村山市の下小屋田植踊、朝日町の田麦俣田植踊、大網各地区の田植踊りである。

4　ストーリー性

田植踊りの始まりは、先にあげた金生田植踊の演目「お正月」の口上では、次のように語られる。これは山形県内はもちろん、他の東北三県の田植踊りにも少なからずみられる[4]。文中の(小田植七八百人ばかり)は山形市の西山形田植踊の口上であり、内容がより理解できると思われたので加えたものである。

やっとこな　御亭さま　アキの方から大田植(小田植七八百人ばかり)参った　千秋万世まずもって目出とう御座る　然かれば此れの御旦那さまには良い日通りとあって　大田植なさると　御意にあり(以下省略)

そして、終わりの演目「上がりはか」に歌われる唄は次のような文句で締めくくられる。

戻り申すぞ　帰り申すぞ　来年また来る　田の神

このように、旦那(地主)の田んぼに大勢の農作業人が訪れて田植え(大田植)を行う。仙台では田植踊りそのものを「大田植」といっていたことが江戸期の文書にみられる(5)。田植え作業が終われば、「来年また来る　田の神」と言って退散する。「田の神」の部分は「お亭様」と唄う団体も少なくない。文言の違いはあるもののこのような田植踊りのストーリーは、県内はもちろん東北の田植踊りにほぼ共通してみられる(6)。

二　田植踊り分布状況

1　山形県内の田植踊り分布状況

次は山形県内の田植踊りを市町村別に記したものである(順不同)。地区名が田植踊りの名称であるものがほとんどであるが、下線五か所はそれ以外のものであるので、あらためて名称を記した。江戸時代に存在したことが史料的に確認できるものは、わずかであるが含んでいる。(　)に記した田植踊りは明らかに中断中のものであるが、そのなかにはかなり以前に廃絶したものも含まれている。

①上山市金生(下生居・沼田・甲石)
②山形市西山形・成沢・若木・沖ノ原・山家・切畑・谷柏・(飯塚・沼木・くぬぎ沢・馬形)
③中山町小塩御福田田植踊・達磨寺
④寒河江市日和田・谷沢・中郷・金谷・西覚寺・幸生・(留場・慈恩寺・柴橋)
⑤河北町両所・押切
⑥朝日町水口弥重郎田植踊

⑦大江町小見・楢山・道海・（柳川南・伏熊）
⑧西川町間沢・石田（本道寺・間沢川・二ツ掛）
⑨東根市小田島・（沢渡）
⑩村山市下小屋（大淀・岩野・下中原）
⑪大石田今宿
⑫尾花沢市名木沢豊年田植踊
⑬舟形町堀内
⑭新庄市（本合海）
⑮最上町東法田田植え舞
⑯鮭川村段ノ下
⑰大蔵村合海・（白須賀・上竹野）
⑱朝日村田麦俣・大網各地区田植踊
⑲白鷹町（畦藤、かつて「松岡田植踊」）
⑳南陽市小滝

以上、史料のみならず聞き取り調査も含めてまとめてみた。田植踊り団体総数は五八であり現在実施中の団体は三五である。時代がさかのぼるほどこれ以上の団体が活動していたことが十分想像できる。現状において山形県内の田植踊り団体の分布状況をまとめて言えば次のようになるだろう。

A．山形市を中心に村山地域に多く分布する
B．最上地域は少数である
C．置賜・庄内地域は稀である

2　東北の田植踊り分布状況

山形県を除く東北三県の一九九〇年代の田植踊り団体数は、福島県一〇八・宮城県二四・岩手県一一五である。(7) 当然ながら現在は団体数は減少していることが考えられる。特に放射能汚染問題があった福島県はそうであろう。しかしながら、現状において東北の田植踊りの分布状況をまとめて言えば、次のようになるだろう。

A．太平洋側（かつての陸奥国＝福島・宮城・岩手・青森）に濃密に分布している。青森県南部地方には江戸期に田植踊り（「八戸田植踊」など）はあったが現在はない。下北の「田植え餅搗き踊り」や八戸の「えんぶり」の芸能はここでいう田植踊りではない。また津軽地方にも田植踊りはみられない。(8)

B．日本海側（かつての出羽国＝山形・秋田）では山形県のほぼ内陸部に分布している。秋田県仙北市の「生保内田植え踊り」は秋田県唯一の田植踊りと言われているが、これは岩手県から伝播した田植え踊り歌に田植作業を演じる振り付けを加えたものである。いわゆる「田遊び」に属するものであり東北四県にみる田植踊りとはいえない。

三　山形県の田植踊り系統

山形県内の田植踊りは大きく以下の二つの系統に分けることが可能である。両系統が混在している融合型もわ

写真2　突き棒系田植踊りの一例としての山形県大蔵村「合海田植踊」

ずか存在する。

1　突き棒系田植踊り

田植踊りの前列では男衆が木製の棒を持って踊り、後列では女衆を表す早乙女数人が踊る（早乙女がいない場合もある）。この系統には、①「中太鼓」（団体によっては「団扇太鼓」）一人が男衆の中央で踊る場合と、②「中太鼓」がいない場合の二種がある。

この系統では、前列にいる男衆たちが片手に一本の棒を持ってさかんに地面に突き立て（または突き立てるような所作を演じ）、左右上下に振り回しながら踊る。この棒の先端には多くが長い馬の尻毛といくつかの鉄輪が付き、振るたびに毛はなびき、鉄輪は金属音を奏でる。この棒は各団体によって長さがまちまちであり、村山地方は長目が多く最上地方は比較的短い。この棒は山形県の田植踊りを特徴づける持ち物といえる。

ところで、かつて山形県の民俗芸能研究者であった丹野正は、踊り手側の呼び名からこの棒をテデ棒と名

写真3　弥十郎系田植踊りの一例としての山形県寒河江市「西覚寺田植踊」

付けた。そのため民俗芸能の記録報告書などでは長くテデ棒の名称が使われてきた(9)。しかし本稿ではテデ棒をあえて「突き棒」と名付けたい。なぜなら山形県内の田植踊りを丁寧に見ていけば、実際にはテデ棒とは言わない団体が少なくないからである。このことについては後段の「考察」で詳述したい。

2　弥重郎系田植踊り

この田植踊りでは、前列に大型の仮面を被る一人から三人の弥重郎が登場する。後方で早乙女数人が踊るのは突き棒系と同じである。なかには弥重郎と突き棒が一緒に踊る両系融合型も二団体存在する。弥重郎系は寒河江市の日和田弥重郎花笠田植踊・金谷田植踊・西覚寺田植踊、谷沢田植踊(両系融合型)、河北町谷地の両所田植踊、西川町の石田田植踊・間沢田植踊(両系融合型)、朝日町水口の弥重郎田植踊の八団体である。現状ではなぜか西村山地方に多くみられる。

突き棒系の男衆は陣羽織姿が多いが、弥重郎系の仮面の二人は厚手のどてらを着用している。弥重郎は手首を使った巧みな扇子さばきを披露しながら踊るなど、突き棒系とは一見して異なる系統であることがわかる。

弥重郎の仮面は何を意味しているのか。爺と婆の男女を表す、林家舞楽・慈恩寺舞楽の演目「二の舞」の爺と婆の仮面に似ている、などといわれている。人間の頭部をはみ出す程の大きな仮面であり、笑うとも泣くともつかない奇妙な表情をしているのが印象的である。この仮面についてはまた後段で触れたい。

四　東北の田植踊り比較

山形県内に特徴的な突き棒系と県外にもみられる弥重郎系について、東北の田植踊りとの関連はどうか比較・検討してみたい。

1　突き棒

突き棒を使用するのは山形県の田植踊りに圧倒的に多い。幾度となく地面に突き立て（または突き立てる所作を演じ）、さらに左右上下に振り回しながら踊る芸態は山形県固有といってよい。突き棒とは異なり、他県ではえんぶりと称する農具や木製棒を手に持つ場合が多くみられる。福島県会津地方の田植踊り（「早乙女踊と称する」）では農具としてのえんぶりを持って登場する団体がみられる。えんぶりとは、じつは農具の一種である朳（えぶり）のことであり、その所作はえんぶり摺りなどといわれる。岩手県では烏帽子を被って片手に長い棒のえんぶりを持つ団体が多い(10)。

これらのえんぶりには、山形県の突き棒のように毛や鉄輪はついておらず、農具のかたちやまさに棒状である場合が多い。宮城県ではえんぶりはじつに少数である。

2　弥重郎（弥十郎）

山形県では弥重郎と書くが、他三県では「弥十郎」と書き「やんじゅうろう」という場合が多い。東北四県の田植踊りでは以下のような違いが明確である。
①山形県では弥重郎は仮面を被る。
②宮城県の田植踊りは弥十郎が登場する団体が多い。しかし、弥十郎は仮面を被らず多くは頭巾をかぶっている。近年では子どもがその役を演ずる場合が多い。
③福島県では現在では弥十郎は存在せず、男衆を演ずるのは「久六」とか「奴」といっている。それは道化役とも重なっている場合がある。江戸期の記録には弥十郎は福島県中通り地方には存在したことが記されている。(11) したがって現在弥十郎はみられないが、かつては存在した可能性は十分考えられる。

五　考察

1　山形県固有の突き棒について

(一)テデ棒の名称から突き棒へ

先に山形県内の民俗芸能研究者であった丹野正は、田植踊りの男衆が持つ木製棒のことをテデ棒と名付けたことを記した。しかし本稿ではその棒を突き棒に改称したほうがよいことを述べた。その理由について以下に述べる。

丹野氏が使用したテデ棒という呼称のもととなったものとして、次の事例があげられよう。中山町達磨寺田植踊の口上では「刈りひきなんどは上分ともしたことなんどはテデめがな、転んでも濡れない畦だとさ」と述べる。(12)

中山町小塩御福田田植踊の「褒め言葉」には、「揃ふた揃ふた踊子が揃ふた　早乙女市川団十郎　ててつき松本幸四郎　中の小たいこ岩井半四郎　江戸役者舞ふにさもにたりとほほ敬って申上げ」と表現されている。(13)

これに類するものは山形市の山家田植踊にも見られる。「褒め言葉」の中に「前に立ったるテーテーボーを見てやれば、高原松茸にもさも似たり。後ろに立ったる早乙女を見てやれば、千本しめじのもさも似たり」の文言がある。(14)

右記三つの引用文中の下線部分（筆者註）の「テデめ」「ててつき」「テーテーボー」などから、丹野氏はテデ棒と命名したものと思われる。この呼称のエリアは、おおよそ山形市北部から山形県内内陸部の西北方面の田植踊りにみられる。

しかし山形県内の田植踊り分布全域を見ていけば、実際にはテデ棒とは言わない団体が少なくない。その事例をあげてみよう。

山形市南部方面の田植踊りでは源内棒という呼称が多い。西山形田植踊には「前に立ったる鉄打衆」という口上があり、実際には「源内棒を持つ鉄打衆」という言い方をしている。(15)上山市金生田植踊では、褒め言葉（「青物づくし」）の中に「前に立てたる源内棒を見てやれば、金谷牛蒡にさも似たり」という文言がある。(16)

山形市から南方に離れた南陽市の小滝田植踊でも二人の棒振り役を源内棒といっている。(17)小滝田植踊から大正時代末に習い受けたとされる白鷹町の畔藤田植踊（中断中）でもやはり源内棒である。(18)

村山市の下小屋田植踊の「褒め言葉」には次のようにある。(19)

東西東西。誉めようこそは知らねども、つーとばかり誉め申す誉め申す。踊り手一同のねじり鉢巻見るならば、五月ぼたんの花より美しや。前に立ったる団扇太鼓を見るならば、菜の花に舞う蝶々のごとく、ひらりひらりとおもしろさ。後に立ったる棒つき棒の立髪見るならば、春のはじめの初駒よりも勇ましく（文中下線筆者）

以上、文中にはテデ棒の表現はなく、「棒つき棒」といっていることが確認できる。

最上地方の大蔵村合海田植踊では「錫杖」と称し、鮭川村段ノ下田植踊では「じゃがら」、さらに最上町東法田田植え舞は「じゃがら棒」と呼んでいる。

この棒をえんぶりと称するのは、寒河江市中郷田植踊・谷沢田植踊・幸生田植踊である。中郷田植踊の褒め言葉には「一に中太鼓の曲打はくるりくるりのばちさばき、二にえんぶり衆の振り様は黄金小金と勇ましく、三に早乙女衆を見てみれば、腰はほっそり柳腰」とある。[20]えんぶりを持つ男衆を「えんぶり衆」と呼んでいる場合が多い。

同じく、朝日村田麦俣田植踊や大網の地区ごとの田植踊りもえんぶりと称している。この場合、棒は一五〇センチメートルにも達する長さで先に鉄輪はなく麻の黒い房で覆い、先端には山鳥の羽根が付いたものできわめてめずらしい。なおえんぶりについては後段でも触れたい。

その他、山形市の切畑田植踊は現在も「どがり棒」といっており、同じく山寺の馬形田植踊も「どんがり棒」という表現をしていた（現在は中断中である）。

古い記録もみてみよう。元禄十年（一六九七）から寛政四年（一七九二）までに記された『虚空蔵堂再建記』というものがある。この中に出羽国村山郡山家村に田植踊りが存在したことがわかる記述がある。最も早い記録は元文二年（一七三七）であり、そこには次のように記されている。[21]

元文二巳ノ歳　六日町武兵衛ト云人　後ニ禅門して開心坊　此仁出生ハ当村成りしに　壱弐ヶ月堂籠り仕候処、柱ノ根朽候事ヲ嘆キ　根次思ひ立候処また当村若イ衆田植踊色々之奉加シ建直ニ相企　段々之施主人左ニ顕ス田植

踊ノ師（系図中略）

踊ノ人数　　　　　世話人　長三郎様

をんと取り

鋒突　孫七様　早乙女　勘五郎様　早乙女　茂兵衛様

同　長作様　同　藤七様　同　又四郎様

同　仁助様　同　与惣兵衛様　同　甚五郎様

（文中下線筆者）

文中の孫七・長作・仁助の三人の踊り役の呼称「をんと取り　鋒突」に着目したい。とりわけ文中下線部（筆者注）「鋒突（ほうつき）」の表現は注目される。「鋒」とは一般に刃物の先のとがった部分とか刀・剣をさす。それを三人がそれぞれ手に持って突くという意味であろうか。とすれば、山形県内の田植踊りで前列の男衆たちが突き棒を地面に突き立てながら踊る場面と重なってくる。ただし「鋒」は木製ではなく鉄製をイメージさせるものであり検討の余地はある。とりあえずこの史料からは、元文二年時点で丹野正が名付けたテデ棒の呼称がないことは確認できる。

なお、当地では現在も山家田植踊が継承されているが、ここに記された当時の田植踊りはその元祖ではないかと考えられる。

以上、突き棒がより普遍性を持つ名称であることについて、各団体の口上、褒め言葉、史料、現呼称等から裏付けを試みた。

(二)突き棒の固有性

突き棒は田植踊りの前列の男衆が右手に持って盛んに地面に突き立て、(または突き立てるような所作を演じ)、左右に振り回しながら踊る道具である。山形県の田植踊りを特徴づけるものといえる。他の三県の田植踊りには突き棒のような使い方をする団体はほとんど見られない。

岩手県北上市周辺に継承される多くの田植踊りにみられるえんぶりと呼称されるものは、男衆が持つ長棒として、山形県の突き棒を想起させるが役割として異なっている。

同じく突き棒から連想するものとして、青森県八戸市周辺に継承される芸能「えんぶり」のナリゴ(ながえんぶり系呼称)やジャンギ(どうさいえんぶり系呼称)がある。これらを地面に突き立て振り回す所作は突き棒のイメージと重なってくるが、その関連性については今後の検討課題としたい。

2　東北の田植踊りの発生・伝播について

先に述べた「えんぶり」「弥重郎(弥十郎)」「早乙女」の存在、演技者など構成要素、さらに田植踊りのストーリー、「口上」「唄」等を総合的にみれば、山形・福島・宮城・岩手の東北四県の田植踊りは起源を同じくするいわば同根の風流芸能ではないかと考えられる。ただし、太平洋側と山形側および各県単位では、細部においてかなりの相違点があることも事実である。

そのうえで、東北の田植踊りは一体どこに発祥の起源をもつのか、それがどう伝播して今に至っているのか、などについて広域的視野のもとで検討することが求められる。田植踊りは田遊び的要素を持っていることなどは先に述べたが、単独で発生したというより田遊び・田楽躍など以前からある芸能に東北独自の工夫が加えられて成立したと想定される。その点を踏まえながら、田植踊りは陸奥国太平洋側から発生してやがて出羽国山形側に伝播した。そのような可能性を以下に検討してみたい。

（一）太平洋側＝ヤマセによる凶作・飢饉地帯

まず風土的・歴史的観点に立って東北地方をみてみよう。青森・岩手・福島の各県には、六月から八月にかけてオホーツク海高気圧の冷たい空気が、太平洋側から北東風となって吹き込む。この夏風をヤマセと呼び、東北地方の冷害の原因とされてきた。ヤマセによって水田稲作が打撃を受け、しばしば稲が稔らない凶作・飢饉が起ったのである。江戸時代のいわゆる「三大飢饉」などはこのような気候風土を背景としている。

歴史的凶作地帯の東北各藩では、数十万単位の餓死者・疫病者を出したことは近世史研究者の菊池勇夫の『近世の飢饉』などで明らかにされている[22]。菊池はこの著書で天明の飢饉の死亡者数を一覧に表しているが、その中から東北地方の沿岸部にあたる四藩の実態を引用したものが次に示すものである。

ア．八戸藩　天明四年五月　餓死・病死三万一〇五人　（「天明日記」）
　　　　　　天明四年二月　死絶・立去　　九三七四人　（「御勘定日記」）
　　　　　　　　　　　　　助米必要人数二万八二二四人

イ．盛岡藩　代官所調査　　餓死四万八五〇人　（『南部史要』）
　　　　　　　　　　　　　病死二万三八四八人

他領立去三三三〇人
過去帳推計　飢饉死者九万二一〇〇人（『寺院の過去帳からみた岩手県の飢饉』）
ウ．仙台藩　餓死一四～一五万人（「天明飢饉録」）
餓死・疫疾死三〇万人
過去帳推計　飢饉死者二〇万人（『宮城県史』22）
エ．中村藩　天明三初秋　在々死人四四一六人（「天明救荒録」）
天明四年三月十五日　離散一八四三人
天明四年七月まで合計　死亡離散一万八〇〇〇人

最後の「エ．中村藩」とは相馬藩であり現在の福島県に属する。東北でも仙台以南になると被害は少なくなる傾向がみられる。むろんヤマセは奥羽山脈でも低い山々を超えて日本海側（出羽国側）に吹き付けて、甚大な被害と犠牲をもたらしていることはいうまでもない。

ヤマセについて、近年では平成五年（一九九三）の被害が特に東北の人々にとって記憶に新しい。この年は「百年に一度の不作」といわれた一九八〇年をさらに上回る凶作に見舞われたが、その作況指数が農水省の統計で明らかにされている。それによれば九月十五日現在で以下の数値であった。[23]

A．太平洋側（「　」は作況指数）
ア．青森県下北半島および南部地方「4」
イ．岩手県沿岸部北部「7」・中部「9」・南部「38」・内陸部北「36」・内陸部南「49」

ウ．宮城県北部「42」「45」・中部「47」・南部「47」
エ．福島県浜通り「55」

B．日本海側（同　）
ア．青森県津軽地方「49」
イ．秋田県北部「72」・東部「85」・西部「89」
ウ．山形県最上地方「68」・村山・置賜地方「82」・庄内地方「91」
エ．福島県中通り地方北部「67」同南部「61」・会津地方「85」

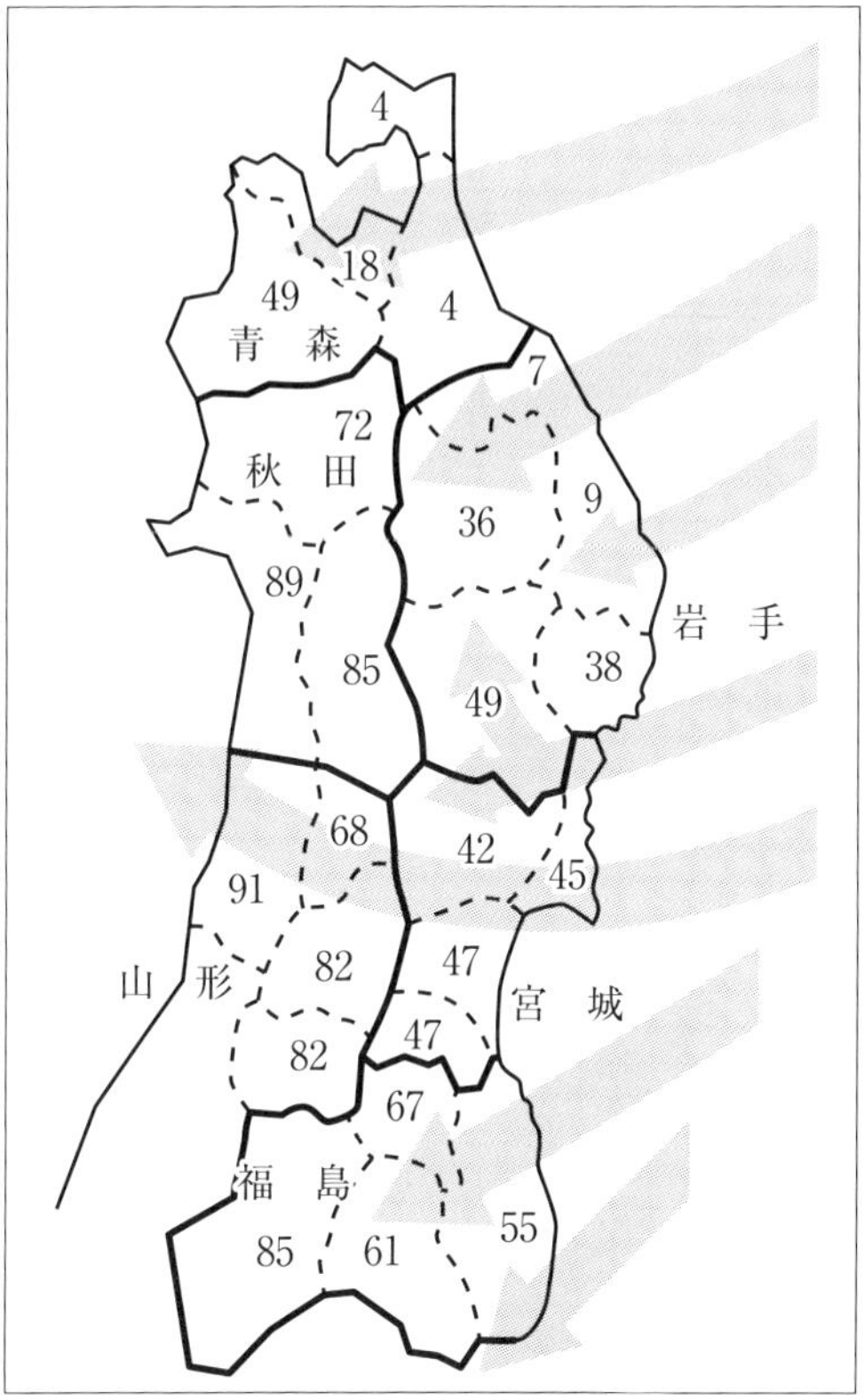

地図１　ヤマセのコースと作況指数
平成５年(1993) ８月８日午後３時
典拠：仙台管区気象台観測

以上から読み取れるように、太平洋沿岸地帯は北部方面ほどヤマセによる水稲の被害が大きく、南部方面ほど少なくなる傾向がはっきりしている。福島県沿岸の浜通りは「55」で、太平洋沿岸部では被害が最も少ない。他方、内陸部の会津地方は山形県の村山・置賜の作況指数より高い。

ちなみに東北地方以外の日

本列島の作況指数は、三県を除き軒並み90を超えていたのがこの年の実態であった。このようなことから、江戸時代におけるヤマセと稲作の被害状況について、作況指数に違いはあるにしても、現在とほぼ同じような傾向にあったといえるのではなかろうか。

東北の田植踊りの発生を考えていくには、以上のような気候・歴史風土と水田稲作状況に基づいて検討することが求められる。

(二)太平洋側(陸奥国側)からの発生の検討

東北の農民は、悲惨な餓死・疫死を免れるためには神仏に頼るほかなく、そこに切実な祈りの芸能としての田植踊りが生まれた、と考えることは難しくない。田植踊りが本来一月十五日の小正月に踊られるのは、新年早々、一年を生き延びられるよう歳神様に豊作を約束させようとする農民の知恵であったと考えられる。だから東北の田植踊りは、あえて厳しい降雪期に家や庭先で踊ることを厭わなかった。関東から西日本で多い御田植祭や御田植神事は、田植え時期に実際の田んぼで苗植えを行う。同じ水田稲作の豊作祈願であるが、そこが決定的に異なるのである。[24]

このようにみてくると、東北の田植踊りはヤマセが直撃してより多くの犠牲者を出してきた太平洋側(陸奥国側、主に宮城県・岩手県)に発生したのではないかという推測が生まれる。やがてそれは日本海側(出羽国山形内陸地方)に伝播していったのではないか。このような仮説は、論理的に考えてありうるものとして設定し、今後さらなる検討を加えていく必要がある。

逆に発生が日本海側であるとするのは、現状ではまず考えにくい。出羽国秋田や津軽方面に田植踊り伝承の形跡がまったくみられず、現状として分布希薄地域の日本海側から、逆に多数分布地域の太平洋側への伝播の想定は難しい。しかし、何らかの事情や理由で分布の逆転現象が生じた結果が現状であるとすれば、新たに考え直さなければならない。

(三)太平洋側から出羽国山形側への伝播の検討

仙台方面から山形側へ伝播したという伝承事例は、『山形県の民俗芸能総覧』からいくつか拾うことができる。[25] まず中山町の達磨寺田植踊の口伝では、二百数十年前に大飢饉があったとき仙台の方から伝わったとある。また河北町の押切田植踊にも時期は不明であるが仙台方面から伝わったという伝承が残っている。さらに同著には大江町の楢山田植踊の解説の部分で、以下のような記述がみられる。[26]

西村山郡史など調査した結果、宮城県黒川郡七ツ森が発祥の地らしいことをつきとめた。それによると、宮城県の旅芸人で仙台屋という人が三山詣に来て、本道寺の若衆達の風紀の乱れを見て、若者たちを空家になっていた一軒の民家を借りて、その家で教えたのが始まりらしい。唱えの文句から総合しても間違いないと思われる。

上記は東北の田植踊りの伝播経路を考えるうえで、大変興味深い内容である。山形県西川町には本道寺田植踊（中断）があるが、同じく『山形県の民俗芸能総覧』では、その解説にも以下のようなことを記している。

享保年間、仙台黒川郡七ツ森地方より湯殿山正別当本道寺に来ていた通称仙台屋さんと呼ばれて後、行者になった人によって伝えられたという。

椙山田植踊の解説とほぼ同じであるが、本道寺田植踊では伝えられた年代を「享保年間」としている。さらに伝えた人物は「仙台屋」と呼ばれる人物で湯殿山に関わる「行者」となったなど、やや具体的である。

椙山田植踊の解説には「西村山郡史などを調査した結果」とあるが、実際は『編年西村山郡史』の享保年間の項を紐解いても、それらしき内容のものは見当たらない(27)。

宮城県の「黒川郡七ツ森」とはどこであろうか。『富谷町誌』によって以下にみてみよう(28)。

宮城県黒川郡は明治以降の合併を経て現在は富谷町、大郷町、大衡村、大和町から成り立っている。黒川郡には田植踊りが古くから郡内各町村にあったというが、現在は富谷町の原地区に富谷田植踊が継承されており、それが郡内唯一の田植踊りとなっている。富谷田植踊の発生は明らかではないが、伝承では天正二十年(文禄元年一五九二)一月五日、伊達政宗が秀吉の命によって文禄の役に出陣するとき、門出に当たって宮床の七ツ森でシカ狩を行い、さらに黒川郡内の芸能団体を集めて演芸会が催されたという。この会に参加した原地区の田植踊りは政宗に大変褒められたということで、その時の褒美として踊りの衣装の裾に伊達家の家紋である「竹に雀」のうち「竹の葉」の使用が許されたといわれ、富谷田植踊はこの家紋を今日まで大切に継承してきた。踊りは「種まき」「鈴振り」「手振り」「跳太鼓」「作狂」の五座(演目)があったが、現在は「種まき」「鈴振り」「跳太鼓」のみになっている。

『富谷町誌』からは以上であるが、富谷田植踊は歌と太鼓、笛に合せて、赤色の笠を被って黒衣裳を着飾った早乙女と、黒衣裳を身にまとって頭巾を被る弥十郎が踊る。宮城県に多い弥十郎系の田植踊りであり、黒川郡内各町村にあった田植踊りもこの弥十郎系と考えられる。

演目「鈴振り」の唄う歌詞には「黒川や、七ツ森、さても名所の森かな」の文言があり、実際に黒川郡近くに七ツ森の山々が現存する。このことから、先に紹介した『山形県の民俗芸能総覧』の解説文にあった「黒川郡七ツ森」の地域とは、現在では宮城県黒川郡各町村のことと考えられる。実際に黒川郡内から山形側（西川町本道寺地区）に田植踊りが伝えられたとすれば、それは弥十郎系田植踊りということではなかろうか。

（四）西川町の本道寺田植踊（中断中）の系統性

前出の『山形県の民俗芸能総覧』には本道寺田植踊の写真が掲載されている。前列には顔を現わした男性四人が写っている。このうち二人は頭に白い鉢巻きをして、上着は法被で下半身は黒色の股引をはいている。さらに右手に長い棒を握っているが、これは突き棒に見える。後列は顔を笠で覆った女装姿の早乙女で、少なくとも五人が確認できる。

ここからは、本道寺田植踊は突き棒系田植踊りかと思ってしまう。ところがよく見てみると、この突き棒を持っている二人の男性を挟むように、さらに二人の男性が写っている。これらの男性着衣の上下は突き棒と同じ衣裳であるが、頭部は鉢巻きをせずにツバのない白い帽子（あるいは頭巾）のように見える被り物をのせている。彼等のうち一人の右手しか見えないが、明らかに突き棒は持っておらず他の何かを握っている様子がうかがえる。もしかしたらこれが弥十郎（弥重郎）なのかどうか。不思議な存在であり他の突き棒と溶け合っているように見える。写真がぼんやりしており、しかも全体像が写っていないので判断は難しく、ただちにどちらの系とも断定できない。

白い帽子（または頭巾）の男性の存在をどうみるか。黒川郡方面からの伝来という伝承を重ね合わせれば、二人の男性は弥十郎（弥重郎）の意味だったのだろうか。想像を逞しくすれば、やがてこの存在が現在南山形方面に多くみられる「中太鼓」役となっていくのかどうか。このことは田植踊りの伝播の本源に関わることがらと捉えて、今後慎重に検討していかなければならない。

昭和六十年頃の本道寺田植踊の演目は、「出唄」「田植唄」「隠居米田植唄」「刈拍子唄」「もみすり唄」「箕吹唄」「米搗唄」「上りはかり唄」である(29)。そこには現在の富谷田植踊の演目との共通性はみられない。

太平洋側から山形側への伝播がありえたとすれば、突き棒の特殊な姿や名称などから、後世に山形側独自の要素が加えられたことも検討しなければならない。それは西村山地方に現存する弥重郎の不思議な大型仮面についても同じことである。

3　東北の新田開発と田植踊りとの関連

すでに述べたとおり、田植踊りは凶作・飢饉から逃れる祈りの芸能として発生したと考えたが、それは原野や荒地を開拓した水田稲作の普及・拡大という時代背景があってのことである。ということは、東北の田植踊りは江戸時代前期の十七世紀頃に進展した新田開発以降に発生したであろうことを念頭におく必要がある。先にあげた菊池勇夫によれば、この時期は畿内およびその周辺よりも東国や東北地方および西南地方の開発が多く、日本の耕地面積がおよそ二倍になった。菊池は「一七世紀の大開発時代を通して東北農村は一部山間地帯を除き、水田稲作を基調とする田園地帯に変貌を遂げたと評価して間違いあるまい」と述べている(30)。同じく高橋富雄も、江戸時代の東北緒藩の新田開発の目覚ましさについて、「結論的にいうと、近世全期を通ずるその開発総額はおよそ二〇〇万石、慶長期の二六〇万石に対して約八〇％の増となって、実高四五〇万石ほどの大勢を示していたのである」と述べている(31)。

このような新田開発を経た東北の水田稲作状況があってこそ、豊作祈願芸能としての田植踊りが生まれてくると考えられる。したがって東北の田植踊りという水田稲作芸能の発生は、早くても一六〇〇年代後半か一七〇〇年代に入ってからであろうと考えられる。

前記の『富谷町誌』で宮城県黒川郡内の田植踊りは、「伝承」と断ってはいるものの、天正二十年（一五九二）には存在したことになっている。これは今みてきた理由から早すぎるといえよう。

4　山形県内の田植踊りの記録

（一）金生田植踊の起源

上記東北の新田開発の社会背景を踏まえながら、山形県内の田植踊りの起源を考えてみたい。まず本稿を綴るきっかけともなった金生田植踊の起源について取り上げたい。

『上山見聞随筆』をはじめとする関係史料によれば、金生田植踊は上山城主である土岐伊予守頼（殷）隆が延宝六年（一六七八）に入部したことを祝って踊られたとある。[32] 田植踊り開始の年号がこれで妥当かどうかを検討するために、『上山見聞随筆』の中の関係部分をあらためて引用してみる。


古記に延宝七年己未七月朔日土岐伊豫守殿御入部されて同く五日に御入部の祝儀一家中下々迄目出度賀し奉る。入部の祝儀に付町中田楽躍揃へ可申旨仰渡され同七日よりおどりそろひ日夜に稽古出精して同廿五日に御城内に於て躍り過て惣見物は裏町馬場にておどる。町裏に桟敷を打て御領分は更なり御他領よりも見物人おびただしく前代未聞の賑ひなり。楢下村より木曾おどり獅子おどりを出す（中略）其外志やうこの子共びんささら五六十人面白き事非常の賑ひなり

この文は、新城主の土岐氏入部祝いとして町中で「田楽躍」が繰り広げられたこと、領内外の夥しい見物客で

写真４　山形県上山市の「金生田植踊」

前代未聞の賑わいぶりだったこと、などを詳細に伝えている。ここで留意しなければならないのは「田楽躍」が踊られたのであってけっして田植踊りではないということである。

田楽踊は田植踊りとは起源をまったく異にしている芸能である。田楽は京都で発生した「永長の大田楽」（一〇九六年）で知られるように、すでに平安時代には踊られている。平安時代後期の京都祇園社祭礼を描いた『年中行事絵巻』には神輿や獅子舞の前後に田楽グループがみえる。びんざさらを両手で持って奏でながら踊る田楽法師が数人おり、祭りの賑やかなパレードの一団として描かれている(33)。

田楽法師による田楽は、室町時代中期頃までが最盛期であった。その後、田楽は各地寺社の祭礼のなかに取り入れられて室町時代以降も生き延びて、田遊びや東北の田植踊りなどとともに、五穀豊穣を祈る民俗芸能として今日まで伝承されている。東北では岩手県平泉の毛越寺延年舞の「田楽躍」が知られているが、山形県では鶴岡市羽黒町の雷電神社に奉納される高寺八講にみる「花笠舞（田楽躍）」などがあげられる。

引用文の最後部にある「子共びんささら五六十人面白き事非常の賑ひなり」という部分にも留意したい。五十人～六十人が「びんささら」を持って賑わいをつくったということであり、おそらくこのグループはこの時の上山城下に繰り広げられた田楽踊りの集団の一員ではないかと考えられるのである。なぜなら、「びんざさら」は中世以来田楽踊り集団が持つ特徴的な楽器であるからである。

引用文中からは田楽踊りは数十人の集団をなしてパレードした様子がうかがわれる。賑わいを創り出すには、およそ十人単位で構成される田植踊りよりも大集団が構成できる田楽踊りがふさわしい。その結成は、文中にあるように七月七日から二十四日までの一八日間の練習で可能だったと考えられるのである。

以上、金生田植踊の起源が「延宝六年」とされてきたのは、『上山見聞随筆』に記述された「田楽躍」を根拠としていると考えられる。しかしそれは田植踊りの芸能ではないことを述べた。先に触れた新田開発の年代や他地域からの伝播という可能性も合わせて考えるに、「延宝六年」という年代はやや早すぎると考えられる。あらためて検討すべき課題である。

(二)その他の山形県内田植踊りの記録

上山市の金生田植踊の起源を論じた機会に、その他の山形県内の田植踊りの起源を考えてみたい。本稿では、すでに元文二年(一七三七)に踊られた山家村の田植踊りを取り上げた。それは『虚空蔵堂再建記』に記されたもので、「をんと取り　鋒突」とあったことを重視してすでに論じた。じつはそれ以外に山家田植踊には享保九年(一七二四)金勝寺円通堂建立の地固めに踊った記録があるとされる(34)。しかしこれは実際は言い伝えであるらしい(35)。史料上辿れるのは元文二年までということであり、山家の田植踊り団体はそれ以前から存在したであろうことはいうまでもない。

さらに、他の田植踊り団体の始まり等について史料を通してみてみよう。まず山形市の成沢田植踊に関するものとして、『谷柏村御用留帳』には「明和五戊子年　正月十六日　成澤村田植をどり」と記されている。[36] 成沢田植踊が現山形市谷柏地区に小正月の門付芸として巡ってきたことを表すものであろう。明和五年（一七六八）とあるので、先の山家田植踊の存在を表す元文二年（一七三七）からおおよそ三十年後のことである。

次に同じく『谷柏村御用留帳』には「安永三甲午年　一月廿二日　すかり田より田植踊参り候」「廿七日　荻の久保より田植踊見え候得共入不申候」とある。「すかり田」とは現南陽市須刈田のことであろうか。「荻の久保」とは現山形市門伝の「荻の窪」ではなかろうか。この両地区に田植踊りが存在し、成沢田植踊と同じく谷柏村にて門付芸を披露しようとしている様子がわかる。ただし「荻の久保田植踊」は何らかの理由で村には入らずに帰ったということのようだ。このように安永三年（一七七四）頃に山形周辺の村々に田植踊り団体が存在したことを示すものとして貴重である。

西山形田植踊は『柏倉田植踊　前口上　御唄綴』によれば、宝暦三年（一七五三）に村山地方が旱魃で苦しんでいるときに踊り始めたという。[37]

以上、現在で記録上辿れる山形県内の田植踊りであり、江戸期一七〇〇年代には存在していることがわかる。新田開発の進展等を考え合わせれば十分ありうる年代であると考えられる。

一方、文書記録ではないが、大石田町の今宿田植踊が所有する太鼓に「文化五年」（一八〇八）の銘が記され、山形県寒河江市に伝承される日和田弥重郎花笠田植踊の弥重郎面には「弘化三年」（一八四六）銘が記されているという。[38] これらも参考事例とすべきであろう。

5　東北三県の田植踊り記録

東北の田植踊りの起源に関するいくつかの記録・報告を紹介しよう。宮城県仙台市の長袋田植踊（現在中断）の太鼓には「元禄二年」(一六八九)銘があると記している。[39] 岩手県には次の三つの団体に古い記録や伝えがある。[40] 一つ目は、盛岡市の見前町田植踊の伝承を記した『孟春田植踊』に「万治二年(一六五九)」の年号がみられる。二つ目は、北上市の荒屋田植踊の弥十郎口上を記した「弥十郎本」に「延宝元年(一六七三)」が記される。三つ目は、胆沢郡胆沢町の都鳥田植踊は寛永年間(一六二四～一六四四)に始められたとの伝えがある。

福島県については『福島県の民俗芸能』によって紹介しよう。[41] 会津地方には「早乙女踊」と称す田植踊団体が約三十継承されている。その起源はいずれも伝承で江戸時代初期の慶長年間とか寛永年間としているが、早過ぎて年代設定に無理があるとされている。他方、相馬・双葉地方には東日本大震災以前は約七〇もの団体が存在していたが、いずれも天明の飢饉後およそ一七八〇年代以降に伝承されたとするものが多い。

以上、宮城県や岩手県の記録または伝承はいずれも一六〇〇年代の発生であり、山形県内の田植踊りは一七〇〇年代が多いのに比較して、その起源・発生の古さを思わせる。ここから、田植踊りは年代的にも太平洋側(特に宮城県・岩手県)の発生が先ではないかとの見方が強まる。

まとめと今後の課題

(1)太平洋側(陸奥国側)はヤマセが直撃し、冷害による凶作・飢饉がより甚大な被害をうんだ地域であり、豊作への祈願芸能としての田植踊りが発生しうる歴史風土をもった土地柄であったと考えられる。

(2)田植踊りは農耕における稲作を土台とした民俗芸能であり、東北では江戸時代、十七世紀の新田開発以降に広がった水田稲作を基盤として発生したものと考えられる。岩手県や宮城県の田植踊りの存在が確認できるのは一六〇〇年代後半であることは新田開発の進展という社会経済的動きに合致する。

(3)山形県内陸地方の田植踊りの存在が明らかになるのは、およそ一七〇〇年代に入ってからが多い。宮城県や岩手県の田植踊り発生年代より遅れている。これは田植踊りが太平洋側（特に宮城県・岩手県）から発生したと考えることの一つの手がかりといえる。

(4)山形県の前列男衆が持つ棒をテデ棒の呼称から突き棒へ改める必要性を述べた。この突き棒は他の三県にはない固有のものといえる。突き棒を地面に突き立て（または突き立てるような所作を演じ）、左右に振り回す躍動的な動きは芸態としても特徴的である。これに対して後列の早乙女が不動でほぼ体勢を崩さない静態ぶりは対象的といえる。このような芸風・芸態は太平洋側から伝播した後の山形側の創意工夫とみたいが、さらに検討を重ねなければならない。

(5)金生田植踊の起源が「延宝六年（一六七八）」とされているが、これまで述べてきた内容とつき合わせれば早すぎるといえる。何よりもこの時に踊られたのは「田楽躍」と史料に記されており、田植踊りと同じ芸能ではないことが確認できる。起源問題は再検討の余地を十分に残している。

(6)西村山地方に弥重郎系田植踊りが点在しているが、これらは本道寺地区から六十里越街道を伝って西川町・寒河江・河北町へと至る道筋に分布している。六十里越街道とはいわゆる出羽三山参りのルートであり、限定的ではあるが本道寺からルート東側方面に分布エリアが広がっている。この分布が黒川郡出身の湯殿山本道寺関連の行者伝承と関係があるのかどうか、出羽三山信仰を視野に入れつつ史料的裏付けを求めていかなければならない。

おわりに

これからは宮城県黒川郡の弥十郎系田植踊りが本道寺地区に伝播したという言い伝えに留意し、双方の現地での調査を行っていきたい。やがて東北の田植踊りの発生・起源や伝播経路を解き明かすきっかけになるかも知れないという微かな期待を持っている。一方では山形県内の突き棒系と弥重郎系とはどういう関係にあるのか、その時代的前後関係の解明が課題である。

これらの問題解決には大変な労力を必要とするが、時間をかけながら少しでも解明に近づけていきたい。このことが東北地方固有の歴史風土や社会生活を明らかにすることにも繋がると思うのである。

註

（1）『上山市史　別巻下　民俗資料編』上山市教育委員会　一九七五年
（2）菊地和博「東北の農耕事情と民俗芸能」『東北芸術工科大学東北文化研究センター研究紀要』第4号所収　東北芸術工科大学　二〇〇六年
（3）『東根市史別巻上　考古・民俗編』（東根市史編さん委員会　一九八九年）にはかつて使用していたことが記されている。
（4）菊地和博「東北地方の歴史風土と田植踊りの本質」『日本歌謡研究』第46号所収　日本歌謡学会　二〇〇六年
（5）『仙台市史　特別編6　民俗』仙台市史編さん委員会　一九九八年
（6）前掲「東北地方の歴史風土と田植踊りの本質」（本書第一部第一章）
（7）各県の民俗芸能緊急調査報告書『岩手県の民俗芸能』（岩手県教育委員会　一九九七年）、『宮城県の民俗芸能』

（宮城県教育委員会　一九九三年）、『福島県の民俗芸能』（福島県教育委員会　一九九一年）に基づいている。

（8）菊地和博「菅江真澄の『八戸田植踊』と豊作祈願の芸能」『真澄学』第6号所収　東北芸術工科大学東北文化研究センター　二〇一一年（本書第一部第二章）

（9）『山形県文化財調査報告書　山形県の民俗芸能　第1篇』（山形県文化財保護協会　一九六二年）をはじめ、これまでの報告書や研究書に多くみられる。

（10）菊地和博「菅江真澄の江戸期『胆沢郡徳岡田植踊』と豊作祈願芸能」『東北文教大学研究紀要』第1号所収　二〇一一年（本書第一部第三章）

（11）同上「菅江真澄の江戸期『胆沢郡徳岡田植踊』と豊作祈願芸能」（本書第一部第三章）

（12）前掲『山形県文化財調査報告書　山形県の民俗芸能　第1篇』の中の演目「お正月」にみられる。

（13）『御福田唄本』（大正四年正月吉日　井上芳松）小塩御福田田植踊所蔵

（14）『山形市史別巻2 生活・文化編』山形市史編さん委員会　一九七六年

（15）『柏倉田植踊　前口上　御唄綴』西山形田植踊保存会　一九八九年書き改め

（16）『上山市史　別巻下　民俗資料編』上山市史編さん委員会　一九七五年

（17）『吉野文化史資料13』吉野文化史研究会　一九八三年

（18）『白鷹町史』下巻　白鷹町史編纂委員会　一九七七年

（19）『村山市史』地理・生活文化編　村山市史編さん委員会　一九九六年

（20）『中郷の歴史と伝承』「中郷の歴史と伝承」編集委員会　一九八九年

（21）「虚空蔵堂再建記」『山形市史編集資料』第16号所収　山形市史編集委員会　一九六九年

（22）菊池勇夫『近世の飢饉』吉川弘文館　一九九七年

（23）一九九三年九月三十日農林水産省発表（『毎日新聞』一九九三年十月三日付け記事掲載）

（24）前掲　菊地和博「東北の農耕事情と民俗芸能」「東北の歴史風土と田植踊りの本質」（本書第一部第一章）

（25）『山形県の民俗芸能総覧―無形民俗文化財調査報告書―』山形県教育委員会　一九八五年

（26）この文は、同上『山形県の民俗芸能総覧―無形民俗文化財調査報告書―』の大江町楢山田植踊の欄で記されているが、文中に「本道寺の若衆たち」とあるように、実際は西川町の本道寺地区に関する内容となっている。
(27)『編年西村山郡史』(復刻版)西村山郡役所編　名著出版　一九七三年
(28)『富谷町誌』富谷町誌編纂委員会編　一九九三年
(29)前掲『山形県の民俗芸能総覧─無形民俗文化財調査報告書─』
(30)前掲『近世の飢饉』
(31)高橋富雄『東北の歴史と開発』山川出版社　一九七三年
(32)菅沼定昭『上山見聞随筆』(上山文化財調査会　一九六四年)や前掲『上山市史』、前掲『山形県民俗芸能総覧』などに記されている。
(33)『年中行事絵巻』京都市立芸術大学芸術資料館所蔵
(34)『図説　山形の歴史と文化』山形市教育委員会　二〇〇四年
(35)前掲『山形市史別巻2　生活・文化編』)
(36)『谷柏村御用留帳』郷土研究叢書資料編第2輯　山形県郷土研究会　一九四二年
(37)前掲『柏倉田植踊　前口上　御唄綴』
(38)前掲『山形県の民俗芸能総覧』─無形民俗文化財調査報告書─
(39)前掲『仙台市史　特別編6　民俗』
(40)前掲民俗芸能緊急調査報告書『岩手県の民俗芸能』
(41)前掲民俗芸能緊急調査報告書『福島県の民俗芸能』

第二部　東北の修験山伏が生んだ山伏神楽・番楽

第一章　東北地方と修験系神楽の「鐘巻」

はじめに

ここでいう修験系神楽とは、青森県東通村の能舞、岩手県の山伏神楽、秋田県・山形県の番楽をさす。この神楽には、獅子舞を中心にして三番叟や翁舞などの猿楽能やその他の芸能が組み合わされており、中世芸能の遺風をよく伝えているといわれる。これは東北地方にのみ継承されてきた固有の文化であり、当地方の歴史文化の考察には欠かせない特徴的な民俗芸能の一つである。

さて、修験系神楽が演じる女舞の一つに、「鐘巻」（あるいは「金巻」）という演目がある。本稿ではこの「鐘巻」を主題としてとりあげ、それを演じる団体の比較分析から太平洋側（旧陸奥国・南部藩側）と日本海側（旧出羽国側）との同一性や差異、相互影響などを考えてみたい。また、「鐘巻」をもつ山形県の黒川能との関連にも言及しながら、中世に起源をもつ東北地方の民俗芸能の意義や地域性も考えようとした。

一　修験系神楽と「鐘巻」

1　修験系神楽の源流

修験系神楽は、主として近世まで東北地方の山々で活動した修験山伏が伝えた芸能である。青森県の恐山、岩手県の早池峰山、黒森山、秋田県の太平山、鳥海山などではかつて修験山伏が存在した。冬期間、修験山伏は山を下りて信仰圏である霞といわれる村々において、獅子舞を中心に猿楽能などの芸能を演じながら家内安全や五穀豊穣を祈祷して回った。

さてこの修験系神楽はいつ頃から舞われたであろうか。それは修験系神楽の最も大切にする獅子頭(能舞と山伏神楽は「権現様」という)を手がかりとしておおよそ見当がつけられる。ただし、獅子頭の存在がすぐさま獅子舞が舞われたことを意味しないことにも注意を要する。つまり、かつて伎楽の行道用に悪魔払いとして先頭に掲げられるような獅子頭も存在したからである。

東北地方で屈指の古さをもつ獅子頭は、山形県鶴岡市青竜寺の六所神社所蔵で、南北朝期の正平六年(一三五一)銘がある。この神社にはそのほか獅子頭六体が保存されている。秋田市湯沢市にある旧八幡神社が所蔵する獅子頭は、南北朝期の永和二年(一三七六)のものである。また、岩手県宮古市の黒森山神社所蔵の獅子頭は、室町中期の文明十七年(一四八五)に作られている。この神社には全部で獅子頭十六体が保存されていて注目される。その他、岩手県久慈市の丹内社にも文明十一年(一四七九)の獅子頭が残されている。

このなかで黒森神社の文明十七年をはじめとする獅子頭は、紀州熊野山系の修験山伏たちが信仰流布のために獅子舞を行なう際の権現様であったと判断されている(1)。

以上の各地の獅子頭の存在から、中世に修験山伏が獅子舞を奉じて村廻りをしていたことはほぼ間違いなく、それとともに獅子舞に付随する猿楽能など各種の芸能が村々の宿にて演じられていたことが考えられるのである。

また、文書史料としては、秋田県横手市明永町の熊野神社に伝来する観応元年(一三五〇)八月十五日付の「秋田城之介源泰長寄進状」(秋田藩家蔵史料)が注目される。そこには、秋田城之介泰長が熊野神社の三つの荘園と雄勝・平鹿・仙北の三郡に牛王宝印の配布権と獅子舞を舞う権利を与えたことが記されている。為政者の後ろ盾によって熊野修験系の獅子舞が霞または檀那場において舞われた可能性をうかがわせるのがこの史料である(2)。ただし、史料の信憑性には疑問も出されていることを付言しておく。

さらに、岩手県花巻市大迫町の大償神楽別当家文書である「日本神楽之巻物」は長享二年(一四八八)のものであり、この地の芸能の古さを物語っている(3)。

ちなみに山路興造は、「秋田城之介源泰長寄進状」はもとより、先にみた同じ秋田県湯沢市山田にある八幡神社の永和二年(一三七六)銘の獅子頭や岩手県宮古市の黒森神社にある文明十七年(一四八五)の獅子頭の存在を通じて、東北地方では南北朝期に修験山伏が獅子頭をもって信仰圏である村々、いわゆる霞を廻るという形態は確実に成立していたと考えている(4)。

2　「鐘巻」の歴史的意義

「鐘巻」を述べるにあたっては、まず世に有名な安珍・清姫物語に触れなければならない。この物語のもとが記されているのは『大日本法華経験記』や『今昔物語集』の古典であることは周知の事実である。さらにその奥には地域に根づく古代からの伝承がひそむ。これらの伝承や古典をもとに、のち絵巻物「道成寺縁起」上巻・下巻（和歌山県道成寺所蔵）が作られることになり、いよいよこの物語が世に広まったと考えられる。そこには平安時代の延長六年（九二九）、法華経の功徳を説く仏教説話、つまり安珍と清姫の話がまことしやかに語られている。この物語とは、細部は異なるものがいくつかあるが、簡略に記せば次のようなものである。

奥州白河から熊野詣で来た修行僧安珍が、紀州真砂の庄司という人物の娘（清姫）に惚れられて追いかけられ、道成寺までに逃げ込む。寺の鐘にかくまわれるが毒蛇となった清姫はその鐘に巻きついて燃やしてしまう。安珍は焼死し娘（清姫）は日高川に入水したが、法華経供養をされた二人は成仏することができた。

以上の物語は、「道成寺伝説」ともいわれるものであり、のちに能や歌舞伎の「道成寺」の物語として発展していくことはよく知られている。

さて、これから考察する修験系神楽の「鐘巻」は、この安珍・清姫物語そのものでないことはいうまでもない。その後日譚として創作されたのが「鐘巻」なのである。それははたして誰の手によるものだったのか。

話は変わるが、先にみたように修験系神楽が村々を廻り獅子舞（権現舞）を舞った後に、宿を借りて夜を徹して演じた種々の芸能の基本に猿楽能があった。本田安次によれば、その猿楽能の芸態をみると観阿弥・世阿弥の能大成以前の古式を多く伝えていて中世の色濃い能の数々を含んでいる(5)。大和猿楽座に属していた観阿弥・世阿弥が能を大成したのは、南北朝末期から室町時代前期にかけての頃とみられている(6)。東北地方の修験系神楽の源流は、南北朝期の十四世紀あたりに求めることができると考えられていることはすでに述べた。とすれば、やはり本田がいうように、修験系神楽が演じていた猿楽能は、観阿弥・世阿弥の能大成以前の古態をとどめているという指摘はおおよそ時代的にも当てはまる。

そういう歴史的背景をもとに、あらためて修験系神楽がもつ「鐘巻」という演目を考えてみよう。これは、のちに大成された能が演じる「道成寺」「鐘巻道成寺」の原曲であるとするのは定説となっている。さらに江戸時代に入って歌舞伎などにも取り入れられる。こういう日本の伝統芸能の歴史的系譜に思いをいたすとき、あらためて「鐘巻」とは、中世の能大成以前の猿楽能などの芸能の遺風を今日に伝える貴重な演目ということがいえる。

修験系神楽は明治五年(一八七二)修験道廃止令以降、修験山伏の手から山麓の村々の人達に引き継がれたとみられるが、うまく引き継ぎがなされなかったものは廃止される運命をたどったものと思われる。一般には、漸次両者のバトンタッチが良好に進められたものが今に残ったと考えざるをえない。秋田県の番楽は明治以前からすでに修験山伏の手を離れていたことが考えられる。このことは後段であらためて触れたい。

いずれにしても、明治政府の急進的な欧化政策の過程で消滅していったものは相当数あったと思われる。しかし、多くの演目を失いつつも山麓の村人たちを中心に修験系神楽を今日まで継承してきたことは驚嘆すべきことである。それを可能としてきた東北地方の歴史風土とは何かを考える意義は少なからずあるだろう。

二　「鐘巻」の分布

本田安次が著わした『山伏神楽・番楽』には、修験系神楽各団体がもつ演目「鐘巻」(あるいは「鐘巻道成寺」)の「言立本」の詞章が比較的詳細に記されている。[7] その団体は限られているが、「鐘巻」の分布、ひいては修験系神楽の分布を知りうる好資料といえる。

まず、山伏神楽では岳、大償、晴山、円満寺、黒森、夏屋、遠野、中妻（以上岩手県）、田子、檜木、（以上青森県）の各団体である。次に番楽では、興谷、二階、荒澤、西長野、根子、山谷、比立内、富根（以上秋田県）、平枝（「諸曲一覧表」に記載・山形県）の各団体である。

以上は『山伏神楽・番楽』が出版された昭和十七年頃までの状況であり、これら一九団体はその時点で「鐘巻」を演じていたとみなすことができる。

ところで、『山伏神楽・番楽』には「第八図　山伏神楽・番楽分布図」が挿入されている。そこには、山形県最上郡以北の修験系神楽六五団体が地域名で掲載され、青森県八戸市に現在も継承される鮫神楽もみえる。本文では鮫神楽の「鐘巻」について何ら触れられていないが、この演目は昭和五〇年時点では演じられている。(8)

東北の修験系神楽とは、「第八図　山伏神楽・番楽分布図」に記載の六五団体がすべてでもない。たとえば、秋田県由利本荘市鳥海町の下直根番楽は記されていないが現在も継承されており「鐘巻」も演じている。山形県金山町の稲沢番楽も記されていないが、この団体も現在「鐘巻」（当団体は「金巻」）を演じている。

同じく「第八図　山伏神楽・番楽分布図」には、下北半島東通村の地名「白糠」が記されている。白糠はかねてから能舞が伝承されている地域である。ところが、その周辺にあるはずの能舞伝承地がまったく記載されていない。本田は書名にある山伏神楽と番楽のみを対象として、ここでは能舞はとりあげないつもりだったのだろう。

しかし、本稿では「鐘巻」を論ずるに能舞に触れないわけにはいかない。現在でも東通村の能舞団体は白糠を入れて一四団体が活躍しほぼ三十演目を有する。なかでも「鐘巻」はすべての団体が所有する演目であり、現在もさかんに演じられているのである。(9)

このほかにも「言立本」の類いに「鐘巻」が記されている団体は多数にのぼることが考えられる。また、「鐘巻」用の女面、般若面、別当(山伏)面なども残されている。これらのことは、かつて相当数の団体が「鐘巻」を演じていたことを示すものだろう。

山伏神楽で代表的な岩手県の早池神楽(大償神楽・岳神楽)も「鐘巻」は演じ続けている。また、今なお廻村巡業を行っていることで知られる黒森神楽(宮古市)・鵜鳥神楽(普代村)も「鐘巻」を演じている。

三　「鐘巻」の実際

修験系神楽では、「鐘巻」がどのように演じられてきたのか。それは、台本である「言立本(言立帳)」の内容と現在演じられている「鐘巻」の演技とを合わせて検討することが求められる。実際演じられている内容は時間の経過とともに変容も十分ありうる。とすれば、各団体が持つ「言立本」がより古い姿をとどめているともいえる。

もっとも、「言立本」には欠落したり展開が飛躍して読解が難しい部分も多い。また同じ演目であっても各団体に記述の相違があるという問題もかかえている。たとえば、これから詳述する「鐘巻」の始まりの女性の紹介では、「布施屋の長女の一人姫」(大利能舞)、「ふせ屋長者の一人姫」(大償神楽)、「紀州室の國あめや伏や長者の壱人姫」(下直根番楽)、「あめやひいやの一人娘」(稲沢番楽)というような微妙な相違が見られる。このような相違はその他の部分でも大小じつに多くみられ、はたしてどれが本来のものか検討がつかない。

以上のことを踏まえて、本稿ではとりあえず次の四集団を代表する「言立本」を大胆に意訳し、そのうえ現在行われている演技概要をつき合わせ、「鐘巻」の現況を探りたい。四集団とは、青森県の東通村の能舞、岩手県花巻市大迫町の山伏神楽、秋田県鳥海町の本海番楽、そして山形県最上郡の番楽である。数多い東北の修験系神楽のなかでも、以上の四集団は各文化圏としてまとめることも可能である。この四種の文化圏から代表する団体をサンプルとして取りあげ、「鐘巻」を比較検討してみることにする。この結果は、一覧表「演目『鐘巻』四集団の比較調査」として示している。

1　能舞（青森県東通村）

青森県東通村には能舞といわれる修験系神楽一四団体が集中して存在する。その他に、大畑町二団体、脇野沢一団体、川内町一団体、むつ市三団体の計七団体が継承されている。下北地方はまさに能舞の里である。

東通村は下北半島の最北東部に位置する人口八千人弱の村である。東通村では、おもに新年が明けると一四集落で能舞が行われる。現在は次に示すような日程で公開されている。これらは平成元年（一九八九）に重要無形民俗文化財の指定を受けた。

一月一日～能舞を伝承する一四集落で、一四団体が門打ちと屋固め（新築祈祷）を行う。その集落（団体）とは次のとおりである。
　大利、上田屋、鹿橋、石持、蒲野沢、野牛、古野牛川、岩屋、尻労、尻屋、砂子又、下田代、
　猿ヶ森、白糠
二日　石持、鹿橋、白糠で公開
三日　大利、岩屋、白糠、上田屋で公開
七日　蒲野沢で公開
十五日　大利で公開

十六日　鹿橋で公開
十七日　尻労で公開
十九日　尻屋で公開
九月十日～集落ごと神社祭礼で権現舞（獅子舞）奉納
九月十六日　上田屋熊野神社で公開
十二月十八日　岩屋で公開

東通村では一四の番楽団体が一つの村に集中して継承されていることが特徴だが、さらにすべての団体が「鐘巻」を演じていることである。これほどまとまって「鐘巻」を行うことのできる地域はいま見当たらない。

次は、大利能舞の「言立本」(10)を筆者なりに意訳したものと、実際の蒲野沢番楽の演技内容の概略をつき合わせ、能舞の「鐘巻」の実態を見てみよう。文中（演技概要）の下線部は、のちに四集団を比較検討する場合の項目、①鐘の緒、②鐘入り、③蛇身（鬼神・邪神）、④高札、⑤客僧（山伏）の対応、に相応するものである。

〈能舞の「鐘巻」〉「言立本」＝大利能舞、演技概要＝蒲野沢能舞

（詞章意訳）

前段

布施屋の長女の一人姫は、日本の堂々寺々、名所旧跡ほとんどを巡ったが、奈良の石堂の鐘巻寺だけは未だ参詣していなかったので急ぎ鐘巻寺へと来た。しかし別当は、この寺は女人禁制であるから入ってはいけない。寺に入るには男であれば百日の行、女であれば千日の行を経験しなければ許されないという。それに対して女は、

自分は千日の行をして参詣するからいいではないかという。それでも別当は、この寺は五つの不思議をもっといって具体的に説明をする。そして、昔より詣でようとした女が鬼人になった例があるから戻るようにいう。こうして女は参詣を拒絶されて女人禁制を嘆く言葉を述べる。しかし、女は拒絶されたにもかかわらず、鬼人になるならばなれといい鐘の緒をおさんとすると、たちまち鬼人となってしまう。

後段

熊野参詣途上の客僧（山伏）が登場する。大峰三三度、出羽三三度、葛城三三度、合わせて九九度入山して修行した客僧（山伏）は、石に箔を使い枯れ木に花を咲かすなど、物事を自由自在に操ることのできる験力を誇示しながら、布施屋の鬼人となった女を祈り伏せようという。そして女をおびき寄せ祈り出す。

南無東方にも行者行者、南無西方にも行者行者、南無南方にも行者行者、南無北方にも行者行者、南無中央にも行者行者

（演技概要）

仮面の女が登場してはじめ優雅に舞っているが、ほどなくして、①鐘の緒に見立てられた長い鱗模様布地を引っ張り出して体をくねらせながら自分に巻き付けて行く。そのあいだの所作は狂おしく高ぶっていく様子を表現している。②この演技を通して女は鐘に入り込んで鬼人になったことを暗示して幕の中に消える。

次に熊野参詣途中の仮面の客僧（山伏）が登場して、各地の修験霊山で修行を積んだ者であることを誇示する。その力で鬼人となった女を祈り伏せようとする。③そこに鬼人面を付けた女が幕から現れて⑤客僧と激しくもみ合い、かつ闘いとなる。やがて客僧が鬼人を押さえつけて数珠を両手にして祈り調伏する。最後は客僧が鬼人を抱きかかえたまま幕の中に消える。

2　山伏神楽＝大償神楽・岳神楽（岩手県花巻市大迫町）

大償神楽と岳神楽は早池峰神楽と総称されており、東北地方の山伏神楽を代表するものである。北上山地の霊山である早池峰山の修験山伏たちが山麓の人々に伝えた芸能で、その起源は室町期までさかのぼることができる。

大償神楽を継承する大償集落は平成十九年度現在一六戸である。山間の集落であり稲作できる土地がなく、岳や大償を含むかつての内川目村では昭和三〇年代まで焼畑を行っていた。畑地では稗と粟の栽培が中心。かつてはすべての家で南部葉たばこ栽培をやっていたが、需要がなくなり現在は栽培農家一軒のみである。保存会は一九人で構成し五〇演目をこなしている。内訳は大償居住者八人、元来集落と地縁血縁関係にある他村者八人、それ以外が三人という現状である。

一方、岳神楽を継承する岳集落も平成十九年度現在は一一戸ときわめて少ない。昭和四十年代まではすべて民宿を営んでいたが、今では三軒（日向坊・和泉坊・大和坊）のみである。民宿経営は女性の仕事。男性は南部葉タバコ生産、炭焼、林業を営んでいたが、現在はほとんど生計が成り立たず、サラリーマンと化している。農業は現在七十歳から八十歳が担い手であり、おそらくはやがて消滅の運命を辿るといえよう。岳神楽保存会のメンバー一六人で三四演目をすべてこなし、他集落からの応援を求めていない。

昭和初期まで、大償神楽は「通り神楽」、岳神楽は「廻り神楽」と称して、旧暦十一月から一、二月にかけて両団体が交互に旧内川目村をはじめ近郷の村々で権現舞（獅子舞）を行いながら悪魔払い、火災防止、五穀豊穣の祈願をして廻った。夜は宿を借りて一晩中様々な演目を演じて集落の人々に喜ばれた。

次は、大償神楽と岳神楽の「言立本」(11)を筆者なりに意訳したものと、実際の大償神楽の演技内容の概略を述べ、双方をつき合わせて山伏神楽の「鐘巻」の実態を見てみようとしたものである。

文中（演技概要）の下線部は、のちに四集団を比較検討する場合の項目、①鐘の緒、②鐘入り、③蛇身（鬼神・邪神）、④高札、⑤客僧（山伏）の対応、に相応するものである。

〈山伏神楽「鐘巻」〉「言立本」＝大償神楽と岳神楽、演技概要＝大償神楽

（詞章意訳）

前段

ふせ屋（岳神楽は「伏屋」）の長者の一人姫は、日本の堂々寺々、名所旧跡のすべてを見たが、ゆらの開山鐘巻寺だけはまだ参詣していないとやって来て、寺に参詣を申し出る。別当はこの寺は女の身では参詣することはできないので帰れという。それに対して女は、男が百日の行をするところを女は千日の行を勤めて参るのだから許されるだろうと言い張る。すると別当は、この寺には五つの不思議があるので女の参詣は許されない、と言ってその五つの不思議の事例を説明する。それでも女は参詣したいというので、別当はさらにこの寺には七不思議があるので女の参詣は許されない、と言って七つを語って聞かせ帰れという。それでも女はあきらめずに、もし参詣して鐘を撞いたらどうなるかと聞く。別当はそれに対して、昔にもそのような女が参詣して鐘を撞いたら、愛宕鞍馬のかなたから大天狗小天狗が下って来てたちまち邪神（岳神楽は「蛇身」）にされてしまったので、すぐ帰るよう言い聞かせた。それでも女はあきらめず、諸行無常の鐘の音（岳神楽は「鐘の緒」）ば、休まば休め、邪神（蛇身）とならばなれ、と言って帰らず参詣しようとした。

後段

次に熊野参詣に向かう客僧（山伏）が登場する。自分は大峰三三度、葛城三三度、羽黒三三度、合わせて九九度の峰をかけた修行を重ねた者であり、天飛ぶ鳥を祈り落とせるし、枯れ木に花を咲かすことなど、験力をもって

自由自在になんでもできると誇示する。そして、ふせやの長者の一人姫が寺に参詣して鐘の緒を押したが故に邪神（蛇身）になったというが、女の邪神（蛇身）を祈り出して退治してお目にかけようという。行者行者、南無さいほう（西方）に行者行者。

（演技概要・大償神楽）

はじめに仮面の女が登場して独特の足の運びで舞う。まもなく、片脇に巻き付けられた白布、それは鐘の緒に見たてられたもの、を前にして米をまき数珠を持って祈り、かつ舞う。やがて巻き付けられた白布を取り外して引っ張ったり、また元に戻しながら舞う。①急に激しくみずから廻りながら白布を体に巻き付け、また逆に廻りながら布をときほぐす。そういう所作を繰り返しながらだんだん身震いして倒れ込む。そこに、②用意された着物が女にすばやく被せられる。この着物を被ることが、鐘に入ったこと、いわゆる「鐘入り」を表す。女は身悶えしながら間もなく着物を被ったまま立って舞う。そしていきなり着物を上げて顔をのぞかせると、③早変わりして邪神（蛇身）の面を被った女に変身している。しかし、女はまだ邪神（蛇身）になり切らず、半分は人間の要素を残しながら、すぐさま幕に消えていく。

次に御幣を持った客僧（山伏）が登場して、四方を拝したあと舞う。そこに完全に邪神（蛇身）となった女が幕から現れて、客僧と激しく対決しながら舞う。客僧が邪神（蛇身）の腰を捕まえて舞う場面もある。⑤やがて客僧は邪神（蛇身）を四つん這いにさせて押さえ込み数珠を取り出して祈祷を行う。こうして念力によって調伏された邪神（蛇身）は客僧に抱え込まれて幕入りとなる。最後に、客僧があらためて登場し御幣を周辺に回してお払いを行い、幕に消える。

文中下線③の邪神になり切らず人間の要素を残しているという解釈は、大償神楽の佐々木隆氏（前保存会長）によっている。

なお、岩手県宮古市の黒森神楽の「鐘巻」も大償神楽と岳神楽の内容とほぼ同じであることに留意しておきたい。

3　本海番楽（秋田県由利本荘市鳥海町）

日本海側の秋田県と山形県にまたがる鳥海山は、かつて当山派の修験山伏が修行した霊山であった。その修験山伏の一人に当山派京都醍醐三宝院（真言宗）の本海行人（本海坊）が現矢島町に移り住んで芸能を伝えた。この芸能を本海番楽といっている。はたして本海行人はいつ頃の人物か。上直根番楽には寛永三年七月（一六二六）に本海行人が記したという「巻物」が残っていたというが、消失した。しかし、その写しといわれるものが現存している。そこには獅子舞縁起とでもいうべき内容が記されているという。[12]これは、本海行人が活躍して村々に獅子舞その他の芸能を伝えたのが、遅くとも江戸初期であろうことを推測させる。

ところで、先にみた秋田県横手市明永町の熊野神社に伝来する観応元年（一三五〇）の「秋田城之介源泰長寄進状」（秋田藩家蔵史料）は、すでに南北朝期に秋田側の獅子舞が廻村巡業していたことを思わせるものであった。そうすると、本海行人が鳥海山麓の村々に芸能を伝えたと考えられる江戸時代初期頃とは大きな隔たりがあり、この間隔をどう考えるのか、今後の課題である。

「本海流獅子舞秘伝巻」（天保十一年直根郷猿倉村　村上文次郎　池田易之丞）には、本海番楽の演目が四十六番も記されており、江戸時代後期の隆盛を物語っている。[13]かつて本荘市、由利郡には番楽七六団体があった、そのうち本海番楽が三五団体といわれ、金浦町をのぞいて全市町に分布していた。[14]現在、本海番楽は由利本荘市の鳥海町において十三団体が継承している。

さて次は、下直根番楽「言立本」[15]を筆者なりに意訳したものと、下直根番楽の演技内容の概要を述べ、双方をつき合わせて実態をつかもうとしたものである。文中（演技概要）の下線部は、のちに四集団を比較検討する場合の項目、①鐘の緒②鐘入り③蛇身（鬼神・邪神）④高札⑤客僧（山伏）の対応、に相応するものである。

〈本海番楽「鐘巻」〉「言立本」＝下直根番楽、演技概要＝下直根番楽

（詞章意訳）

前段

紀州室の國あめや伏せや長者の一人姫が、日本の堂塔寺々高野しなのまですべて参詣したが、奈良の御寺はまだであるのでやって来た。女は寺僧に境内に入っても良いかと聞くが、この寺は女人結界で参詣は許されないので帰れという。女は寺僧に、男が百日の行をするなら自分は千日万日の行をして来たのだから入れるはずだと言い張る。それでも寺僧はこの寺には七つの不思議があるといい、事例をあげて説明し帰れという。また、かつて女が参詣してはいけないというこの寺に無理矢理入って、撞いてはいけない鐘を無理に押したために、鐘の緒が切れ鐘の中に突っ込められてたちまち鬼神になったという話を聞いているので、早く帰るよう言った。女は何の因果の報いで自分は女に生まれたのだろうと嘆く。

後段

高札について説明が述べられる。あめや伏せや長者の一人姫が参詣してはいけないという寺に無理に入って撞いてはいけないという鐘を無理矢理撞いたために、鐘の中に突っ込められてたちまち鬼神になってしまった。これを祈り出す者があれば、褒美として金銀米銭を輿や車で与えようと書いてある。この町に立てようか、あの町に立てようか、この町に立てましょうという。

次に通りがかりの客僧（山伏）が登場する。自分は紀州の坂の上、鬼子田邑院という者である。奥州松島に下る途中であるが、良い天気で道中を急ごう。そうしていると、客僧は立てかけられた高札を見て、そこに書かれて

いる内容を読み上げる。紀州室の國、あめや伏や長者の一人姫が鐘を無理に押して突き込められてしまい鬼神になってしまった。これを祈り救ったならば金銀米銭、輿や車を差し上げると記されている。

この客僧はこの高札を見て次のよう述べる。自分は大峰三三度、葛城三三度、羽黒三三度合わせて九九度の山駈け修行を経験している。お経は阿含、華厳、般若、涅槃などの各経典を学習し、法華経は一部八巻二十八品、六万九千三百八十四の文字、天たい六十巻、くしや御経は三十巻、弥陀の御経は十四巻、薬師の御経は十二巻を習得している。古典は古今、源氏、伊勢物語などに通じた教養を備えている。かつ大川を逆さに流し、石に箔をつかい、枯れ木に花を咲かせ、空飛ぶ鳥を祈り落とすことができるような験力を身につけているから、鬼神となった女を祈って救い出して見せようという。

見我身者　発菩提心　聞我名者　断惑修善

（演技概要）

はじめに仮面をつけた女が登場して扇を持って舞うが、ほどなくして幕入りする。そこに④烏帽子の男（別当か）が高札を持って登場しその内容を読み上げる。それは、鐘巻寺に無理に参詣しようとした女が鬼神になったので、それを祈って救ったら金銀米銭などを差し上げるというものだった。最後に、高札を立てるのはあの町がよろしかろうか、この町がよろしかろうか、といいながら脇に高札を立てて退場する。

④次に仮面の客僧が登場し高札を取って読み上げる。その後、客僧は刀を抜いて舞いはじめる。③そこに鬼神面で鱗模様の着物を着た女が登場し、⑤客僧と闘いが始まる。鬼神はついに客僧に押さえつけられるが、突然幕から獅子が飛び出して女を抱えながら幕へ入っていく。最後は、客僧が扇を持ちながら舞って幕に入る。

最終場面で、獅子が登場して鬼神となった女を幕に引き込んでいく。この演出は女が調伏されたことを意味すると考えられ、客僧（山伏）の験力・呪力と獅子の力が一体化されて表現されている。他の団体にはない特徴的な描き方である。

4　最上番楽（山形県最上郡金山町・真室川町）

本稿では、山形県最上郡金山町と真室川町に継承される番楽五団体をまとめて「最上番楽」と称しておく。金山町有屋には現在も「鐘巻」を演じている山形県指定文化財の稲沢番楽がある（稲沢番楽は「金巻」と記す）。有屋は平成一八年度現在七四戸の集落であり、稲作が中心の兼業農家が多いが、畑作のニラ栽培農家も少なくない。七割以上が山林に覆われて冬は豪雪に見舞われる。出稼ぎの発祥地などといわれるくらいに冬場は仕事がなくなるのが実態であった。保存会メンバーは現在二三名である。

この有屋には稲沢番楽と柳沢番楽の二つが伝承されてきた。ここでは今も「鐘巻」（金巻）を演じられる稲沢番楽をとりあげる。当番楽の起源は明確な史料を欠いて不明なままである。これまでいわれてきたことは、近くの霊山である神室山の修験山伏の芸能と秋田県の矢島町方面から伝来した芸能の両面の影響を受けて成立したのではないかということである(16)。のちに述べるように、真室川町の番楽も矢島町方面から伝習したとの伝えがあることから、稲沢番楽も秋田側の鳥海山麓に伝わる番楽の影響をかなり受けたものと推察される。

毎年、八月十四日竜馬山不動尊祭礼日に稲沢地区研修センターで演じられている。かつては、集落の熊野神社の祭礼日であった八月二十五日の夜、集落の頭屋（その年の当番宿）で一晩中舞い、翌日は集落全戸を悪魔払いと称して獅子舞の門付けをして廻った。「言立帳」（「言立本」）などから、かつては二二演目を所有したが、今なお実演できるのは九演目である。なお、前述したように同じ有屋集落にある柳沢番楽の「言立帳」には「鐘巻」が記されているが現在は行われない(17)。その他、金山町には中田番楽もあったというが詳細は不明である。

一方、最上郡真室川町にも番楽が継承されてきた。真室川町では現在、平枝・釜淵・八敷代の三集落に番楽が伝えられている。かつて小国、山屋、及位、鏡沢、大滝、下春木に番楽があったが現在は途絶えている。

真室川町の番楽は、いずれもその起源について秋田県矢島町方面より伝来したとの伝承を持つ。先にみたように、鳥海山北麓の秋田県由利本荘市の鳥海町には、現在でも一三団体の番楽が伝えられている。それは江戸初期前後に修験者本海行人が伝えたことから始まった本海番楽である。その本海番楽と同系統の番楽が真室川町の番楽であることはほぼ間違いない。

真室川町に現在も継承される平枝、釜淵、八敷代の各番楽では「鐘巻」は行われていない。かつては、平枝番楽、釜淵番楽、そして現在は中断中の春木番楽でも「鐘巻」は行われていたことがわかる。[18] なお、文久元年（一八六一）に記された旧及位村（現真室川町）の「晩楽言立覚附」が残されているが、その内容の大部分は、真室川高等学校郷土研究班『郷土研究』第九号（一九六九年）に納められている。

次は、「最上番楽」のなかで唯一「鐘巻」（金巻）が演じられている金山町の稲沢番楽の「稲沢番楽歌詞」[19]を筆者なりに意訳したものと、実際の演技内容の概要を述べて、双方をつき合わせて「鐘巻」の実態を把握してみたい。文中（演技概要）の下線部は、のちに四集団を比較検討する場合の項目、①鐘の緒、②鐘入り、③蛇身（鬼神・邪神）、④高札、⑤客僧（山伏）の対応、に相応するものである。

〈最上番楽「鐘巻」〉「言立本」＝稲沢番楽、演技概要＝稲沢番楽

（詞章意訳）

前段

自分はあめやひいやの一人姫であり、すでに日本国中の堂々寺々、高野、信濃を廻ったけれども、未だ奈良のみ寺を参詣したことがないので訪ねて来たところであるという。そこに男が登場し女に対して、このお山は女人結界の山である。女が参詣すれば鐘の緒に撞き込められて、たちまち蛇身になってしまうので早々に帰るがよい

と述べる。それに対して女は男が百日の行で参ると聞いているので、女は千日や万日の行をすれば参詣できるだろうという。さらに男は、このお山は女人結界であり、七つの不思議があるから無理であるという。男は女に七つの不思議を具体的に説明する。これを聞いた女は、女だから尊きお山も掛けられない、奈良のみ寺も拝めない、これより帰れとはあさましい。蛇身になるならなってもよいから詣りたいと譲らない。

後段

次に坂の下田村院なる客僧（山伏）が登場する。この客僧は自ら次のように語る。今日は天気も良く、日和もよく、これより東（あずま）に下ろうとする途中である。そこで、幕の上に掲げられためずらしい高札を見る。そこには鐘の緒に撞き込められて蛇身となった女に対して祈り出したら金、銀米、銭などよろずの宝、輿、車を差し出すと記されてあった。そこで客僧は次のように述べる。自分は紀州高野、鹿島、香取、浮石の明神、大峰三十三度、出羽の羽黒三十三度、葛城三十三度の山をかけ修行した者である。文字の数では六万九千八百二十四の文、お経では普門品（観音経第二十五）をはじめ、大般若経六百巻、法華経一部八巻二八品、経部が上の三部経なども書いて納めた。こうして飯綱、天狗の兵法、釘抜き、石砕きなど、さらに石には修羅天梅花咲かせることのでき、山下で船つなぎ、河川逆さに流すことのできる験力を持っている者である。蛇身となった女を祈り出せないということはないという。

こうして客僧は、けんがけんが　みょうが明神　発菩提心、と祈った。

（演技概要）

はじめ、頭に冠をいただき仮面をつけた女が登場。白布をかぶり背中まで垂らしている。赤い横縞模様の裾長の着物を着て扇と錫杖を持って舞う。しばらく舞うと、①幕の上から赤い鐘の緒を意味する長い布が垂らされる。女はそれを引っ張りながら体に巻き付けていく。そうすると②たちまち獅子が幕から飛び出て来て、女を幕の中に連れこんでしまう。すなわち女は鐘に入り込んで蛇身となってしまったことを暗示させる。④次に登場した客層は高札を読み上げる。蛇身となった女のこれまでの経緯を確認して、自分が女を祈り救うに数々の修行をした身でふさわしいことを具体的に説明する。そうして大声で祈りの言葉を述べて刀を抜く。③そこに蛇がヒューヒューと音を発して登場し、幕の下から徐々に這い登って幕の上に到達する。蛇は何度か方向を変えて幕の上を移動する。⑤客僧は刀を抜いて身構え応対する。ついには蛇を幕の向こうへ斬り落とす。その瞬間、蛇が落ちていった幕上部から赤い布が垂らされる。客層は「討取ったり」と叫んで終了する。

先に記したように、金山町有屋にはもう一つの番楽団体である柳沢番楽が継承されている。「言立帳」には「鐘巻」はあるが、現在では演じられていない。その内容はほぼ同じ筋書きからなり、客僧が高札に出会って蛇身の女を祈り出そうと自らの法力を誇示するあたりまで記されており、その後の記述がないのは稲沢番楽と同じである。

四　「鐘巻」の比較検討

前記四集団の「詞章意訳」と「演技概要」を比較してみれば、同じ修験系神楽とはいえ、太平洋側（旧陸奥国・南部藩側）と日本海側（旧出羽国側）の同一性と差異が見いだされ、あるいは文化交流の痕跡などもうかがわれる。その部分をあらためて①～⑤の細目にわたり検討して明確にしたい。その結果は一三八頁に一覧表としても示している。

1　鐘の緒

多くの詞章には、女が鐘巻寺で別当の制止もきかずに「鐘の緒を押す」、あるいは「鐘の緒が切れ」「鐘の緒に撞き込められ」ということが記されている。この場面はそれぞれどういう演技で表現されているかみてみよう。

〈能舞（蒲野沢能舞、以下同じ）〉

舞台脇に用意された長い布をはずして両手で引っ張り、女みずからが回転して体に巻き付ける。さらにそれを逆にときほぐしたりする所作をとおして、次第に女が鐘に巻き込まれる表現をしている。

〈山伏神楽（大償神楽・岳神楽、以下同じ）〉

能舞と同じである。（黒森神楽も同じである）

〈本海番楽（下直根番楽、以下同じ）〉

鐘の緒の演技なし

〈最上番楽（稲沢番楽）〉

幕の上から赤布が垂らされ、女はそれを引っ張りながら体に巻き付けていく。能舞や山伏神楽ときわめて類似する所作である。

2　鐘入り

女は鐘の緒の所作の後についに鐘に入ってしまい蛇身（鬼神等）と化す、いわゆる「鐘入り」の場面は、詞章の多くは必ずしも明確には記していない。別当の昔語りや客僧（山伏）の自己を誇示する語りのなかで暗示されている場合が見受けられる。そこで「鐘入り」の場面は実際の演技ではどう表現されているかみてみる。

〈能舞〉

女が布（鐘の緒）を巻き付けながら次第に狂気状態となって幕の中に消えていく。それが「鐘入り」して鬼神となったことを暗示させている。

〈山伏神楽〉

女が布（鐘の緒）を巻き付けながら倒れ込む。そこで身をかがめながら着物を全身で覆う。この着物を鐘に見立てた演出がきめ細かであり山伏神楽の特徴である。（黒森神楽も同じである）

〈本海番楽〉

鐘入りの演技なし
〈最上番楽（稲沢番楽）〉

突然幕から獅子が登場して女を一緒に引き込んでしまう。あっという間の出来事で女は獅子舞とともに幕に消える。これが鐘入りを表現しているものと思われる。

3　蛇身（鬼神・邪神等）

〈能舞〉

女が蛇身（鬼神・邪神）となったことは、般若面と似た恐ろしい形相の鬼神面をかぶることで表現する。上半身を鱗文様の衣装をまとう場合もある。

〈山伏神楽〉

能舞と同じである。特に大償神楽（および黒森神楽）は、鐘に見立てて覆った着物のなかで女面から鬼神面に早変わりして、幕入り直前に観客に鬼神面への変化を披露する場面が特徴的である。ちなみに、岳神楽は着物を

写真５　山形県金山町の稲沢番楽「金巻」

覆って鐘入りを表現するのは同じであるが，鬼神面となった姿を見せずに着物を覆ったまま幕入りする部分が異なっている。

〈本海番楽〉

能舞に同じで、般若面と似た恐ろしい形相の鬼神面をかぶることで表現する。

〈最上番楽（稲沢番楽）〉

模型の蛇を使用して女が蛇身（鬼神）となったことを表現する。蛇を幕上部へとゆっくり這わせる。やがて蛇を客僧（山伏）が刀で斬り落として退治する。リアルな小道具を駆使した演出を行うのが特徴である。蛇の模型の使用は、以下に示すように秋田県東北部方面の番楽にも共通しており、なんらかの交流があったことを示している。

蛇の模型を使用するのは、秋田県の根子番楽・比立内番楽（北秋田市・旧阿仁町）、西長野番楽（仙北市・旧角館町）、役内番楽（湯沢市・旧雄勝町）である。根子番楽や西長野番楽の蛇は、口に花火を含み点火すると火花を吹く仕掛けをするなどじつに技巧的である[20]。なお、比立内番楽と西長野番楽は中断中である[21]。

4　高札

客僧(山伏)の登場にあたって、実際の高札を舞台脇に立てたり、幕の上に掲示したりする演出が行われる。さらに客僧(山伏)が高札を読み上げる場面も用意されている団体もある。高札について四集団の現況は以下のとおりである。

〈能舞〉

高札の場面は詞章にもなく演技にもない。ただし、畠山篤は高札を象徴した小道具は示されていると解釈している。(22)

〈山伏神楽〉

能舞と同じく、高札の場面は詞章にも演技にもない。ただし、例外的に青森県の田子神楽(三戸郡田子町)には高札の場面が次のように記載されている。(23)

「往古久敷や長者の一人姫、奈良の御寺に押して参り、忽ち鬼神となったと承て、彼の女を右の女に、祈り返し人有ならば、銭と金は車で押して通らせると言ふ高札の表に就て参りました」。本田安次が、この田子神楽を「番楽風である」と記したのは、芸態とともに高札の件を含んでのことであろうか。

〈本海番楽〉

高札の詞章も演技もある。蛇身となった女を祈り出した者に金銀米銭などを差し出すという高札があり、これに答えるように登場するのが客層(山伏)という設定になっている。下直根番楽の「言立本」には、高札の内容がじつに詳細に記されているのは象徴的である。

下直根番楽以外の本海番楽では、興屋番楽、二階番楽、八木山番楽、猿倉番楽の各「言立本」に高札場面が見られる。さらに秋田県内に分布する番楽では、荒澤、二階、西長野、根子、山谷、富根、役内の各番楽にも高札の場面が設定されている。(24)番楽が分布する南部・中部・北部方面全般的に高札が認められる。このなかで、興屋番楽のように、高札は「小太刀に烏帽子をつきさしたるもの」という抽象化した演出も見受けられる。(25)

〈最上番楽（稲沢番楽）〉

本海番楽と同じく高札の詞章と演技がある。稲沢番楽以外の最上番楽では、真室川町の釜淵番楽、および現在は中断中の春木番楽の「言立本」にもみられる。(26)

以上、高札場面は詞章のみの団体も含めれば、現在のところ秋田・山形両県の番楽十五団体に認められる。これは、番楽が分布するほぼ全域にわたって高札の場面があることを想定させる。これに対して、能舞や山伏神楽には前記した山伏神楽の田子神楽以外は見当たらない。畠山氏の解釈は今後の検討課題として留保しておきたい。

それにしても、なぜ能舞や山伏神楽に高札場面がほとんどなく、逆に番楽は圧倒的に多いのか。後段にも若干の見解は述べているが、その意味や背景を十分検討する必要がある。

5　客僧（山伏）の対応

客僧（山伏）は、蛇身（鬼神・邪神）になった女と対峙・対決する場面はどう描かれているのかをみてみよう。

〈能舞〉

鬼人と激しく闘ったのちに床に打ち伏せ、数珠を持って祈り、験力・呪力を発揮して調伏する。

〈山伏神楽〉

能舞と同じく床に打ち伏せ、数珠を持って祈り、験力・呪力を発揮して調伏する。

黒森神楽の場合は白装束の道化二人（ひょっとこ・歯かけ道化面）が登場して、客僧（山伏）と一緒になって鬼神と闘い打ち伏せるのが他にみられぬ特異な点である。ただし、客僧（山伏）が鬼神に馬乗りになって数珠を持って祈り調伏する点は同じである。

なお、黒森神楽の道化二人は山伏の眷属と捉え、この場面は修験山伏が自分とは違う存在を操作して動かすことができる力をもつことを示しているとする見解もある(27)。

〈本海番楽〉

客僧（山伏）と鱗模様の着物を着た女が激しく闘うが、最後は押さえつけられる。しかし、数珠を持って女を祈る場面はなく、獅子が幕から登場して女を中に引き連れてしまう。客僧（山伏）と獅子が一体となって呪力を発揮し女を調伏させたことを表すものと考えられる。

写真６　青森県東通村蒲野沢の能舞「鐘巻」では客僧が数珠をもって女を調伏する

〈最上番楽（稲沢番楽）〉

模型の蛇が幕を這いながら上に移動していくが、客僧（山伏）はそれに対して挑みかかり最後は刀で討取る。この過程が、他の演技でみられる客僧（山伏）と蛇身（鬼神・邪神）との闘い、そして調伏を意味するものと考えられる。

表１　修験系神楽　演目「鐘巻」４集団の比較

所属・団体 ＼ 演目細部	太平洋側（旧陸奥国・南部藩側）		日本海側（旧出羽国側）	
	青森県	岩手県	秋田県	山形県
	能舞（蒲野沢能舞・鹿橋能舞）	山伏神楽（大償神楽・岳神楽・黒森神楽）	本海番楽（下直根番楽）	最上番楽（稲沢番楽）
①「鐘の緒」の演技	長い布を体に巻きつける	同左	鐘の緒の演技なし	幕の上から布が垂らされてそれを女が引いて体に巻きつける
②「鐘入り」のイメージ	布を巻きつけたまま幕の中に入っていく（鐘入りをイメージ）	女に着物をかぶせる（鐘入りをイメージ）	鐘入りの演技なし	獅子が女を幕に引きこむ（鐘入りをイメージ）
③「蛇身」の表現	鬼神面をかぶる（鱗文様の着物あり）	同左 大償は着物をあげて鬼神面をのぞかせて幕入り	鬼神面をかぶる	模型の蛇を幕に這わせる ※その他 秋田県旧阿仁町 2団体 旧角館町 1団体 旧雄勝町 1団体
④「高札」の場面	詞章も演技もなし	同左	詞章も演技もあり 他地域も含めて15団体	同左
⑤「客僧」の対応	女と激しく闘い数珠をもって祈り調伏する	同左	女と激しく闘い押さえつける。 数珠を持って祈る場面なし 獅子が登場して女を幕の中に入れる	蛇に挑みかかり刀で討ち取る ※その他 秋田県旧阿仁町 2団体 旧角館町 1団体 旧雄勝町 1団体

３つの類型　ア．（斜線）能舞・山伏神楽・本海番楽（①「鐘の緒」のみ最上番楽）
イ．（横線）本海番楽・最上番楽
ウ．（縦線）最上番楽、その他

五　考察

1　「鐘巻」における交流および類型

前記の四集団の比較検討をふまえて、「鐘巻」という演目に限ったおおよその文化の交流圏を描き出してみた。それを、次ページに「東北地方の修験系神楽分布概念図および『鐘巻』交流圏」として表した。三通りの要点を以下ア〜エに整理してみた。

ア．能舞と山伏神楽には、右ページ表1の①鐘の緒、③蛇身（鬼神・邪神）、④高札、⑤客僧の対応、の各項目に共通する内容がみられる。これは同じ太平洋側で旧陸奥国あるいは旧南部藩の歴史風土のなかで、両者を一括りにした交流と類型がみられる。

イ．本海番楽（下直根番楽）と最上番楽（稲沢番楽）の類型性は、④高札の演出において確認することができる。これは能舞と山伏神楽にはほとんど見られない番楽特有のものといえる。秋田県・山形県の十五団体の「言立本」の詞章にも記されており、脚本的裏付けをもって演じられてきたのである。高札の内容の締めくくりに、蛇身（鬼神・邪神）になった女を祈り救い出すならば、金銀米銭などを与えるというくだりがある。これは能舞や山伏神楽にはない世俗的表現とみることもできる。東北の修験系神楽として同根ではあっても、太平洋側と日本海側（旧出羽国側）とでは明らかに詞章・演出上の相違が生まれていることに注目したい。

ウ．最上番楽（稲沢番楽）の演出として③蛇の登場がみられるが、これは能舞、山伏神楽、本海番楽（下直根番楽）

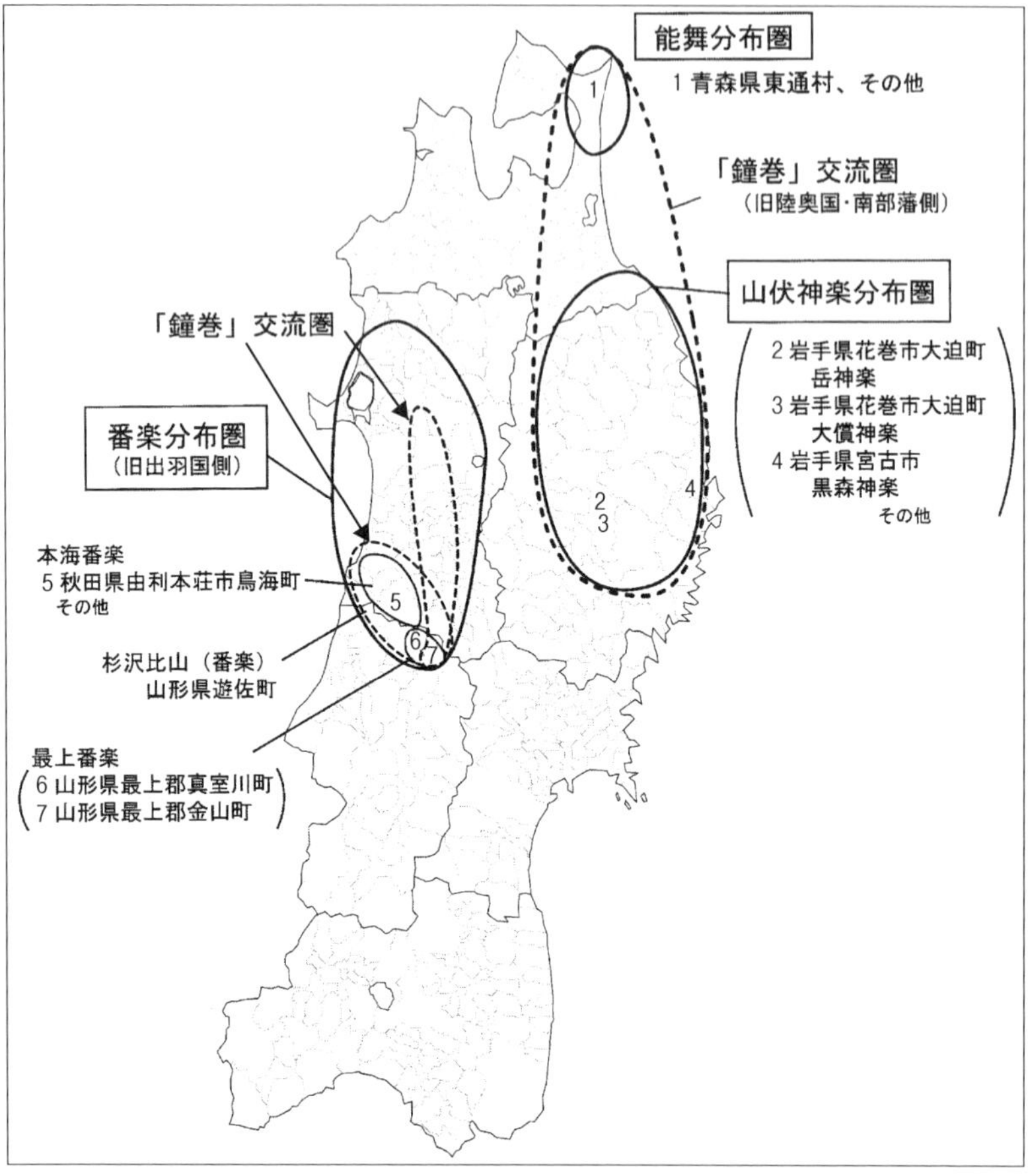

概念図１　東北地方の修験系神楽分布概念図及び「鐘巻」交流圏

にはみられない独特のものである。本海番楽(下直根番楽)は、実際に鬼面をつけた女が登場して客僧(山伏)と格闘する点において、能舞と山伏神楽と同じである。この相違点にも着目したい。

以上、三通りをまとめてみる。①～⑤の実態を通して修験系神楽の全体を俯瞰するに、秋田県の能舞・岩手県の山伏神楽の類型が目立ち、大きな一つの括りとして太平洋側(旧陸奥国・旧南部藩側)の「鐘巻」の交流エリアを設定できる。

一方、日本海側（旧出羽国側）の秋田県・山形県の番楽は、③④⑤の内容によって二つの括りが必要であり交流圏の重層性がみられる。具体的には、④の高札は本海番楽（下直根番楽）と最上番楽（稲沢番楽）は一つの括りでまとめられるが、③⑤の蛇にかかわる項目は本海番楽と以外の番楽と最上番楽との大きな括りがもう一つ必要となる。このことは次ページで述べる。

以上のように、「鐘巻」という演目に限っていえば、今のところ東北地方はゆるやかな三通りの交流圏が設定される。

2　稲沢番楽と秋田県とのかかわり

(一)「金巻」における蛇身

先にあげた蛇の模型を使って女が蛇身となったことを演出する番楽団体は、秋田県南部の旧雄勝《おがち》町（現湯沢市）から中部の旧角館町（現仙北市）、そして北部の旧阿仁町（現北秋田市）方面の番楽にみられる。つまりこの地域は秋田県内の中央部で南北に細長く続くエリアに相当する。

具体的には役内番楽（現湯沢市・旧雄勝町）、西長野番楽（現仙北市・旧角館町）、根子番楽・比立内番楽（現北秋田市・旧阿仁町）などである。根子番楽や西長野番楽の蛇は、口に花火を含み点火すると火花を吹く仕掛けをするなど、稲沢番楽以上に技巧的である。(28) なお比立内番楽と西長野番楽は中断中である。

これまで金山町や真室川町の番楽の源流は、主として矢島町・鳥海町などの鳥海山麓に継承されてきた本海番楽に求められてきた。しかし両町の「金巻」に限っていえば、秋田県内の他の番楽とのなんらかの関係があったことを物語っており、今後は個々の演目について広域的観点から検討を加える必要があるだろう。

（二）稲沢地区と秋田県旧雄勝町方面との歴史的背景

稲沢地区のみならず金山町大字有屋の集落は、県境の山を挟んで秋田県の旧雄勝《おがち》町（現湯沢市）と隣接する関係にある。峠を一つ越えれば旧雄勝町の役内地区に至るというきわめて近い関係にあった。江戸時代初期に羽州街道が整備されると、雄勝峠を使用した山形と秋田の交流が活発となる。しかし、それ以前は有屋と役内を繋ぐ峠や道路が使用されて人と物の行き交いが行われた。むしろこのルートが使われた時代のほうが長いのであり、地域の人々によれば嫁・婿のやりとりも少なくなかったという。

このような歴史的背景を考えれば、有屋の稲沢番楽と旧雄勝町の役内番楽は互いに影響を受け合ったことも想定される。役内番楽は九月一日（かつて旧暦八月一日）神室山の神を祀る鏑嶽神社の祭礼に舞われている。役内番楽も神室山の修験山伏が伝えた芸能であるとの伝承が残っている。同じ有屋の柳沢番楽は役内から移住してきた人が番楽を伝えたとの伝承もあるほどで、峠を挟んだ番楽は互いになんらかの交流・影響はあったと考えたほうが自然であろう。そう考えれば、稲沢番楽と秋田県湯沢市から北秋田市の北部方面の番楽団体との鐘巻における交流圏の設定もうなずける。

（三）稲沢番楽と神室修験とのかかわり

稲沢番楽について、今後は鳥海山麓の修験神楽である本海番楽との関係はもとより、秋田県の湯沢市・仙北市・北秋田市などのエリアにある番楽団体との関連性の考察を深めていくことが求められる。当然ながら「金巻」以外の演目の精査も必要である。そのなかで神室修験の影響がどの程度あったのかの課題解決の方向性もみえてくるのではなかろうか。

かつて保存会長を務めた柴田芳蔵氏は次のように語っている。[29]

稲沢番楽は、神室の山伏が里におりてきたときひまにまかせて舞ったものであるが、一方、秋田県の矢島町から伝えられたものと合流し、六〇〇年の伝統をもつと聞いている。記録もあったが、私が二十三〜四歳の頃（大正十二〜十三年頃か）、大夫の家が焼けたときに失われた。

以上のような話は史料的根拠はないものの、一応耳を傾けておくべきものであろう。先にも述べたが、神室修験とのかかわりをもつ秋田県湯沢市の役内番楽などを手がかりに、今後は仮説をもちながら神室修験との関連を調査検討すべきものと考える。

3　「鐘巻」にみる信仰心と宗教性

「鐘巻」とは、単刀直入にいうならば、修験山伏の験力・呪力によって人々が救われることを主題とした演目とみることができる。そのために、女人禁制を破らなければ起こりえない災いを設定している。まず、鐘巻寺に参詣したいとする女の信仰心を強烈に描くことから物語は始められる。これは能舞、山伏神楽、番楽ともに共通している。

つぎに、もし災いが起こったとしても修験山伏の超能力によって救済される威力を描く。これはどちらかといえば能舞と山伏神楽の直接的演技によって印象深く演じられている。救済や調伏の意味合いは、より強く旧陸奥国・南部藩側の修験系神楽のほうに具体的に描き出されているのである。いずれにしても「鐘巻」は、本来的に信仰性や宗教性の濃いドラマであることに変わりはなく、最終的に修験道の験力・呪力をあますところなく示す結果となっている。

こうみてくれれば、能舞・山伏神楽、番楽の「鐘巻」は、本来修験山伏の宗教芸能であることを強く印象づける演目であり、それが中世に源流をもつ修験系神楽の原初性を示す貴重なものであることが指摘できる。

4 「鐘巻」と地域差

修験系神楽を考察すると、これまでみてきたように東北地方における太平洋側（能舞と山伏神楽）と日本海側（番楽）の違い、日本海側でも秋田（本海番楽）と山形（最上番楽）との同一性と差異の部分が明らかになってくる。とりわけ奥羽山脈を挟んだ東西の地域差は大きなものがあるように見受けられる。

先にみたように、まず日本海側の番楽には高札の場面が設定されているが、太平洋側にはそれはまったくない。客僧（山伏）が登場したときには、すでに蛇身（鬼神・邪神）となった女について承知されており、それを救わんとして自己の験力を誇示するという設定になっている。それに対して番楽は、客僧（山伏）が登場し高札の文面を読んだことによって蛇身（鬼神・邪神）となった女の存在を知り、さらにそれを救えば金銀米銭を与えられることを知る。そのうえで自己の験力を発揮して救わんとするのである。この違いをどう捉えるか。

一見、番楽のほうは金銀米銭がからむ世俗化した印象を受ける。それに対して能舞と山伏神楽は、報償の部分がないだけに客僧（山伏）のひたむきさ、気高さのようなものがにじみでているようにも受け取れる。しかし、全体の話の流れとしては、能舞・山伏神楽側には前段と後段との断絶が強く現れている。それに対して番楽のほうは、高札の設定が前段と後段をより繋げる役割をはたしており、話の流れが比較的わかり易く構成されている。

これと関連するが、能舞・山伏神楽側は蛇身（鬼神・邪神）となった女と闘ったのちに、験力をもって調伏・救済する側面がより強く演出されている。それに対して最上番楽などは、客僧（山伏）が蛇を討取って退治するといった、いささか懲罰的な側面が感じとられる。刀で蛇を斬り殺すということで女を救うという主題は消えていないが、客僧（山伏）の数珠を持って祈り救おうとする演技に比し、番楽は宗教性が後退している印象は免れない。それは、女に替わって蛇の模型を登場させて討取るという即物的表現によるせいであろう。以上のことから、番楽側の高札の設定や蛇の演出は視覚的にも理解しやすく、より平易に表現されていることがわかる。

さてそれでは、能舞・山伏神楽が宗教性をより純粋なかたちで表現しているとするならば、太平洋側の修験系神楽が本来の姿ということになるのか。さらに能舞・山伏神楽のほうが番楽に先行して定着し発展してきたとみることができるのか。しかし、ことはそう単純ではない。前述したように秋田側の獅子舞の村廻りは歴史的に大変古いことが指摘できる。そのことはすでに獅子頭や文献の存在でほぼ明らかにされている。よって、能舞・山伏神楽（太平洋側）と番楽（日本海側）はどちらが古いのか、どちらが修験系神楽本来の姿なのか、などは容易に判断がつかない。

ただし、番楽がわかり易く世俗化しているとすれば、能舞や山伏神楽より早く村里に密着して民俗芸能化が進んだことと関係があるかも知れない。山路興造は、日本海側の修験山伏は早くから獅子舞をもって廻村することを放棄して、村の芸能として定着させたと述べている(30)。日本海側の名称が山伏神楽ではなくて番楽であり、獅子舞も太平洋側のように権現舞といわない。山路はこのことこそ、修験山伏の手を離れて村の青年層（若者組）の祭礼芸能として演じられてきたことを示していると考えた。筆者も番楽が修験山伏から鳥海山麓の農民へ手渡された時期は意外に早く、その結果、いち早く庶民芸能化することによって高札の設定や蛇の演出が生まれたのではないかと推察している。

5　「鐘巻」と黒川能

(一)下座の「鐘巻」

修験系神楽の「鐘巻」は、やがて能が演じる「道成寺」「鐘巻道成寺」などの演劇として定着していったことはよく知られている。中世に起源をもつ農民芸能として名高い山形県鶴岡市（旧櫛引町）の黒川能下座には、今も「鐘巻」の演目が演じられている（上座は「道成寺」である）。渡部保は、歌舞伎の「娘道成寺」の成り立ちを図式化したなかで、黒川能の「鐘巻」を修験系神楽の「鐘巻」と能の「道成寺」を繋ぐ位置に記している[31]。

ここで「鐘巻」をもとに作られた能の「道成寺」の内容はどのようなものなのか、その概略を確認しておこう。

道成寺で鐘を再興供養したあと、白拍子が女人禁制の場に無理に入り込み舞いを演じる。そうしていると鐘が落下して白拍子はその中に閉じ込められてしまう。僧侶たちが白拍子を救うため祈祷すると鐘の中から大蛇が表れて僧侶たちに襲いかかろうとする。しかし大蛇は調伏されて日高川に戻る。

実際の舞台では、中央上に吊り下げられた大きな鐘が女にかぶさり、やがて女はその中で鬼神となって僧侶たちと格闘する様子が演じられる[32]。じつは黒川能下座の「鐘巻」も現在は大きな鐘が女にかぶさる場面など「道成寺」とほぼ同じである。このことについては、のちほどまた触れたい。

(二)黒川能の史的背景

さて、黒川能は集落の鎮守である春日神社（明治以前は新山明神・四所明神）に奉納される神事芸能である。黒川地区に伝わる最古の文書である寛永元年（一六二四）の「新山明神日記」によれば、当時すでに「上ノ太夫」「下ノ太夫」が存在し、神明明神の社領五六石余が神事芸能の財源に充てられている[33]。したがって、酒井忠勝が元和八年（一六二二）に庄内地方に入部する以前から黒川能が行われていたことになる。酒井氏の庄内領有以前となると最上義光の支配時代となる。さらにそれ以前は、武藤氏が一二〇九年から一五八二年の間に庄内地方を支配していた。今のところは、およそ五〇〇年前の武藤氏時代に能役者を庄内に招聘したことから、黒川地区に能楽が定着したと推測される。能楽はのちに農民自身に受け継がれて発展してきたものだろう。

戸川安章は、黒川村には十四～十五世紀頃の開発と思われる字名が二十数か所に残っていることから、この村の成立は遺物なども勘案すると鎌倉時代から室町時代中頃としている。そして黒川村は農耕開発の守護神を祀る新山明神・四所明神（明治以降は春日神社）を精神的支柱として村づくりが行なわれてきたという。(34)

(三)村落の形成と先行芸能

以前から研究者の間では黒川村に能楽が伝来される以前に先行する芸能が存在したのではないかという指摘があった。このことについて戸川も、王祇祭で演じる「大地踏み」や「式三番」（上座は「所仏則の翁」）の古風な型、能面ではない古い仮面の存在などから、能楽以前に延年とか番楽（山伏神楽）のような先行芸能が黒川に生まれていたことが考えられると述べている。同じようなことは表　章も述べている。表は、「黒川能少史」のなかで、東北に多い山伏神楽系の神事芸能がすでにあった黒川の地に能が移入され、両者が合体したのが黒川能かも知れないと述べている。(35)

能楽を受け入れる以前に他の芸能が成立していたとすれば、じつに中世から農民の手で芸能を育ててきた村落だったということになる。有力な寺社に所属する延年・舞楽・田楽などの芸能であれば、東北地方でも中世からいくつかあったことは認められる。たとえば、宮城県金成町白山神社の小迫延年、岩手県毛越寺の延年、山形県吹浦口宮大物忌神社の吹浦田楽・山寺立石寺の舞楽、福島県いわき市御宝殿熊野神社の田楽などは代表例であろう。

しかし、黒川村の場合はまったくあてはまらない。この事例は、東北地方の村落には黒川村のような近世以前に芸能の発生基盤ができていた村・地域共同体が他にもあったことを類推させるものである。このような東北の実情に即した歴史風土的文脈のなかで民俗芸能の発生を考えなければならず、黒川能を考察する場合も、能楽を受け入れる芸能的下地があったことを想定する必要があり、さらに先行芸能と外来能楽との融合の側面から分析・検討を進めていくことが求められる。

(四)黒川能の古態性

黒川能に先行する芸能とは、先述のように倀は「山伏神楽系の神事芸能」の可能性を指摘している。修験系神楽の重要な演目である「鐘巻」が下座に残っていることとそれがどう関連するか。狂言研究家の小林 責は、黒川能「鐘巻」の古態について言及している。つまり、蛇体の化身である白拍子が乱拍子を踏んでいるうちに、間狂言の能力三人は安座したまま上半身を傾けて寝入ってしまうのは古態の型である。徳川幕府の式楽となると、間狂言でも心得ある役者は能のシテの邪魔になるような演技をしなくなっていて、寝入るなどということはない。また、鐘入りの際「道成寺」では白拍子が跳び上がると同時に鐘が落とされるが、「鐘巻」では白拍子が鐘を引き降ろすといった印象がある。小林はこれらをとおして、「道成寺」の室町末期の古態を見る思いがすると述べている[36]。

いうまでもなく、小林がいう黒川能の古態論がただちに修験系神楽の「鐘巻」と関連するわけではない。それでも筆者は、小林の卓見に導かれながら、下座において「鐘巻」を「道成寺」に改称しなかった点に注目しており、武藤家による能の移入以前から、黒川では「鐘巻」を含む修験系神楽の猿楽能の一部が演じられていた可能性を考えている。

いずれにしても、先に触れた渡辺保の見方のように、黒川能の「鐘巻」は、修験系神楽の「鐘巻」と能の「道成寺」の中継的位置にあったということは十分考えられる。以上、中世に源流を求められる修験系神楽や黒川能などは、その後の日本の伝統芸能に与えた影響は少なからぬものがあった。このことを東北地方の歴史風土と重ねて民俗研究の視点からあらためて問い返さなければならない。

おわりに

修験系神楽のある集落調査は始まったばかりである。しかし、すぐさま目についたのは、どの集落でも少子・高齢化、過疎化が進み、農業が衰退していることであった。世に名高いあの早池峰の岳神楽を支える集落がわずか十一軒に陥ったことに衝撃を受けた。それでも伝承者の神楽にかける執念は並々ならぬものがある。似たようなことは他地域でも感じることができた。

今、地域の民俗文化をとりまく情勢は大変厳しい。経済のグローバル化と一九九〇年代から世界的に急速に台頭してきた市場原理主義が主因となっていると考えられる。日本でも市場原理主義にもとづく種々の規制緩和策や自由化政策が強力に押し進められてきた結果、いわゆる格差社会が生じ、それが都市と地方との経済格差・生活格差を生み出している。地方（地域）の実態として、長年の農政の失敗も重なり、とりわけ農業を基幹産業としてきた農村部の疲弊が著しい。それと同時に、地域社会、会社、家庭に伝統的にみられた良き共同体が失われてきている。

以上の情勢のなかで、今後とも担い手である芸能伝承者が誇りを持って継承しうる芸能研究と地域研究に取り組まなければならないと考えている。

最後となったが、本稿を述べるにあたり以下の方々にご教示やご協力をいただいた。記して厚く御礼を申し上げる。

秋田県本海獅子舞番楽伝承協議会事務局長　高橋　建氏
岩手県花巻市大迫町　大償神楽　佐々木隆氏
同　岳神楽　小国朋身氏
山形県最上郡金山町　稲沢番楽　小沼直文氏

註

（1）『宮古市史』民俗編　上巻　宮古市教育委員会　一九九四年
（2）『秋田県史』資料　古代・中世編　秋田県　一九六一年
（3）『早池峰神楽文書集』(1)　岩手県稗貫郡大迫町教育委員会　一九七九年
（4）山路興造「山伏神楽・番楽の源流」『民俗芸能研究』民俗芸能学会　一九八七年
（5）本田安次『日本の伝統芸能』錦正社　一九九〇年
（6）山崎正和責任編集『世阿弥』日本の名著10 中央公論社　一九八三年
西野春雄「猿楽能の誕生」『日本の歴史』５中世Ⅱ所収 朝日新聞社　一九八六年
（7）本田安次『山伏神楽・番楽』井場書店　一九七一年
（8）『鮫の神楽』八戸市教育委員会　一九七五年
（9）『東通村史』民俗・民俗芸能編　青森県東通村　一九九七年
（10）同　右
（11）前掲　本田安次『山伏神楽・番楽』

(12)『本海番楽　鳥海山に伝わる修験の舞　』秋田県鳥海町教育委員会　二〇〇〇年
(13)復刻版『秋田県史』民俗・工芸編　秋田県　一九七八年
(14)『鳥海町史』　秋田県鳥海町　一九八五年
(15)前掲『本海番楽』
(16)大友義助『稲沢番楽』私家版　二〇〇三年
(17)『金山町〈稲沢・柳原〉の民俗』平成一八年度明治大学居駒ゼミ調査報告書　二〇〇七年
(18)『郷土研究』第九号　真室川高等学校郷土研究班　一九六九年
(19)本間圭児「稲沢番楽歌詞」一九六〇年(推定)
(20)「根子番楽」『第四六回北海道・東北ブロック民俗芸能大会』所収　秋田県教育委員会　二〇〇四年　および、前掲本田安次『山伏神楽・番楽』
(21)『秋田県の民俗芸能』(秋田県教育委員会　一九九三年)に記載がないことから判断した。
(22)畠山篤「能舞〈鐘巻〉の復元と文学的評価」『地域学』第五号所収　弘前学院大学地域総合文化研究所編　二〇〇七年
(23)前掲本田安次『山伏神楽・番楽』
(24)同右『山伏神楽・番楽』、前掲『本海番楽』、初瀬武美『写真集　鳥海山麓獅子舞・番楽』所収　役内番楽の項　二〇〇三年
(25)同右『山伏神楽・番楽』
(26)前掲『郷土研究』第九号
(27)神田より子「陸中沿岸地方の廻り神楽」『陸中沿岸地方の廻り神楽　鵜鳥神楽・黒森神楽』所収　宮古市・譜代村　鵜鳥神楽保存会　黒森神楽保存会　一九九九年
(28)「根子番楽」『第四六回北海道・東北ブロック民俗芸能大会』所収　秋田県教育委員会　二〇〇四年
(29)『金山町史』通史篇　金山町教育委員会　一九八八年
(30)前掲山路興造『山伏神楽・番楽の源流』

(31)渡辺保『娘道成寺』駸々堂　改訂版　一九九二年
(32)渡辺国茂 重田みち 正田夏子『黒川能狂言百番』小学館　二〇〇〇年
(33)表章「黒川能小史」『国立能楽堂特別公演黒川能』所収　国立劇場　一九八五年
(34)戸川安章『黒川能の歴史と風土』中央書院　一九七四年
(35)前掲表章「黒川能小史」
(36)小林責「めでたさと古態を残す狂言」前掲『黒川能狂言百番』所収

第二章　東北の山伏神楽・番楽と地域社会

はじめに

山伏神楽や番楽という民俗芸能は、現在は東北地方にのみに存在する。過去においてもそうであったのかはわからない。いずれにしても東北地方に継承されていることに興味・関心がわく。本稿は、この修験系神楽芸能には当地方の歴史風土や東北的固有性が隠されているかも知れない、そんな期待感に基づいて取り組んだものである。

本稿は芸能史的研究ではなく民俗社会史的視点に立った研究姿勢で進めた。つまり、神楽芸能は地域生活とどう関わって継承されてきたのか、また、神楽芸能があることが地域生活にとってどのような影響や意味があったと考えることができるか、というような観点に立って進めてきた。

このような研究の調査対象の団体として、太平洋側（かつて陸奥国）の岩手県花巻市の早池峰神楽二団体とその周辺に伝承される弟子神楽五団体、日本海側（かつて出羽国）の山形県真室川町の真室川番楽三団体、秋田県由利本荘市の本海番楽一三団体を選定しており、およそ五年間にわたって各調査項目において比較・分析を行った。

なお本研究では、共同調査にあたっていただいた東京文化財研究所名誉研究員星野紘氏に多大なご教示をいただいたことを記しておく。

一　地域認識と問題意識―伝承文化をとりまく厳しい現状―

1　地域認識

本稿における地域認識は、言うまでもなく伝承文化をとりまく厳しさというものである。地域実態の厳しさの要因として考えられるものに以下に示す大きく四つの要因があげられる。

［その1］

それは経済のグローバル化と一九九〇年代から世界的に急速に台頭してきた市場原理主義（市場万能主義）・新自由主義であろう。日本においては、特に橋本内閣の行政改革や小泉内閣の構造改革路線を経て、市場原理主義にもとづく規制緩和策や自由化政策が強力に押し進められてきた。そのことによっていわゆる格差が生じ、それが都市と地方との経済格差にあらわれ、とりわけ地方もしくは農村部の経済的落ち込みが目立ってきたのである。

［その2］

猫の目のように変わってきたこれまでの農業政策の大きな欠陥が今述べた問題と重なっている。とりわけ農業を基幹産業としてきた農村部の疲弊が著しい。それと同時に、地域社会、会社、家庭に伝統的にみられた良き共同体（コミュニティー）の喪失も顕著である。伝承文化・民俗芸能は、かつてはそれらの共同体に依拠する堅固な伝承母体によって支えられてきた。しかし、近年は市町村合併や少子化の波をかぶり、いっそう危うい事態に直面している。

［その3］
平成二十年、アメリカのリーマンショックに端を発する世界的規模での経済不況の大波が従来の諸問題におおいかぶさってきており、いわゆる「派遣切り」・「非正規雇用」問題や企業倒産も相次ぎ、特に地方経済は容易ならざる状況下にある。
［その4］
平成二十三年三月十一日におこった東日本大震災、および福島第一原子力発電所の事故による岩手県・宮城県・福島県を中心にした経済・社会的被害の甚大さである。このなかで伝承文化関係でも保存団体会員が犠牲となったり、練習場所・用具・道具類が失われたことから、立て直すに容易でない地域・団体が多くみられる。特に福島県の場合、原発に近い地域であればあるほど、その深刻さは想像以上のものがある。
以上、日本はおおよそ四つの要因が長期的に重なり合った稀にみる危機的事態に直面している。したがって、伝承文化活動は継承の地盤・母体を強固にしていく自らの方法論をこれまで以上にもたなければならないことは、もはや誰の目にも明らかである。
伝承文化が厳しい試練に立たされていることは星野紘氏が行なった「民俗芸能伝承緊急実態調査（アンケート）」からうかがい知ることができる（星野　二〇〇九）。そのことが顕著な事例をあえてあげれば、愛知県北設楽郡の一七か所に伝承される「花祭り」は重文指定にもかかわらず、この二年間で二か所が休止に追い込まれている。同じく宮崎県椎葉地方の二六か所に伝承される「椎葉神楽」も重文指定であるが、今や四か所で休止を検討中と聞く。
しかし一方では、この厳しい状況にもかかわらず踏ん張っている実態も同じ列島にみられる。例えば、熊本県旧清和村（現山都町）は人口約三千人の過疎の村である。ここには一六〇年前から文楽が伝承されるが、一九九二年に清和文楽館を建設してから公演回数が年間二百回前後に増え、昨年までに修学旅行生や外国人も含め二四万人が観客として訪れた。そのお陰で村の観光収入も年間二億円を突破したという。

また、山形県最上郡大蔵村に伝承される合海田植踊は、本来の門付芸能の本質を失っておらず、今なお六月の第一日曜日に百四十軒の家々を踊り歩いている。田植踊りを担う若者三六人の定住率も高く、二年前にはすでに死語と化した感のある「青年団」も復活させ、夏祭り素人演芸会を立ち上げて賑わいを創出している。「郷土愛」が極めて高いのである。

このように、問題山積の列島においては、概して伝承文化は厳しい現実にさらされているが、しかし他方ではこれに抗うかのように現実に立ち向かい、地域とともに活性化の方向にある伝承文化が少なくない事実も、しっかり把握しておきたい。

2　問題意識

本稿における問題意識とは、冒頭にも記したように伝承文化・民俗芸能と伝承母体である地域社会との相関関係はいかにあるのか、あるいは地域の盛衰とどう関わっているのか、ということである。この問題意識に立つならば、伝承文化・民俗芸能を成り立たせる地域的要因・条件とは何かを明らかにすることが本研究の目的の一つということにもなる。そして、この目的を追究するプロセスにおいて、伝承文化の現状・実態が浮き彫りにされるとすれば、この研究は今後もどうしたら伝承文化の継承・発展は可能か、というような問題解決への方向性を得ることがもう一つの目的ということができる。

二　調査研究の経緯と対象

これまで、本テーマを探求するにあたってどのような調査を行ってきたか、約五年間の概要を整理してその経緯と研究対象について次の1～4の四領域ごとに述べてみる。

1　岩手県花巻市の大償神楽・岳神楽、および山形県真室川町の番楽調査

岩手県花巻市大迫町に継承される大償神楽・岳神楽の早池峰神楽調査、および山形県真室川町に継承される釜淵番楽・八敷代番楽・平枝番楽のいわゆる「真室川番楽」の調査を行った。いずれも基礎調査であり、後援会組織などに支えられた地域の芸能文化の現状や実態を知る目的である。

2　山形県真室川町の番楽、および秋田県由利本荘市の番楽調査

山形県真室川町の釜淵番楽「行灯番楽」や八敷代番楽「幕開き公演」（いずれも二月）、秋田県由利本荘市に継承される本海番楽「獅子まつり」（八月）などの調査を行なった。それらが集落の人々に支えられている一方で、地域コミュニティの一端を積極的に担っている側面を把握することを目的とした。

3　岩手県早池峰神楽系「弟子神楽」調査、および「真室川番楽」調査

大償・岳の二つの早池峰神楽が周辺地域にもつ「弟子神楽」五団体の調査を行ない、芸能文化の地域社会へ与える波及効果等を検証した。さらに、かつて真室川町に継承されていた春木番楽の廃絶要因の分析等を踏まえな

がら、三つの「真室川番楽」の継承可能要因を探る調査を行なった。

4　秋田県由利本荘市の「本海番楽」調査

「真室川番楽」は、元来秋田県由利本荘市鳥海町や矢島町に伝承される「本海番楽」系の芸能集団から教わったと伝承されている。その意味では「真室川番楽」は本海番楽のいわゆる「弟子神楽」に相当するといえよう。早池峰神楽とその周辺の弟子神楽との関係は、秋田県と山形県の県境を越えた鳥海山麓にも見出すことができると考えた。このような認識のもとで、秋田県由利本荘市鳥海町の本海番楽一三団体の中の六団体について調査を行い、現況や問題点を探った。

三　岩手県内の調査

1　早池峰神楽：岩手県花巻市大迫における二地区の調査・平成十九年（二〇〇七）七月

大迫は、岩手県のほぼ中央部に聳える北上山地の主峰早池峰山の南西山麓に位置する。山頂を水源とする稗貫川が町域をほぼ東西に貫流して北上川に注ぐ。昭和三十年に大迫町・内川目村・外川目村・亀ヶ森村が合併して大迫町が成立。人口約八千人程度の山間の町である。さらに平成十八年に花巻市に統合された。古くから内陸部の北上川流域と東部の三陸海岸を結ぶ遠野街道の要衝にあたり、代官所と宿駅がおかれた宿場町として賑わった。南部葉タバコ産地として知られ、薪炭や木材の集散地としても栄えた。早池峰山はかつて修験山伏が修行をした山岳信仰の拠点であるが、現在では高山植物が特別記念物に指定されて山域一帯は国定公園となっている。

夏は登山者で賑わい町の観光の一つとなっている。近年はワイン生産でも名が知られるようになってきた。

大迫には以下に示す岳集落に伝えられる岳神楽と、大償集落の伝えられる大償神楽がある。両神楽は、昭和五十二年に「早池峰神楽」として国の重要無形民俗文化財の指定を受けた。それ以後二つの神楽は早池峰神楽と称されている。ほぼ同一神楽ではあるものの、岳と大償という伝承母体がやや異なる集落の実態があるので、それぞれ個別に調査した。

(一)岳神楽(岳地区)の調査

[集落の現況]

かつて内川目村に所属した。平成十九年現在一一戸の集落である。昭和四十年代まではすべて民宿を営んでいたが、今では三軒のみ(日向坊・和泉坊・大和坊)である。民宿経営は女性の仕事で、男性は南部葉タバコ生産、炭焼、林業を営んでいたが、現在はほとんど生計が成り立たず、会社勤めが多い。農業は現在七十歳から八十歳が担い手であり、おそらくはやがて消滅の運命にあると思われる。県道内川目大迫線のバスが岳集落まで到達したのは昭和四十年代であり、道路が舗装されたのは五十年代である。

岳神楽保存会のメンバー一六人の年齢職業別内訳は、七十五歳元大工、七十歳元山仕事、六十五歳元木こり、六十歳木こり、五十九歳木こり、五十九歳営林署勤務、四十八歳公務員、四十六歳会社員、四十六歳会社員、四十四歳建築業、四十四歳建築業、四十四歳土木業、四十三歳建築業、三十二歳建築業、二十八歳公務員、十八歳会社員である。この一六人で三四演目をすべてこなしている。

(二)大償神楽(大償地区)の調査

[集落の現況]

現在一六戸の集落である。山間の集落であり稲作できる土地がなく、岳や大償を含むかつての内川目村では昭和三十年代まで焼畑を行っていた。畑地では稗と粟の栽培が中心であった。かつてはすべての家で南部葉たばこ栽培をやっており、一〇アールあたり十万円ほどの収入が得られたというが、需要がなくなり現在は栽培農家一軒のみである。

大償神楽は、昭和四年(一九二九)までは他地域を巡り歩く「通り神楽」をしており、まさに「生活のため食べるため」神楽を演じてきた側面がある。保存会は一九人で構成し五〇演目をこなす。最低一一人がいればこなせるという。内訳は大償居住者八人、元来集落と地縁血縁関係にある他村者八人、それ以外が三人である。職業は農業従事者三人のほかは大工、左官、会社員、公務員などである。戦争中は五戸六人で神楽を演じ続けて一度も途絶えたことがないのを誇りとしている。高度経済成長期の昭和四十年代が後継者難も重なって困難な時期だったという。

なお、大迫町では昭和四十年代から地場産業のエーデルワイン工場においてブドウ栽培をもとにしたワインづくりを試み「神楽とワインの里」をキャッチフレーズにしている。早池峰神楽とワインは中山間地における地域振興策の重要な目玉となっている。

2　早池峰神楽系「弟子神楽」の調査研究・平成二十一年(二〇〇九)九月

岩手県の早池峰山麓の集落には、いつの頃からか早池峰神楽から芸能を教わったとする「弟子神楽」といわれる芸能団体が広く分布している。その数は『岩手県の民俗芸能』(平成九年)によれば、およそ四十数団体にのぼるという。本田安次が著わした『山伏神楽・番楽』(初版・昭和十七年、再版・昭和四十六年)には弟子神楽は二七団体が記録されている。時代の経過とともに早池峰神楽に教えを乞う団体が増えたことも考えられるが、実際にその団体数を正確につかむことはなかなか難しい。

本稿では、従来から早池峰神楽とともに山形県真室川町に伝承される同じ山伏神楽系の平枝番楽・釜淵番楽・八敷代番楽や、その関係する集落もその調査対象としている。この「真室川番楽」においても元来秋田県由利本庄市に伝承される本海番楽系の芸能集団から教わったと伝承されている。その意味では「真室川番楽」は本海番楽の「弟子神楽」に相当すると考えられる。早池峰神楽とその周辺の弟子神楽との関係は、秋田県と山形県の県境を越えた鳥海山麓にも見出すことができるのである。

ところで、早池峰神楽の弟子神楽は総体的に伝承活動が活発であるのに対して、「真室川番楽」はこれまで少なくとも六団体が消滅してしまっており、その差は大きく開いている。この差異はどこからくるのか。伝承要因に歴史的民俗的な相違があるのかどうか、大いに検討するに値すると思われる。

本研究では以上のような認識や問題意識を持ちながら、早池峰神楽の「弟子神楽」といわれる五団体を調査した。以下はそのときの聞き取り調査メモを基本にして整理したものであるが、神楽芸能は地域社会とどう関わって継承されてきたのかを主眼においてまとめている。

A.弟子神楽調査内容

1、岳神楽系の「胡四王神楽」(花巻市矢沢地区)

[地域概況]

花巻市矢沢地区は、花巻市市街地から東方に位置する約三百戸の集落であり、すぐ西側を北上川が南北に貫流する平野部にある。広々とした水田が広がっており産業は稲作が主たるものである。矢沢は昔から米どころといわれコメを食べるにあまり不自由しなかった。それが神楽の門打ち興行にも影響を与えていることは後に記す。集落の中央に位置するあたりに新花巻駅があり南北に東北新幹線が走っている。さらに集落の南西部において二八六号線と四五六号線が交差しており大変交通の便に恵まれている。四五六号線を南に進むと宮沢賢治記念館がある。

［由来］

胡四王神楽の発祥については正確な記録を欠いて詳細は定かではないが、権現舞として使用した古い隠居獅子のカシラには「慶長三年」の銘が記されていることからその頃には存在したことが確認できる。胡四王山中腹にある神楽碑にも胡四王神楽は慶長年間に始められたことが記されている。早池峰神楽との関連では、矢沢の中島孫兵衛家は早池峰神社の宮司を務め、かつて歳祝いの席で早池峰神楽と胡四王神楽が合同で舞ったといわれている。そもそも胡四王神楽の神楽宿を代々務める中島家は、安政四年に早池峰神社妙泉寺の三十一世法印宥密を輩出した家柄である。なお、早池峰山と胡四王山は祭神が姉妹であるという物語もある。以上のように、なにかと早池峰と胡四王は関連の深い地域であり、それを背景にして両神楽の関係も浅からぬ関係にある。現在では胡四王神楽は早池峰神楽の岳系の弟子神楽とされている。平成十三年に岩手県指定無形民俗文化財になっている。

［公演状況］

胡四王神楽は、集落の郷社であった胡四王神社の一月二日蘇民祭、四月二十九日春祭り、九月二日秋祭り、十二月二日年越し祭りの祭礼時に演じられる。さらに村社であった八幡宮の一月一日、旧暦四月五日、九月十五日、十二月十五日の祭礼時でも舞われてきた。そのほかに小船渡神社の九月二十日の祭礼や個人の神社でも舞うことがある。

平成二十一年九月七日は花巻神社祭礼日であり、神社神楽殿にて公演が行われた。当日は表式六番を演じたが演目は次のようなものである。鳥舞、翁舞、三番叟、八幡舞、山の神舞、岩戸開きの舞であった。その他、現在演じられるのは二十数演目ある。

矢沢地区内だけで正月一月二日～五日の間に二班に分かれて家々を回って神楽を演じる「門打ち」を行っている。午前八時三〇分から夜にかけて一日平均して三五軒、全部でおよそ二五〇軒を訪問する。

平成二十一年八月十五日はかつて肝入だった熊谷家にて「神楽鑑賞会」が行われた。この会には子供育成事業として保存会から一〇万円の補助を支出している。午後二時から五時頃まで八演目から九演目を演じている。夏休みということもあり大学生も参加して演じている。この鑑賞会は平成二十一年で二五回目を数えた。

聞き取りでは、矢沢村は昔から米どころであり他村へ「回り神楽」、「通り神楽」などの巡業は行わず、村内だけを回って済んでいた。しかし、早池峰神楽なども村々を巡って米を貰っていた歴史があることを考えると、およそ山伏神楽にはコメへの信仰（願望）が根底にあるのではないかとの談を得ることができた。

［担い手］

神楽の構成・担い手は、舞手八人、囃子手（太鼓・鉦・笛）三人であるが、そのなかには中学生三人、高校生一人、大学生五人がいる。なかに二十歳代の女性二人も所属している。総じて若いが、さらに現在は、矢沢保育園年長組の六人に「神楽（しんがく）」を教えている最中である。

［支援組織］

胡四王神楽保存会が存在するが、これは後援組織といえる。矢沢地区は約三百戸数があり七地区に分かれている。一地区から二名が選出されて全部で一四名が保存会役員となって運営している。毎年一戸一〇〇〇円が会費として徴収されて神楽活動の基本的財源に当てられている。

［弟子神楽（孫弟子）］

下以田内神楽は、十年前に神楽を伝授したので胡四王神楽の弟子神楽という関係になっている。

［近年の状況］

平成十三年に「花巻の山伏神楽」として胡四王神楽・幸田神楽・円満寺神楽が同時に岩手県文化財に指定されている。平成二十一年は四五回の公演回数があった。これは周辺の弟子神楽のなかでは石鳩岡神楽の約五十回についで回数をこなしているといえる。

神楽が盛んな土地柄であり神楽好きの人が多い。近年三十歳代が五人加入したが、かつては現在のような担い手を確保することが難しかった。特に昭和五十年代以前は担い手がいなく大変苦労していた。例えば、メンバーが多くて八人ぐらいで、「天の岩戸」を演じるのに四人がそろわず三人で間に合わせていた時期がある。現在は先に記したように中高生も参加しているが、それがずっと定着してくれるかどうかが課題である。

2、大償神楽系の「五大堂神楽」（花巻市石鳥谷町五大堂地区）

［地域の概況］

花巻市五大堂地区は、かつて稗貫郡石鳥谷町に属したが、平成十八年一月の合併で花巻市に編入された。先に述べた胡四王地区とはきわめて接近しており、そこから一キロメートルくらい北方面に位置する。胡四王地区と同じく集落西方を北上川が南北に流れており、五大堂地区はその流域沿いに位置する。東五大堂地区七〇世帯と西五大堂地区一四世帯があり、全部で八四世帯約三百人が暮らす集落である。産業は稲作とリンゴやラフランスなどの果樹栽培を主たるものとしている。

［由来］

集落東側の山際には真言宗豊山派に属する五代尊光勝寺があり、毎年旧暦一月七日に蘇民祭が盛大に行なわれている。

五大堂神楽の起源は、地区の有志が東和町の田瀬ダム建設で集落に移転して来た砥森神楽の「胴とり」小田代武治氏（別当家）ら三名の指導を受けて、昭和三十年（一九五五）に発足したことに求められる。もともと砥森神楽は大償神楽の弟子神楽として東和町に伝承されていた。その後、五大堂神楽は昭和四十年代後半に後継者難で一時途絶えた。しかし、青年部の一部に神楽復活を望む声があり、昭和六十年に公民館村づくり懇談会において復活が提案され、地域の支援を受けて復興をとげた。この時の経過として、地域民が大償神楽の保存会長佐々木金重氏を訪問して弟子入りを希望し、五大堂公民館にて大償神楽を招聘して鑑賞会を行なった。その後直接に神楽指導を受けて大償神楽の弟子神楽として再出発した。平成九年石鳥谷町指定無形民俗文化財になっている。

［公演状況］

毎年一月一日〜三日の三日間、二班に分かれて権現舞が地区八四軒の家内安全と五穀豊穣などを祈願してまわる。これを「門獅子」といっている。獅子が柄杓をくわえて四方に水をまく火伏せの所作も伴っていたが、近年はほとんどやらなくなった。旧暦一月七日は五大尊にて蘇民祭が行なわれるが、境内の常設神楽殿において神楽を奉納している。五月三日は五大尊春季例大祭があり権現舞を行なう。十一月三日は五大尊の秋季例大祭であり権現舞を舞う。十二月第一日曜日は権現様の「お年越し」の日として五大堂公民館で神楽二、三演目を上演する。さらに、十二月三十一日夜から元日にかけては五大尊で権現舞を行なっている。かなり地域行事・信仰に密着した芸能伝承活動が展開されている。演目としては、鳥舞・三番叟・八幡舞・年寿・笹分・翁舞・権現舞の七つが上演可能である。

［担い手］

神楽の担い手・構成は、六十代三人、五十代四人、四十代二人、二十代二人、中学生三人の合計一四人である。役割は笛一人、太鼓一人、鐘人、舎門一人である。このなかで中学生三人は「神楽（しんがく）」から始めている。二十代の一人は小学五年生から神楽を続けている。小学生についてはこれから指導に着手しようとしている。一四人でも人手不足に悩んでいる状態である。

［支援組織］

五大堂地区の約六十軒が後援会に加わっており、年会費は一戸二〇〇〇円である。

［弟子神楽（孫弟子）］

五大堂神楽の弟子神楽である星山神楽（岩手県紫波町）の公演にはときどき手伝い（賛助出演）している。

［近年の状況］

神楽の練習時間がなかなかとれないのが現状である。それでも定期練習として週一回木曜日夜八時（冬期間は夜七時）から二、三時間行なうことにしている。全員が揃うことはめったになく、練習よりも飲み会だけで終わるときがある。地域の若者が神楽を演じてみたいと思わせる舞を披露することが大切であり、現在神楽を舞っている人たちがそういう認識や自覚をもつことが必要であると考えている。きちんと演技をこなせば興味を持ってくれるファンが必ずいるものである。また、土沢神楽の保存会長のようなしっかりしたリーダーがいるところは違うし、神楽の盛衰は人の問題でもあろう。たんに財源的な問題だけではないと語る。

旧石鳥谷町には「石鳥谷町神楽協会」というのがあり、大償神楽系四団体、岳神楽系三団体の計七団体が年一回九月に合同公演を行なっている。また、後継者育成の手だての一つとして、「大償流神楽後継者交流会」を組織している。この会の参加団体は、大償神楽、五大堂神楽、星山神楽（紫波町）、土沢神楽、十日市神楽（石鳥谷町）、千苅田神楽（石鳥谷町）の六団体である。毎年三月末に開催しており、各会場を持ち回りで行なうのが原則で、開催地団体の保存会長が実行委員長を務める。小学生から高校生たちが参加出演しており、後継者育成が本会の最大のねらいである。この会は平成二十一年度で一四回目を数える。

3、大償神楽系の「土沢神楽」（花巻市東和町土沢地区）

［地域の概況］

土沢地区はかつての東和町役場がおかれ和賀郡東和町の中核をなす集落であり、近くには商店街が連なって東和町の中心部としての賑わいがあった。しかし平成十八年一月の合併により花巻市に編入された。集落にはＪＲ釜石線とそれと並行して国道二八三号線（釜石街道）、集落の南方には釜石自動車道が東西に走っている。

［由来］

『東和町史』民俗編（昭和五十四年）によれば、伝承時期は明治四十年頃であり流派師匠名は大償流佐々木直八としている。伝承場所は集落にある鏑八幡神社であり、その神社への奉納神楽として始まっていることがわかる。大償流とあることから土沢神楽は早池峰神楽のうち大償神楽の弟子神楽であるといえる。今なお家元と弟子との両者の交流には深いものがある。東和町では大償神楽系は三団体のみで、あとは岳神楽系が一〇団体と多い状況である。昭和五十六年（一九八一）に岩手県指定無形民俗文化財となっている。

［公演状況］

先に述べたように鏑八幡神社への奉納披露が第一であり、神社例大祭（九月十四日〜十六日）の十四日に境内で奉納してきた。平成二十一年は九月二十日日曜日が奉納日であった。宵宮祭である十九日土曜日夜は、午後六時から一〇時頃まで一三演目を披露した。翌日の本番でも午後二時から舞いの奉納を行なっている。

鏑八幡神社では十二月三十一日夜から準備をはじめて、年明けの元旦祭で権現舞を奉納する。さらに元日午前二時には鏑川神社、午前四時になると愛宕神社への奉納舞が続く。その後一旦自宅に戻って仮眠して、午前九時からは依頼された集落内の家々の門打ちに出かける。権現舞の門打ちは土沢・百沢・六本木の各地区を一月三日まで三日間続けて行ない約六十軒をまわる。依頼された家であっても門打ちは五、六年前までは約百軒の家々を回ったが、さらに以前は家々のすべてを一週間かけて回っていた時代があったことからすれば、近年は大部少なくなっている。かつては権現舞を舞えば五升枡に米をもらえ、山の神を舞えば一升枡に米がもらえた時代があったのである。

なお、一月二日午前中は大償神楽の舞初めに参加している。二月十一日の土沢神楽の舞初めでは逆に大償神楽に参加していただいている。

土沢神楽で演技可能なものは現在三三演目あり、そのなかには狂言も二つある。権現舞は臼の上で逆立ちを行なう「しっとぎ獅子」の曲技的演目も持つ。年間公演はおよそ四十回に及んでいるが、以前からみると減少している。

調査日の平成二十一年九月八日は、隣接する百沢地区の百沢稲荷神社の例大祭日にあたっており、午後四時過ぎから神社境内の常設舞台で土沢神楽の奉納の舞がおよそ一時間にわたって行なわれた。そのときの演目は、鳥舞、三番叟（小学生三人）、龍天（高校生二人）、天照五穀、権現舞であった。権現舞のみは神社拝殿で行なわれたが、このときの獅子頭はかつて岳系弟子神楽で五年前に廃絶した百沢神楽のものを使用した。じつに巨大な獅子頭であり現在も地区総代長の家に保管されてある。

なお、この時期には土沢神楽はまるでプロ集団のように多くの公演をこなしている。

［担い手］

神楽の担い手は、六十代三人、五十代一人、四十代二人、三十代二人、二十代一人、十九歳二人、高校生二人、中学生一人、小学生三人で合計一七人である。しかし、この人数でも人手不足である。このメンバーには土沢だけではなく小山田地区と谷内地区の人も入っている。このなかの高校一年生は祖父とおじさんが神楽の担い手であったといい、小学校五年生から舞い出した。舞が楽しいし特に辛いとは感じない。お客さんの声援が嬉しくてやり続けているという。そのほか東和高等学校の総合的学習の時間で土沢神楽を教えていたが、来年度から廃校となるため現在は三年生のみが在校して神楽の習得に努めている。

［支援組織］

土沢神楽後援会は約五十人の会員で構成しているが、土沢地区全戸加入ではなく、自由意思による加入方式をとっている。

［近年の状況］

神楽練習は鏑八幡神社社務所で、毎週月曜日と木曜日午後八時三〇分〜九時三〇分（子供は七時三〇分〜八時）の間に行なっている。かなりの練習量をこなしており、これは家元である大償神楽の週一回の練習量をしのぐものである。

この土沢神楽をはじめとして大償神楽、五大堂神楽、星山神楽（紫波町）の四団体は、会場持ち回り方式で毎年忘年会を行なっている。神楽団体の親睦と結束をはかって後継者難や財源問題等を乗り越えようというものであるという。

毎年八月二十日は「送り盆」として鏑八幡神社近くの浄珠院本堂前で供養の舞を行なっている。これは本来近くの落合地区に伝承される春日流落合鹿踊が行なっていたものであるが、あるときに代わりに演じたことからそれ依頼現在まで続いている特殊な事象である。

4、岳神楽系の「幸田神楽」（花巻市幸田地区）

［地域の概況］

幸田地区は前述した土沢地区よりも花巻市街地寄りであり、平成の合併以前から花巻市に属していた。猿ケ石川に作られた田瀬ダムの用水によって丘陵地帯の開田や農業基盤整備が進んだため水田の規模が拡大、さらにブドウ栽培などを含んだ複合農業によって農業経営が比較的安定している。

東西にＪＲ釜石線と国道二八六号線、さらに南方の山際を高速道路の釜石自動車道が走っている。東北新幹線の新花巻駅も花巻市街地へ向かう途中にある。現在は全世帯一四〇戸ほどあるが、平成八年頃までの九〇戸台からかなり増加している。つまり花巻市街地にほどよい距離と交通の利便性などによりベッドタウン化しているのである。山を切り開いての住宅建設が進んでおり今後ますます人口増加が見込まれるという。

［由来伝承］

幸田神楽は『花巻市史』第二巻（昭和五十六年）によれば、当地域が近世に山伏神楽の盛行をみるに至って、幸田の人々が早池峰山麓大迫の岳神楽を学んで天保年間（一八三〇～一八四三）に現在の神楽を創始したという。それ以前は大神楽が伝承されており、幸田にため池を築く際に無事完成を祈って八雲大神を勧請したとき、その大神楽を奉納したという。この八雲大神は今も八雲神社の御神体として祀られ、大神楽に代わって今は集落の芸能となった幸田神楽がこの神社に奉納することを第一としている。幸田神楽の獅子頭は一一体も存在するが、そのうちの獅子頭に「文久三年　三代目栃内六兵衛作」、もう一体には「文久四年　四代目栃内六兵衛作」と記されている。

幸田神楽を継承するのは代々八軒だといわれており、現在もその八軒は存在するが、家筋はそれぞれ異なっている。昭和三十六年（一九六一）に花巻市指定の無形民俗文化財となっている。

［公演状況］

集落の鎮守の神を祀る八雲神社祭礼は旧暦六月十五日であるが、前日の宵宮から幸田神楽は午後六時以降式六番を二時間弱かけて舞う。本祭の十五日は「八雲神社講中」の人々に対して悪魔払いを目的とした権現舞のみを行っている。「講中」とは、東和町・大迫町・石鳥谷町・宮森村などに住む神社崇敬者であり、祭礼日は神社まで代参して来るのである。じつは、この四町村は一五、六年前までは幸田神楽が直接出かけて門打ちをして回った集落だった。夜は幕公演として宿に幕を張って神楽を演じた。今なお深いつながりを持っていることがうかがわれる。さらに六十数年前までは講中神楽は年間およそ二百か所あり、だいたい相手講中集落の鎮守の神社祭礼日に合わせて行っていた。その頃神楽は最低八人構成で訪問していた。かつては岳神楽の集落の近くまで権現舞の興行に行ったことがある。そのときは宿公演も行った。八雲人神社講中の人がその地区にいて依頼があったことから行ったようである。そのとき岳神楽の神楽集も見に来ていたが特段何もいわなかったということである。

現在の公演は八雲神社祭礼日のみならず、矢沢地区のかつて村社であった八幡神社祭礼日九月十五日にも行っている。この九月十五日は、矢沢の立石地区と小松原地区の講中の権現様を八雲神社から八幡神社に持っていって、一時奉納する日でもある。普段はこれらの権現様は八雲神社に奉納しているものなのである。なぜ他地区の神社に奉納しているのか。それには訳がある。つまり、幸田地区には三郎堤というため池があるが、その灌漑用水が立石と小松原方面に引かれて田んぼを潤していた。そこでこの二地区の人々は感謝の気持ちを表すため、所有する田んぼ二反三畝を八雲神社に献上した経緯がある。この土地は今では戦後の農地解放で失ってしまっている。しかし、幸田の人々は御礼の意味を込めて一月八日・九日に両地区を門打ちして回る慣習を今も続けているのである。二日間で四一軒を訪問して権現舞を披露している。当然ながら、この門打ちではお米や謝礼金は一切いただかないことにしている。

一月三日は幸田と駒板（数軒）を門打ちして回る。この日は二班編成で全体で八十五軒ほどを訪問している。

近年の公演回数は年間およそ三十回であるが、年々減少傾向にある。平成八年頃は年間約五十回もあった。理由として講中からの公演依頼や祝いごとが減少している。一方では結婚式での権現舞は年々増加傾向にある。演目はかつて三三あったが、現在では披露可能なものは二九演目である。

各地域の川沿いに八雲神社講中があり、かつて疫病が流行した折には、幕公演の祭は必ず最初に「天王厄神除けの舞」の演目を奉納するのが慣例だった。

［担い手］

幸田神楽の担い手は、七十代二人、六十代二人、五十代三人、四十代一人、二十代二人、高校生二人、中学生二人の合計一四人で構成されている。「神楽（しんがく）」は矢沢小学校の幸田地区所属二四人全員がマスターしている。

［支援組織］

昭和三十六年（一九六一）に幸田神楽保存会が結成され、現在では幸田地区全戸が加入している。ただし、全戸からの会費は徴収せず、門打ちや幕公演などでいただいた祈祷料などで運営費をまかなっている。

［弟子神楽（孫弟子）］

幕公演を行う神楽ではなく権現舞のみを伝承する弟子神楽として、北小山田神楽（東和町）、高木岡神楽（花巻市）など十数団体に及ぶ。特に花巻市内に集中しており、矢沢地区の九権現舞、宮野目地区の一権現舞を「幸田流派」と呼んでいる。

幸田神楽は家元の岳神楽との関係・交流は薄れており、地元花巻地方において独自に弟子神楽を多く育ててきた実績をもつ。

［近年の状況］

ベッドタウン化して振興住宅地が増加している幸田地区では、正月の権現舞の門打ちなどは受け入れない人々も出てきている。門打ち戸数が全体的に減ってきているなど、人々の信仰心が薄れてきていることを感じざるをえない。前記のとおり矢沢小学生は「神楽（しんがく）」を地域の全員が体験するが、ようやく一人前になったかと思うと就職や進学などで神楽から離れていってしまうのは残念なことである。幸田地区の人口増加は必ずしも神楽にとってプラスに働いているとはいえないようだ。そのような中でも、神楽練習は月二、三回やろうと決めている。

「幸田神楽鑑賞会」は毎年九月二十七日午後一時から幸田ふれあい館で開催している。神楽はその際地区民に八演目を披露している。

5、岳神楽系の「石鳩岡神楽」（花巻市東和町石鳩岡地区）

［地域の概況］

石鳩岡は、先にみた土沢の集落が東和町の中心部をなしていたが、石鳩岡はそこから北東方面へ五キロメートルほど離れた位置にあり、旧小山田村の東の盆地に開かれた集落である。大償や岳の集落がある稗貫郡大迫町とは、山を境界に隣接している。今から五十年ほど前は集落戸数およそ八十戸あったが、現在は約六十戸に減少しており徐々に過疎化が進んでいる。かつて和賀郡東和町に属していたが平成十八年一月の合併で花巻市に編入された。

［由来］

『東和町史』民俗編（昭和五十四年）によれば、石鳩岡神楽は文政二年（一八一九）に一峯山正運院権大僧都儀道明全法印の奨めによって始まっている。神楽の「伝承者名」の欄には「天保五年免　菊池伝右エ門」とあって、さらに「流派師匠名」には「岳流　小国常盤　藤原常正」の名が記されている。これは、石鳩岡の菊池伝右エ門が早池峯神楽のうち岳神楽の二人の師匠から教わったということになる。ところで「天保五年免」とは、天保五年（一八三四）に岳神楽の師匠から免許をいただいた、ということを意味しているのではなかろうか。文政二年に山伏神楽が創始されたが、その十五年後には岳神楽の指導を受けて、石鳩岡神楽はあらためて岳流の神楽として出発したことが考えられる。なお、町史には「昭和三十三年に南部家家紋を許される」と記されている。それを象徴するかのように、平成十九年には「南部家家紋拝領五十周年記念公演」が行われた。昭和五十六年（一九八一）に岩手県指定無形民俗文化財となっている。

［公演状況］

調査日であった平成二十一年九月九日は、午後二時四〇分から旧東和町小通地区の稲荷神社境内にある常設舞台で、石鳩岡神楽の奉納の舞が行われた。演目は鳥舞、翁舞、八幡舞、山の神舞、諷誦の舞、五穀の舞、そして権現舞の七つであり、およそ二時間半に及ぶ公演であった。本来の奉納神楽は地元に鎮座する駒形神社の例大祭九月十一日に行っている。そのほかの「幕公演」は東和町をはじめ石鳥谷町、北上市など十か所の神社で行っており、そのうち六か所が九月秋の例大祭時に集中している。年間公演はおよそ五十回であり、岳神楽や大償神楽も年間五十回～六十回くらいであることを考えれば、石鳩岡神楽はかなりの公演回数をこなしているといえる。

また、門打ちは二月の初午の日のみ希望者の家々二十数軒を回っている。昭和三十七年頃までは正月の門打ちを三、四日にわたって行っていたが近年は行っていない。

毎年十二月十七日は舞納めであり、一月三日が舞初めである。それは家元である岳神楽のある岳集落に行って舞うのが慣例となっている。また八月一日は早池峯神社の例大祭であるが、境内の常設神楽殿で岳神楽と大償神楽が交互に舞うあいだをぬって石鳩岡神楽も舞っている。

［担い手］

七十九歳～八十五歳三人、六十代二人、五十代二人、四十代五人、二十代二人の合計一四名が神楽座のメンバーである。そのほか研修者が二人、中学生二人（「鳥舞」女子と「三番叟」男子）がいる。小山田保育園児には「しんがく」を教えているが、小山田小学校生徒には神楽は教えていない。

［支援組織］

石鳩岡神楽後援会が組織されているが、会員は七〇名であり石鳩岡地区ほぼ全戸と隣の地区からも加入者がいる。年間会費は一戸あたり一五〇〇円である。

［弟子神楽（孫弟子）］

北上市に伝承される綾内神楽（綾内しんがく）が石鳩岡の弟子神楽である。

［近年の状況］

神楽練習日は、神楽座メンバーは毎週木曜日と決めており、石鳩岡公民館で行っている。週によっては練習がない日もある。神楽座メンバーではないが中学生の練習日はクラブ活動のない月曜日に毎週行っている。平成十九年度は先にあげた「南部家家紋拝領五十周年記念」公演と「欧州六か国公演二十五周年記念」公演をこなした。六か国とは、フランス・イタリア・ドイツ・オランダ・スイス・イギリスである。平成二十一年五月には六日間にわたって韓国公演も行っている。

B．弟子神楽調査内容のまとめ

これまでみてきた弟子神楽五団体について、山形県真室川町の番楽三団体の現状を念頭におきながら、特徴点・留意点と思われることがらを以下にまとめてみる。なお、文中に「真室川番楽」について言及している部分があるが、その詳細については後段に記している。

第一点目として、権現様（獅子頭）をもって家々を演じて回る権現舞の門打ち・門獅子は、その軒数や回る範囲の差はありながらも五団体のすべてによって行われている。このことは家々における権現様信仰をとおして、地域社会と神楽のつながりの深さを如実に示している。「真室川番楽」三団体のなかで門打ちは一団体が行っており、希望者二十軒弱を訪問している。

門打ち事例として、胡四王神楽は二五〇軒、五大堂神楽は八四軒、土沢神楽は六十軒弱、幸田神楽は一二六軒、石鳩岡神楽は二十数軒である。

第二点目として、年間公演回数は各団体三十回～五十回を数える。アマチュア集団とはいえ実に多い公演回数をこなしている。その背景には神楽を担う人々の熱意やそれを必要とする地域社会がある。「真室川番楽」三団体はおそらく十回に満たないと思われる。

年間公演事例として、胡四王神楽は四五回、土沢神楽は四十回、幸田神楽は三十回、石鳩岡神楽は五十回である（参考＝大償神楽は六十回台、岳神楽は五十回台）。

三点目としては、集落の鎮守の神社祭礼日が神楽公演日となっており、境内には常設舞台が用意されている事例が少なくないことである。上記の年間公演はこの神社祭礼で行うものが多数含まれている。鎮守神または産土神と神楽芸能のつながりの深さがうかがわれる。その一面として、拝殿での祭礼神事に際しては神楽太鼓の「打ち鳴らし」が必要不可欠となっており、そこにも神事と神楽が一体化した事例をみる。

「真室川番楽」もそれぞれ集落の神社の九月祭礼で舞われていることに変わりはないが、常設舞台などはなく境内や拝殿で舞っている。神事における「打ち鳴らし」などは行っていない。

第四点目として、幸田神楽にみられる「八雲神社講中」のように、水田稲作従事者や崇敬者を媒介にして神社と神楽が直結しており、そのために今でも地域を越えて権現舞による門付けが行われているのは、日常の実利性に深く根ざした神楽としての象徴的事例である。

第五点目として、忘年会なども含め、家元も参加する神楽保存団体どうしの交流会が組織化されて活発であることである。概して神楽団体の横の連携やネットワークが形成されている。その意図の一つに後継者育成も含まれており、普段から担い手の若返りをはかろうとする配慮と方策がみられる（特に五大堂神楽、土沢神楽）。そのためか神楽の担い手に二十代~四十代の比較的若い層の加入が目立つ。

「真室川番楽」にかかわらず、山形県内の芸能伝承団体による横の連携やネットワークは一部を除き形成されていないか、あるいは岩手県に比較してきわめて結束が弱い状況にあるといえる。

第六点目は、集落において独自の「神楽鑑賞会」なるものが企画実行されている団体がある(胡四王神楽、幸田神楽)。さらに、「石鳥谷町神楽協会」のように所属する家元の流派を越えて地域の七団体が合同公演を行っている事例もみられる。

山形県内の番楽は、真室川三団体のほかに金山町二団体、遊佐町一団体が伝承されているが、毎年真室川町教育委員会主催の「番楽フェスティバル」が開催されて交流をはかっている。「真室川番楽」のなかの釜淵番楽は、毎年二月に「行灯番楽」を開催して地域民との交流を図る努力を重ねている。同じく八敷代番楽も二月に「幕開き公演」と称して保存会長宅を開放して毎年開催している。この二つが特徴的な事例といえる。

第七点目として、弟子神楽として家元筋である大償神楽や岳神楽との関係が今なお深い団体(五大堂神楽、土沢神楽、石鳩岡神楽)がみられる一方で、関係性が薄くなっているとみられる団体(幸田神楽)もある。全体的には家元・弟子のなんらかの関係性を維持している団体が多いと思われる。

先に述べた真室川町の「番楽フェスティバル」では、家元筋に当たる秋田県由利本荘市内の本海流番楽一三団体のうちおよそ二団体を毎年招聘して技術交流や親交をあたためている。

第八点目として、早池峰神楽の弟子神楽がさらにその周辺に弟子神楽をもつという、いわば三世代の孫弟子関係がそこに生まれている。大償または岳のいずれかの流派の系列でつながる重構造の「神楽世界」が早池峰山麓周辺地域に築かれている。「真室川番楽」がもつ弟子神楽は存在していないのとは対照的である。

四 「真室川番楽」＝山形県最上郡真室川町三地区の調査・平成二十年（二〇〇八）九月

［地域の概況］

真室川町は山形県最上郡に属し、内陸部の最北端にあって秋田県に隣接する。人口およそ一万人で、町の総面積の八五パーセントを山林が占める農林業の町である。江戸時代からケヤキなどの巨木の産地として知られ、寺院建築用材として京都から求められるほどであった。その巨木は近年では地域資源、観光資源としてあらたに注目されている。

藩政期以前は鮭延秀綱が支配する土地であり、鮭延城が築かれて最上北部の政治的中心地として重きをなした。元和八年（一六二二）に戸沢政盛が常州松岡からこの地に入部して以来、明治を迎えるまでは戸沢氏の支配下にあった。現在の真室川町は、昭和三十一年（一九五六）に旧真室川町、安楽城村、及位村が合併して生まれた。現在の真室川町も村単位におおよそ三区分される。

主要産業として注目されるのは、真室川漆器である。真室川では近世期から漆が栽培されていた歴史があり、その歴史を踏まえて昭和五十六年から漆の主産地をめざした産業振興に着手している。その中心施設として「うるしセンター」が建設されおり、そこで作られる町内産漆を使用した多様な漆器が人気を呼んでいる。全国的に名高い民謡「真室川音頭」の発祥地である。

［真室川番楽］

秋田県と山形県の県境に位置する鳥海山は、かつて修験山伏が信仰する霊山であり、両県の山麓の集落には番楽といわれる修験山伏の芸能が今も伝えられている。秋田県の鳥海山麓に分布する番楽は、遅くとも江戸時代初期に本海という修験者がもたらしたいわゆる本海流番楽（もしくは「本海番楽」）といわれるものが多くを占める。その本海流番楽がいつのころか真室川に伝来したと考えられている。現在真室川町には平枝・釜淵・八敷代の各地区に番楽が伝えられている。かつて真室川町には小国、山屋、及位、鏡沢、大滝、下春木などに番楽があったが現在は消滅している。今回は現在番楽が継承される三地区を調査した。

1　平枝番楽（平枝地区）の調査

［調査概要］

九月十一日午後一時より、真室川町立平枝小学校において行われた平枝番楽保存会と平枝小学校「少年番楽」の合同発表公演を見学し、両者の協力関係や番楽継承の現況を確認した。

［地域の概況］

三三戸で人口およそ百十人である。稲作主体で畑作はほとんどない。専業農家は二戸のみで、その他は第二種兼業農家二〇戸である。減反政策による休耕田にはタラノメ、ウルイ、ウド、三つ葉、ねぎ、きゅうりなどを作物している。減反の割合は七パーセントほどである。平枝は比較的雨が多いため、蕎麦づくりは難しい。

かつて真室川営林署の委託で、国有林管理伐採業務への従事者が多数いた。現在は安い外国産が入ってきたことや、木造家屋が減少しているなどの原因で林業が成り立たない。ナメコ、トビタケ、ゼンマイなどの山菜が豊富である。昭和二十四年〜三十七年頃までは「ナメコ景気」といわた時期があったが、現在ではナメコはほとんど小遣い程度の収入でしかない。平枝集落内の子供は七人（高校生一、中学生二、小学生二、未就学児一）であり、平枝小学校は、全校生徒わずか二三人で少子化が顕著である。間もなく統合される予定である。

平枝番楽は、八敷代番楽と同じく秋田県由利郡矢島方面より伝えられたという伝承を持つ。八敷代と平枝は、すでに消えた同町の番楽とともに五拍子といわれるが、厳密な音楽的テンポとして考えられているわけではなく、三拍子などと比べてゆるやかな拍子という意味合いのようである。平枝番楽の保存会設立は昭和四十八年であり、町内では最も古い。現在も地区全世帯三四戸が保存会員として加盟する。

［番楽内容］

番楽は毎年旧暦八月一日に神明神社の祭礼において奉納してきた。まず神社で獅子舞を演じ、その後は毎年順番に決められた「宿」で番楽が演じられた。昭和二十五年頃まではその宿において、表七番・裏六番・狂言（餅つき、膏薬、やっさぎ、木こりと仙人）など二十演目以上を夜通し演じていたが、現在、宿公演はまったく途絶えてしまっている。宿公演の翌日は獅子舞が各家々を回って悪魔払いをして歩いた。しかし、現在演じられている演目は獅子舞・先舞・三人太刀舞のみであり、さらに家々を回ることも中断している。上演できる演目は減少しているものの、かつて使用した面は大切に保管され、武士、曽我五郎、曽我十郎、三番叟、翁、女形（二面）、ねんじなど、一一面が残されている。

昭和五十五年に平枝小学校で行われた「ふるさと少年教室」がきっかけとなり、平枝番楽保存会の指導のもとで、番楽を学校教育に取り入れた「平枝少年番楽」が活動を重ねている。近年までは夜の練習で合宿しながら学校に通う「通学合宿」などの訓練も行っていた。毎年獅子舞、先舞、三人太刀舞を披露している。少年番楽を経験して保存会で活躍する若者も出てきている。また、舞台では親子三代にわたって囃子と演技を披露するなど、注目すべき取り組みも行っている。

平枝地区に平成四年「ふるさと伝承館」が建設された。ここでは町内の番楽三団体をはじめ、秋田県の番楽団体を含めた「番楽フェスティバル」が毎年開催される。秋田をつなぐ番楽活動の拠点である。現在は、九月十四日神明神社の祭礼日に平枝小学校体育館で、「少年番楽」と保存会の大人との合同公演を行っている。

2　八敷代番楽（八敷代地区）の調査

毎年九月十二日は八敷代地区の鎮守山の神神社の祭礼日であり、午後一時より神社境内において八敷代番楽保存会による獅子舞が奉納される。その後毎年順番に「宿公演」が行われ、三番叟、剣の舞、武士舞が舞われる。

［地域の概況］

五六戸でおよそ百八十人の集落（昭和三十年頃は五七戸五百人）である。稲作が主体で畑作はほとんどない。農家数は三十戸弱であるがすべてが第二種兼業農家となっている。かつて林業で営林署の下請け業務が多くあり、スギやケヤキなどの管理と伐採に従事している。現在林業にかかわっているのは一人のみである。炭焼きや養蚕も盛んで、昭和三十年代までは一六軒の炭焼小屋が存在した。同じく昭和三十年代までは畜産・酪農は農家の三分の二が取り組んでいたが、現在はゼロである。四二名の「八起会」、一六名の「若連」（かつての青年団）が地域活性化のために活動しているほかに七名の「若妻会」などの組織がある。

［番楽内容］

平成十六年度に演目の再興をめざした結果、現在は獅子舞、地神舞、武士舞、剣の舞、もちつき、三番叟の六演目が復活されている。残されている面は、女形・牛若丸・翁・爺翁・面じい・おかし（道化）・しなごき太郎・武士・曽我五郎・曽我十郎・信夫太郎・鬼人面・機織・舟弁慶など一五面である。面の多さからわかるように多くの演目があったことが推察される。九月十二日の山の神祭礼で定期的に舞っているが、山の神神社にて獅子舞を演じてから、その年の「宿」で番楽公演が行われる。かつて祭礼当日は村の全戸を回って悪魔払いを目的とした獅子舞を演じ、翌日が番楽公演だった。昭和初期は二晩かけて村を回っていたという。これは、かつて修験系神楽が村廻りをして演じていた公演のスタイルを一部継承していたものと捉えることができる。

厳しい環境のなかでも、平成十七年度に秋田県鳥海町二階番楽の指導を受けたもちつきを初めて披露し、保存会が勢いづいてきたことは喜ばしい。さらに二年前から、二月の雪深い時期にあえて「幕開き公演」と称して保存会長の自宅で番楽公演を行うようになったことも注目される。地域の人みんなが番楽を楽しもうと、女性による手料理を持ち込んだ全員参加型の公演である。新しい公演スタイルとして定着することが期待される。

また平成三年以来大滝小学校（現北部小学校）の「子ども番楽」も始められ、剣の舞や地神舞も披露している。平成十七年には神室少年自然の家で番楽合宿も行った。大人と子供ともに継承活動に幅がでてきているのは注目される。

〈八敷代番楽の「幕開き公演」調査（平成二十年二月十七日）〉

［調査目的］

平成二十年で三年目を迎える「幕開き公演」は二月十七日夜行なわれ、冬の公演として地域在住者が参加して賑わうようになっている。九月に行なわれている山の神社祭礼の定期公演とともに、八敷代番楽の継承発展をめざす一連の取り組みのなかで、幕開き公演はどのような役割を担っているのか実態をさぐろうとした。

幕開き公演は、釜淵地区の行灯番楽と同じように雪深い時期の地域参加型のイベントとして一年遅れて始まった。この公演が八敷代地区の人々の冬場のくらしのなかでどんな意義をもっているのか、集落の人々の暮らしの観点から考察することをねらいとしている。

［内容］

披露された一〇演目のなかに、今回初めて復活できた「すずきの舞」が含まれていることは注目される。第三回の「幕開き公演」では必ずやこの演目を披露するということが第二回公演での保存会側と筆者側との約束事でもあった。この約束がみごとに果たされたのであるが、これは毎回筆者側の番楽調査を重ねた結果でもある。つまり、番楽が調査対象とされることによって、保存会みずからが目標を設定して意欲的に取り組む姿勢を示してくれたことである。さらに、地域で八敷代番楽を演じることの意義が、保存会側に理解されてきた。地域の人々の期待に応えることが番楽の保存・継承のために欠かせないという認識が浸透しつつある。

もちつきという演目に、二年前には小学生だった女児が参加したことは特筆される。その後もこの幕開き公演には参加し続け、中学生となった現在は後に記す「番楽フェスティバル」にも堂々と演技を披露するに至ったのは大変喜ばしいことである。保存会にとっても大いに励みとなっている。

筆者は公演の最後に講評の役目を負っているが、そこでは常に翌年の公演内容の目標を立てていただくことを求めている。

［地域コミュニティー］

八敷代の「幕開き公演」と釜淵の「行灯番楽」の異なる点は、八敷代の公演場所が保存会長の自宅であることである。これは、かつての「宿公演」がそのまま実現していることになる。会長宅は公演を行なうにはけっして広いとはいえないが、そこに地区の人々が大勢つめかける。肩を寄せあって観賞する状況となるが、それもまた独特の味わいがあり、鶴岡市櫛引地区で毎年行なわれている黒川能の観賞場面が連想される。大人にまじって小学生が演じる番楽も参加するのでいっそうの賑わいが生まれる。

内容は釜淵の「行灯番楽」とほぼ同じといえる。手料理を持参する女性たちもたくさん参加する。子どもたちによる「よさこいソーラン」の踊りも披露されて彩りを添える。

幕開き公演でも人々の冬場の楽しみと交流が生まれており、番楽という地域文化は人々の心を繋ぎとめる役割を果たしていると考えることができる（「幕開き公演」は平成二十八年二月で第十一回を数えている）。

3　釜淵番楽(釜淵地区)の調査

毎年九月十三日は釜淵地区の虚空蔵菩薩および山の神神社の祭礼日であり、午前八時三〇分より堂内および社内において、釜淵番楽保存会による獅子舞奉納がある。その後、釜淵地区内の家々を獅子舞が門付けして回る。

［地域の概況］

釜淵集落は一区～六区からなり、二八四戸八五六人である。かつてはこの集落全体で番楽を維持してきたが、近年では継承者や演技披露がほぼ一区(四〇戸一四一人)に偏ってきているのが現状である。

釜淵集落周辺の林業の発祥は江戸時代から明治時代である。鋸が開発され伝統的な製造技術は全国的に名が知られた。真室川町出身の中谷吉蔵の開発した「中谷のこぎり」が主流で、製造工場も真室川にあった。大小の鋸の現物が現存し現在真室川町歴史民俗資料館に展示されている。昭和九年(一九三四)に森林鉄道が敷設されてブナを中心とした伐採運搬が行われ、釜淵には貯木場が拡大され、製材・製板工場が新設されて木材基地となった。従業員は釜淵だけでも百人を越えた。それは昭和三十五、六年頃まで盛んであった。

また日正鉱山が賑わい、銅や亜鉛などを産出した。最盛期昭和三十三年(一九五八)に従業員三六〇名となったが、昭和三十八年に閉山。産業としては半農半工業的集落の形態をとってきた。現在は、稲作農家数約三十戸のうち専業は三戸程度である。乳牛を飼う酪農家は七戸ある。過去の減反政策で休耕地を活用して枝豆を栽培し出荷している農業者一三人でつくる「枝豆クラブ」が活動している。また、釜淵一区の「一盛会」が地域活性化のためにさまざまな企画を試みている。

［番楽内容］

毎年九月十三日の虚空蔵神社の祭礼で舞っている。獅子舞は悪魔払いとして、これまで十三日は釜淵一区の家々、十四日は一区以外で希望する家々を回ってきた。かつては特に要請があればその家で番楽を舞った。その際は、神棚に上げた初穂料の米一升とおひねりを頂戴した。観客は酒や食べ物をその家に持ち込み、賑やかななかで番楽を演じることができた。そういう過去の公演のスタイルは、かつて霞場を回っていた修験系神楽特有のものが引き継がれているものといえよう。

面は信夫太郎、曽我五郎、曽我十郎、翁、女形、三番叟、おかしの七面が残っている。三十年くらい前は十演目以上が舞われていた。現在は獅子舞、剣の舞、三人太刀舞のほか、平成十七年に復活した鳥舞、しなごき太郎の五演目が舞われている。このように、二演目が厳しい条件のなかで復活したことは、大変喜ばしいことである。

平成十七年(二〇〇五)二月に、釜淵一区公民館であらたに「行灯番楽」が行われたことも、じつに注目すべきことである。冬場の公演ははじめてのことであり、しかも女性たちによる手料理を持ち込んでの番楽鑑賞会は、地区民全体が大変盛り上がった。平成十七年八月の「番楽フェステバル」では、あらたに習熟したメンバーが「三人太刀舞」の演目を初めて披露した。八敷代番楽と同じく、村の過疎化や後継者難に立ち向かう気迫が感じられる明るい話題である。

なお明治三十七年頃に釜淵番楽に教えを受けて成立した春木番楽は、残念ながら現在は途絶えている。

〈釜淵番楽の「行灯番楽」調査(平成二十年二月二日)〉

[調査目的]

「行灯番楽」は四年目を迎える。調査時は二月二日夜行なわれ、冬の公演として地域在住者が大勢参加して賑わった。九月に行なわれている虚空蔵菩薩祭礼の定期公演とともに、釜淵番楽の継承発展をめざす一連の取り組みのなかで、「行灯番楽」はどのような役割を担っているのか実態をさぐろうとした。「行灯番楽」は、集落の楽しみや行事が少ない雪深い時期の地域参加型のイベントとして始まったが、釜淵地区の人々の冬場のくらしとどうかかわってきたか、山間の雪深い地域の暮らしとの観点から考察する。

［内容］

当年度の行灯番楽には、前年の演目（前口上、獅子舞、鳥舞、先舞、すなごき太郎、剣の舞、三番叟、三人太刀舞）に加えて、「花口上」が一つ加えられた。これは毎年行灯番楽において、何かしら新たな内容を生み出そうという保存会側と筆者との共同目標に沿ったものである。より多くの地域在住者が参加するなかで、演技内容の充実と毎年新しい演目をお披露目することが目標である。来年度はさらに「曾我」という新たな演目復活の目標をかかげ練習に励むことを約束している。その実現とそれを支える地域の人々の協力体制をいっそう確かなものにしていくことが課題である。

〈地域コミュニティー〉

行灯番楽は、演技内容の充実と演目の復活の場とともに、地域在住者の参加と交流を目標とする地域コミュニティ形成の機能をあわせもっていると考えられる。これは公演の本番である虚空蔵菩薩と山の神に奉納する九月の祭礼には見られない特徴であり、良さである。つまり、雪の中でも釜淵一区の人たちを中心に公民館に集まって、どぶろくや女性の方々が腕をふるった手料理を持参して、飲み食いをしながら番楽観賞を楽しむのである。そこにはかつて行なわれていた「宿公演」がほぼ再現されている。番楽公演は男の世界であるが、会費二〇〇〇円の我が家自慢の手料理持参の参加ということで、男性と同じくらいに女性や子どもの参加が多い。よって狭い会場は五十人くらいの満員状態となり賑やかさもいっそう増す。

さらには、番楽披露だけでなく合間には大笑いする余興芸も飛び出して、それは手作りの冬の「演芸会」の様相を示すことになる。このことによって地域に暮らす人々どうしの交流の場が生まれることになり、まさに番楽をとおした地域コミュニティーが形成されているといえる。この行灯番楽は、過疎化の集落において今後も重要な役割をはたしていくものと期待される。毎年議論を積み重ねて、長く継続していく方策を考えだしていくことが課題となる(「行灯番楽」は一度の休演を含め、平成二十八年二月で第十一回を数えている)。

4　真室川町の小学校統廃合と地域文化継承問題

ここで取りあげなければならないのは、昨今急速に進んでいる小学校の小規模校の統廃合がかかえる問題点である。これまでみてきた釜淵地区と八敷代地区の小学生が通う学校も統廃合の問題に直面した。当地域周辺四校(釜淵小学校・大滝小学校・小又小学校・及位小学校)が統合して　平成十九年度に「真室川町立北部小学校」が誕生した。全校生徒は七七名である。それをきっかけに、子どもの番楽継承活動が学校教育(総合的な学習の時間)では行なわれなくなってしまった。全面的に地域での自主活動に委ねられたのである。このことから地元の保存団体を中心に急速に危機意識が高まった。こうなれば、すべて保存会側が指導にかかわるほかなく、より体制を強化していかないと容易ではないであろう。

すべて学校が地域文化を担うことが正しいわけではない。やはり学校と地域が役割分担をしながら共同して伝承活動を子どもたちに促すことが重要だと考えられる。両者はいわば車の両輪ともいうべきだろう。学校の教育活動の一環として行うことは、子どもたちに伝統文化活動は学習活動であるという認識をもつ貴重なきっかけとなる。それが地域社会のみに委ねられれば教育外の活動とみなされ、子ども自身の伝統文化への認識が薄れると同時に、任意性の意識が強まる危険性もある。つまり、子どもの参加活動にバラツキが生じる恐れがある。現にそれが今起こりつつある。

このような現状をみると、これまで行われてきた総合的な学習の時間における地域文化活動の意義はきわめて大きいと考えられる。それが今、総合学習の時間さえ削減の方向に向かっていることは、少なからぬ問題をはらんでいるといえる。

とにかく、統合した学校側と地域および伝統文化保存団体は、子どもたちの活動はどうあるべきか共同責任の認識に立った議論を深めていくべきである。この議論は地域側がリードすべきであろうが、どちらに責任をなすりつけてもいけない。子どもが宙に浮いてしまい、いつしか離れて行くだけである。今後、類似する問題はどこにでも起こりうると考えられる。保存会側の踏ん張りどころでもあり、ある種の覚悟を持って対処する必要がある。

五　秋田県由利本荘市の本海番楽調査

1　第一次調査・平成二十年（二〇〇八）八月

［調査地］

秋田県由利本荘市鳥海《ちょうかい》地区

［調査目的］

鳥海山麓にある秋田県鳥海町地区には番楽一三団体が集中して存在する。これらは本海番楽（または「本海流番楽」）と呼ばれている。鳥海山の修験山伏だった本海が始めた芸能と考えられているからである。毎年八月十六日にはこれらの団体を中心とした「鳥海獅子まつり」を行なっている。二〇〇八年は節目である第三十五回目「鳥海獅子まつり」が行なわれる。「鳥海獅子まつり」をはじめ番楽が活発に行われている地域として、全国にその名が知られている（平成二十八年八月で四十三回を数えている）。

山形県の真室川町に継承される番楽は、江戸時代からこの鳥海地区に継承される本海番楽の影響を受けている。八月十六日は、この「鳥海獅子まつり」の番楽団体参加状況や公演の活況ぶりを実地見聞して番楽の現況と地域実態を把握しようとした。

また、鳥海地区と真室川地区の芸能における比較調査（特に「鐘巻」の演目）を行うことによって真室川町の番楽を成立させている地域的芸能的特徴をつかむねらいもこめられている。

［鳥海町の概況］

鳥海町には旧石器時代の遺跡・遺物が発掘されており、さらに縄文時代の早期から晩期にかけて、河岸段丘の台地周辺から多数の土器・石器類が発見されている。古くから鳥海山麓の大自然の恵みを受けて人々が住み着いていたものと考えられる。平安時代以降は狩猟とともに農耕の営みや鳥海修験道の発達、笹子月山信仰と開拓等にかかわる人々が定着して多くの集落が形成されていったようである。

鎌倉時代に入って当地方は由利地方の領主由利氏の支配下におかれていたが、文治三年（一一八七）に家臣真坂正覚次郎が主君の由利氏に反逆して笹子の天神山の戦いを起こして敗北するという出来事がおきている。その後は豪族間の戦いが激しさを増し、領主・支配者が次々と変わるという歴史が繰り返されていく。

江戸時代に入り、寛永十七年（一六四〇）に生駒高俊が讃岐から矢島に移封されて生駒藩（矢島藩）一万石が成立し、現鳥海町一帯はその支配下に置かれ続けた。十三代藩主生駒親敬のときに明治維新を迎えている。

維新後は矢島県としてスタートしたが、まもなく秋田県に組み入れられた。明治十一年郡制施行によって由利郡に属し、明治二十二年の町制施行で川内村、直根村、笹子村の三村に統合された。昭和三十年にはこの三村が合併して鳥海村となり昭和五十五年に鳥海町が誕生した。さらに平成十七年三月には、本荘市ほか由利郡に属する岩城町、大内町、由利町、東由利町、西目町、矢島町と合併して由利本荘市鳥海町となり現在に至っている。

鳥海町は、秋田市から南に約七十キロメートルの県南端に位置し、山形県北部の町村と県境をともにしている。その県境にそびえる霊峰鳥海山から流れる子吉川、出羽丘陵を源とする笹子川の流域に集落が形成され、約八十の地区が点在している。平成十五年現在で人口三四〇一人、世帯数一八二三戸の町である。

鳥海町の総面積の約八十五パーセントが森林で占められており、人々の暮らしは何らかのかたちで森や里山と深くかかわってきたといえる。このような自然環境は国有林にはブナ、民有林にはナラなど豊富な森林資源をもたらし、薪炭製造も盛んであった。それとともに百宅集落に代表されるように狩猟活動も積極的に行われた。ちなみに水田は約五パーセントに過ぎず、おおよそ稲作以外の畑作や山にかかわる生業を主として生活を営んできた。

秋田県と山形県の県境にそびえる二二三六メートルの鳥海山は、古くから「出羽富士」「秋田富士」といわれて秀麗な姿を示し、大物忌神などの神が宿る山として古代から人々の崇拝の対象となり、中世以降修験者の活動する山であり、また近世の農民が豊作祈願を求めて登る作神の住む山でもあった。そのような鳥海山の特質にこそ、番楽といわれる庶民芸能の発祥する原点を見出すことができる。

［本海番楽］

鳥海山には中世から真言宗当山派の京都醍醐寺三宝院の流れをくむ修験道が発達していたことで知られる。本海番楽とは、この三宝院の修験者本海行人の名に因んでいる。本海行人は三宝院から派遣された教化僧であり、江戸時代の初期の寛永年間頃に鳥海町奥地である百宅集落あたりから村々に番楽を伝授して、最後に矢島町の荒沢に至って死去したと伝えられている（『鳥海町史』および『本海番楽―鳥海山に伝わる修験の舞―』）。矢島町荒沢地区白山長根には「本海行人」と刻んだ安永八年（一七七九）の石碑（高さ約四十二センチメートル）が建っていたが、現在では矢島郷土資料館に展示している。また、同地区には「本海霊」と刻んだ明治七年建立の石碑（高さ約百三十五センチメートル）も現存している。矢島町から鳥海町にかけての一帯は、かつて鳥海山矢島修験の本拠地だったのである。

本海行人が伝授したという番楽は修験の山であった鳥海山麓の村々に伝承され、現在では鳥海町に一三団体を数える。かつては数多くあったと思われるが、伝承が途絶えたのはわかっているだけでも五団体にのぼる。

いずれも獅子舞を中心の舞としながらも神舞、式舞、武士舞、女舞、道化舞などからなる多要素で構成された芸能である。この番楽の獅子については、一一団体が「八幡様」と呼称しており、八幡大菩薩が仮に獅子という姿かたちをとって現れたと考えられている。

［調査結果］

平成二十年の「鳥海獅子まつり」参加団体は、平根番楽・八木山番楽・下直根番楽・前ノ沢番楽・猿倉番楽・二階番楽・貝沢神楽獅子の七団体である。その概況を以下に述べる。

午後五時三〇分から九時三〇分の四時間をかけた公演が試みられた。会場は鳥海健康広場の野外特設ステージであり、篝火を焚いた雰囲気づくりに努め、出演団体も観客もお盆の夜を楽しめるよう演出に工夫をこらしている。

毎年参加団体を輪番制としているため、一三団体が一堂に集まれる状況にはない。当年度は六団体の番楽保存会（これを当地では「講中」と呼ぶ）が参加したが、そのほかに、地元から一つの神楽獅子団体（地元では四団体が存在）、岩手県から大乗神楽一団体が参加し、全部で八団体が公演を構成した。観客はおよそ二百名（主催者発表）であり、毎年大変な賑わいをみせている。

［本海番楽と地域社会］

鳥海町では、毎年「鳥海獅子まつり」を開催することによって、番楽一三団体および神楽獅子四団体どうしが切磋琢磨し、かつ交流をはかっている。この基盤にあるものは、「鳥海郷土芸能保存会」であり、さらに番楽団体が結集する「本海獅子舞伝承者懇話会（現在は「本海獅子舞番楽伝承者協議会」）」である。特に後者の懇話会は、毎年二月ないしは三月に「民俗芸能セミナー　伝承者交流の夕べ」を開催している。このセミナーは外部研究者の基調講演を中心に意見交換をはかりながら、番楽伝承者自身による学習会を積み重ね懇親を深めてきた。そういう地盤の上に「鳥海獅子まつり」が調査時点で三五回もの回数を重ねることが可能となっている（平成二十八年八月で第四十三回を終えている）。

筆者は民俗芸能セミナーに平成二十年二月二十三日（土）に講師として招かれたが、なかなか熱心な交流会に感動した経緯がある。なお、本海獅子舞伝承者懇話会の情報誌に「獅子舞と番楽の里だより」がある。そこには、番楽の公演会日程の情報や各伝承団体の動向などが掲載されており、番楽伝承における情報と交流の役目を果たしている。

鳥海町のネーミングも「獅子舞と番楽の里　鳥海」というキャッチフレーズを用いており、芸能による地域活性化を目指してきた。「鳥海獅子まつり」のほかに大きな企画としては、徹夜で番楽を演じた「夜明かし番楽」（平成五年開催）、中国の獅子舞も参加した「全国獅子舞フェスティバル」（平成十四年開催）などが実践事例としてあげることができる。

「本海獅子舞伝承者懇話会」会長の松田訓氏によれば、かつて市町村長は選挙で票にならない番楽などの芸能に対する関心は薄く、助成金をはじめとする行政支援は期待できなかった。そこで番楽が継承・発展する方策としては、自らの力で公演回数を増やしそれを繰り返すこと、さらにそれに付加価値をつけることであった。そのような考えにもとづいて、はじめ本海番楽は秋田県郷土芸能発表会において公演を行っていたが、途中から番楽独自の公演を立ち上げた。それが現在の「鳥海獅子まつり」であるという。そうしてすでに三十五年が経過して地域社会にすっかり定着している。

2　第二次調査・平成二十年（二〇〇八）九月

［調査地］
秋田県由利本荘市鳥海地区
［調査対象］
「番楽講座」
［調査の結果と課題］
この「番楽講座」は日本大学教授髙山茂氏（当時）と本海獅子舞伝承者懇話会の合同企画であり、鳥海教育学習課が後援をした。内容は以下のとおりである。

1、講演
①本海番楽の伝承と現状　本海獅子舞伝承者懇話会　松田　訓
②山形県の番楽について　東北芸術工科大学　菊地和博
2、本海番楽の特色　日本大学国際関係学部　髙山　茂
3、番楽観賞・交流会
〈進行・解説　本海獅子舞伝承者懇話会事務局　高橋　建〉

この講座は、髙山茂氏が東京から引率してきた番楽学習集団一〇人と本海番楽保存会の方々のために企画されたものである。本海番楽の由来・歴史・芸態的特徴、そして地域社会にとっての意義などを学習し合い、最後に番楽を観賞する会合である。東京在住の人々が秋田を訪問して直接番楽に触れるということの意味は大きい。その人たちは番楽後援者となりうるものであり、これからの番楽活動を下支えする力となることが期待される。何よりも本海番楽の伝承者たちにとって嬉しいことであり、大きな刺激となるはずである。

今後は、このような「後援組織」が創り上げられることが継承発展へのカギともなるだろう。そしてその組織はできるだけ地元に立ち上げられるならば、なおいっそうの励みとなるはずである。本海番楽に限らず、民俗芸能団体を下から支える後援組織の構築が今求められているものの一つといえる。

3　第三次調査・平成二十年(二〇〇八)九月、下直根番楽代表新田豊治氏への聞き取り調査

[本海番楽の盆獅子について]

下直根番楽の「盆獅子」は、数年前まではお盆の八月十五日と十六日に二手に分かれて集落の一軒一軒を回っていた。居間や座敷の隅に家族が座って並び、それぞれ手を合わせて獅子の祈祷を受ける。実際に頭や肩、胸などを噛んでもらって健康を祈願するのである。終われば番楽講中は各家々でもてなしを受ける。現在は簡略化して、十五日のみ地区の集会場にて各一軒から代表者に集まってもらいそこで獅子舞を行なっている。下直根地区の戸数は現在五十余戸に減少している。

下直根以外では二階番楽が現在でも八月十四日・十五日・十六日に一軒一軒を回っている。二十数戸の集落であるが、盆獅子は座敷に上がって仏壇の前で獅子舞を演じる。まさに盆の死者供養の意味合いがそこに見られる。また、猿倉番楽も盆獅子を行なっている。鳥海には番楽とは異なる芸能である貝沢神楽獅子もあるが、この

団体も盆獅子を行なっている。

新田氏は幼少の頃、本海番楽のどの団体かで墓で獅子舞を演じる「墓獅子」を行なっていると聞いた記憶を持っている。もしかつて存在したとしたら、これは現在も青森県八戸市で行なわれている墓獅子と同じことになる。今後、さらに詳細な調査を行って番楽の「盆獅子」や「墓獅子」の実態を明らかにし、番楽がもつ地域社会における多面的役割を捉えていく必要がある。

4　第四次調査・平成二十二年（二〇一〇）八月

秋田県由利本荘市鳥海町の本海番楽一三団体の中の六団体について調査を行った。以下はそのときの聞き取り調査メモに基づいて要約・整理した報告内容である。

［調査地］

秋田県由利本荘市鳥海町及び矢島町

［調査対象および方法］

番楽六団体代表者への聞き取り調査、矢島町立矢島郷土資料館での企画展見学及び文献資料調査、本海行人石碑所在調査

［調査のねらい］

第四次調査は、まず真室川町番楽三団体の本家筋にあたる由利本荘市鳥海町の番楽六団体の現況を明らかにすることであった。そこで、①ほぼ順調な活動を維持している団体、②しばらく中断していたが最近復興した団体、③現在中断中の団体、の三つに分けて代表者等に面談するかたちで聞き取り調査を行った。本調査も、従来どおり芸能伝承を可能・不可能にする民俗的・社会的要因は何かを探る態度でのぞんだ。参考までに本海番楽一

三団体名を記しておく。

①上百宅番楽、②下百宅番楽、③上直根番楽、④中直根番楽、⑤下直根番楽、⑥前ノ沢番楽、⑦猿倉番楽、⑧興屋番楽、⑨二階番楽、⑩平根番楽、⑪八木山番楽、⑫提鍋番楽、⑬天池番楽

このなかで、残念ながら現在伝承活動が中断しているのが①上百宅番楽⑧興屋番楽⑫提鍋番楽の三団体である。なお、隣の矢島町には同じ本海番楽系の「坂之下番楽」と「濁川番楽」の二つの団体が継承活動を行っているが、四団体はすでに廃絶している。

(一)下直根番楽(鳥海町下直根地区)

以下は代表の新田豊治氏(昭和二十一年生まれ、六十四歳〈当時〉)からの聞き取りによるものである。

［地域の概況］

下直根はかつて直根村に所属した。下直根集落は現在約五十戸であり年々減少傾向にある。かつては土場という場所に矢島営林署の直根事業所があり、鳥海山のブナ林の下苅りや伐採、それを運搬する森林軌道に関係する作業、伐採ブナを一時水に浸けて保管しておく貯木場などの仕事、などに従事する人々が多くいた。直根のみならず周辺の村々ではこのような林業に従事することで一定の生活を維持できた。またＴＤＫ系列の下請けの弱電会社の工場もあり働き口も今よりあった。それがいずれも撤退・閉鎖してしまったので、働き場を求めて由利本荘市に通勤する人が少なくない。自家用車で約四十五分の距離であるので経済圏は由利本荘市と一体化している状況にある。

［構成］

講中は師匠クラスを入れておよそ二十人がおり、本海番楽のなかでは構成メンバーとして多いほうである。中

学生が四人(御神楽と三番叟)、高校生〜二十代が二人、三十代〜五十代が五人、六十代〜七十代が六人。囃し手は太鼓一人、笛二人、鉦一人、そのほかに「言い立て」や幕上げする人も必要である。番楽は二演目を連続して舞えることを考えれば、最低一〇人から一二人が必要である。現在のところ下直根番楽の場合は、人数的にはあと三十年くらいは大丈夫ではなかろうかと考えている。しかし、一方では問題もかかえている。現在の太鼓の打ち手は師匠クラスで番楽のすべてを覚えており、太鼓役がまだ代替わりをしないままなので、後継者が育っていない。またこの太鼓の打ち方に合わせづらいという難点があり、舞い手がそれに合わせず自分で舞ってしまいがちという問題点がある。

[演目]

現在行っている演目は、御神楽、鳥舞、翁舞、三番叟、揃い獅子、矢嶋、三人立ち、要揃、橋引、鐘巻、品ごき、払い獅子舞の一二種である。先番楽の演目は舞わないので中断しているが、現在八十歳代の人が舞えるうちに継承者を養成していきたいと考えている。最も多く演じることができた演目は、わかる範囲で一九を数えた。

[各種公演]

①幕開き公演(一月十五日)

かつては別当宅(新田家)で行っていたが、現在は集落内の会館で上演している。たいがいの集落には番楽の盛んな土地柄を反映して、舞台がついた会館(公民館)が建てられている。この日は「サイの神焼き」「どんど焼き」といわれる小正月の火祭り行事も行っている。

②虫追い(七月十七日)

「虫追い祭」は稲につく害虫を集落外へと追い出す行事である。百宅の集落から上直根、中直根、そして下直根の順番に一日ずらしながら行う。かつては各家々から一人参加し、集合場所の八幡様からスタートして、田の畦道や集落を虫を追いながら歩いて村外れの川に流した。現在では番楽講中が主体となって太鼓や笛を囃しながら練り歩き、途中で春日神社や八幡神社で獅子舞を奉納する。最後は大川端の橋の上で獅子を振って虫を払う。

③盆獅子（八月十六日）

かつては「家々（やや）回り」といって家々を演じて回っていた。そういう獅子舞を特に「内獅子」といった。家に上がれば仏壇で獅子舞を演じ、上がらない場合は玄関で行ったが、一日三十軒くらいが限界であった。現在では午前中に各家々から一人ずつ部落会館に集まってもらい獅子舞を上演している。この日の夕方は本海番楽の公演である恒例の「鳥海獅子まつり」が行われる。下直根講中以外で今も盆獅子を行っているのは、前沢・猿倉・二階・八木山・平根の五講中である。なお、当地域の墓参りは八月十三日である。

④作祭り（九月十二日）

部落会館で四演目を上演する。以前は「宿公演」ということで大きな民家を借りて公演をしていた。この公演は「作祭り」といわれるように、稲刈り前に行われる豊作祈願・感謝祭の意味が込められている。

⑤幕納め（十二月最終日曜日）

これもかつては別当宅で行われていたが、近年は部落会館で行っている。

⑥その他

以上のほかに、戦前では春秋二回に、集落の境に注連縄を張って悪疫・悪霊が入って来ないように獅子を振ったという。また、「弔い獅子」と称して講中の師匠が亡くなった場合に演じるものがある。新築祝いなどでは家の中の祭柱に獅子が絡んで上るような所作をする「柱がらみ」という舞を披露する。正式には「神宮獅子」といっており、火伏せの祈願を意味している。「柱がらみ」では獅子がカシラを床に這うようにして舞う「這い獅子」といわれる所作も含まれている。

(二)八木山番楽(鳥海町八木山地区)

以下は代表の佐藤喜久一郎氏(昭和十九年生まれ、六十六歳〈当時〉)からの聞き取りによるものが中心である。その他に佐藤為夫氏と佐藤善和氏からの聞き取り内容も含まれる。最初の「地域の概況」は調査者が独自に記述した内容も含んでいる。

[地域の概況]

八木山番楽は鳥海町大字上川内の字八木山にちなむものであるが、上川内は八木山のほかに、鶯沢、下台、下谷地の三つ集落(小字名)がある。八木山は、昭和三十年代は三一戸一六〇人が暮らしていたが、現在では二六戸約百人に減少している。

出稼ぎは昭和三十五年頃から平成十年頃まで行っていたが、その後は出稼ぎする人はほとんどいなくなった。それだけ農民の高齢化が進んだことを意味するが、一方では冬場もなんとか働き場ができたのである。

ここで注目すべきことは、当番楽でも獅子を「八幡様」と呼ぶことは他団体と同じであるが、集落に鎮守の神社はなく、獅子のカシラ自体が集落にとっての氏神様であるという事実である。番楽講中の人々はこのカシラを信仰することが氏神様を信仰したことになり、講中はこの氏神様を祀る組織として結成されているという実態がある。

[構成]

講中は三十代四人、四十代無し、五十代二人、六十代二人、七十代一人の九名であるが、そのうち三名はあまり参加しないので、実質六名で構成している。十年前は師匠が三人いたが、現在はいない。いずれにしても人数的には大変厳しい状況にある。

[演目]

現在行っている演目は、祓い獅子、五條師、鳥舞、五條ケ橋、御神楽、神宮獅子、羅生門、やさぎ獅子、花誉、藤五郎の一〇演目である。以前は一三演目を舞えた時期がある。現在行っている「五條師」（三番叟）と「藤五郎」は近世の地芝居風であり、他の本海番楽にはない演目・芸風である。平根番楽にも同じ地芝居風の「御上子」（三番叟）があるが、これは一時期に八木山と平根が同系の二人の師匠から教わったという経緯があるようである。つまり、八木山番楽と平根番楽は明治末頃に中断しており、羽後町鹿内から呼んだ二人の師匠のうち兄が平根に、弟が八木山に教えたことから再興することができたという。その際に伝承していく知恵として、大衆向けに地芝居風の演目・演技を取り入れたのではと考えられている。八木山番楽で今は行っていない曽我兄弟の演目で、歌舞伎の特殊演技である「六方」を踏むような所作があったのも、同じ意味合いで取り入れられたのかも知れない。なお、八木山および平根のほかに同系統の番楽として提鍋番楽もあり、これら三団体を本海流に対する「鹿内流」あるいは「睦合流」と呼んで区別する場合がある。ただし獅子舞は本海流であるという。

羅生門は「鳥海獅子まつり」をきっかけに一三年ぶりに復活したものである。一方、「安珍清姫」の演目は昭和四十六年九月四日以降行われていない。これは他の団体が演じる「鐘巻」と内容的に一致する部分もあるが、必ずしも同一のものでもない。「花誉」の演目はご祝儀を披露する際に行っているものである。

［各種公演］

①幕開き（一月二日）

八木山講中のみで行う。これを行わないと獅子を振ってはいけない定めである。

②正月獅子（一月三日）

部落会館で人々に集まってもらい行っている。

③水神様祭り（六月第二日曜日）

集落の水神様の祭典で獅子舞を舞っている。

④盆獅子（八月十五日）

部落会館で集落の人々に集まってもらい行っている。かつては十四日から十五日にかけて、夜通しで家々の座敷に上がって演じて回った。

⑤祈願祭（十月下旬から十一月初旬）

十三年くらい前まで行っていた。大字上川内の上・下の地区で道路に注連縄を張って集落に入ってくる悪霊を外に払う意味で行われた。それと同時に、これから出稼ぎ行く人々を見送る意味も込めて行われた。出稼ぎ者は獅子の頭髪を意味する布切れの「モテガクシ」（面がくし）の中から一本を借用し、それに自分の名前を書いて出稼ぎ期間中の守り神とした。地域によっては襟に縫い付けたり、枕に入れたりして守り神として大切に身に付けた。昔はそれを煎じて飲む人もいたという。八木山ではモテガクシの借用に際しては、獅子役（獅子を司る人）があるきまった呪文を唱えて与えた。布切れは各自が翌年六月の水神様祭りまで保管し、返却にあたっては新たな布切れを二本以上用意して獅子の頭髪に加えたのである。その際も呪文が唱えられた。モテガクシの借用は一月三日の幕開き公演の際も行われた。やはり六月の水神様の祭りに二、三本にして返却した。

他団体が九月に行っている「作祭り」はなく、この「祈願祭」が八木山番楽の実質の一年の「幕納め」になっていた。

このほかに師匠が亡くなったときに「弔い獅子」を行う。八木山番楽は家から墓までは神宮獅子の拍子で行き、墓前で獅子舞を舞う。これが「弔い獅子」である。

⑥その他

獅子役の二人には代々呪文が伝えられている。まったく無言であるが、心の中で獅子を振りながら唱える。それは「獅子法之事」（文政八年）に書かれてある「アブランケンソワカ」の文言が入った修験の言葉だという。八木山講中には代々にわたり「獅子は二人以外はとるな」の教えがあるという。

八木山講中は、修験系芸能の象徴ともいえる手足につける白紙の「九字」は、なぜか付けない。平根講中も同じである。また獅子舞についてもカシラ（原木はシナノキ）の持ち方が異なり、そのことからか、他団体と歯打ちの音が違っているなど、相違点がいくつか見受けられる。

(三)上百宅番楽(鳥海町百宅地区)

以下は佐藤貞雄氏（昭和二年生まれ、八十三歳〈当時〉）からの聞き取りによるものである。ただし、最初の「地域の概況」は調査者が独自に記述した内容も含まれる。

［地域の概況］

百宅は鳥海山麓にあり、鳥海町においては最も奥地にある標高約四百メートルの集落である。町では一番高い山岳地帯の盆地でもあるが、古くから開発されてきた村と考えられている。百宅集落は平家落人伝説のある集落であり、そのためかどうかわからないが、言語・風俗・文化の様相が町内の他地域とは異なっているといわれている。

マタギの里としても知られ、昔から狩猟が盛んであった。かつて日光派鳥海マタギとは三組のマタギ集団をさしたが、上百宅には一七、八人からなる「七蔵組」が存在した。なお、下百宅には「金五郎組」と「文平組」が存在して活動した。

本海上人はこの百宅から番楽を伝えて歩き回り、最後は矢島町の荒沢で亡くなったと伝えられている。いわば百宅は本海番楽のスタートの地といえよう。百宅は秋田県側からの鳥海山への登り口の一つとなっているが、上百宅番楽と下百宅番楽ともに他の番楽に比して古い趣を残しているのは、登り口で賑わう集落として早くから番楽が定着したことを物語っているともいわれる。これは後段に記す猿倉番楽についてもいえることである。

上百宅は現在二十戸ほどである。先にも述べたが、かつて土場という場所に営林署があった頃は、ブナ林の下苅りや伐採の運搬作業があって働き場も確保されていた。そもそも稲作だけでは昔から生活ができない環境にあり、炭焼きや養蚕、また麻を栽培した畑を維持管理して生計を維持してきた。しかし、近年はそれらの生活手段が失われて、由利本荘市に移住したり矢島町に移住する人も出てきている。小学生から二十代は皆無であり、かろうじて三十代が二、三人いる。あとは集落に残っているのはそれ以上の高齢者という状況である。

佐藤貞雄氏の長男佐藤哲一氏（当時六十三歳）は現在は由利本荘市に在住しており、夏場は農作業のため上百宅の実家に来ている。貞雄氏は十一月末になると長男と同居するため由利本荘市に移り、翌年三月二十日にまた上百宅に戻るという生活を繰り返している。このように佐藤家のみならず上百宅から他集落へ移住する人が増えてきている傾向にある。

なお、隣の下百宅集落は、かつては三八戸もあったが、昭和四十年代に本荘市への移住者が多数に及んだこともあり、現在は一八戸である。それでも下百宅番楽は継承されている。

［上百宅番楽の中断］

上記のように、上百宅集落からの離村者が出てきて番楽の後継者が育たなくなったこと、それに加えて師匠クラスが次々に亡くなっていったこと、などの悪条件が重なって十四、五年前から上百宅番楽は中断の止むなきに至っている。中断前は約十名の講中がいた。

なお、長男佐藤哲一氏と下百宅からの移住者など四人が、由利本荘市内の文化会館で番楽二、三演目を公演したことがこれまであったという。ちなみに、下百宅番楽の講中は約十名くらいとのことで、現在かろうじて継承されている状況だという。

［演目］

昭和五十一年、かつて上百宅番楽の師匠であった斎藤七蔵氏が十年間中断していた番楽を復活させている。上百宅番楽の演目「百合花大臣」の「言立本」には、かつて二七演目あったことが記載されており、実際番楽面も二十数面が残されているという。

平成十二年発行の『本海番楽―鳥海山麓に伝わる修験の舞』（秋田県鳥海町教育委員会）によれば、当時は祓い獅子、神舞、先番楽、若子、やさぎ獅子、吉田の六演目が行われていた。その頃すでに廃絶した演目は四演目を数えており、復活可能なものは「御神楽」の一演目だった。その約十年後の現在はまったく舞われなくなったのであるから、この間、いかに衰退が著しかったかが窺われる。

［各種公演］

かつて以下のような公演活動が行われていた。

①御獄神社祭り（五月十八日）

村の鎮守である御獄神社の春祭りに獅子舞を奉納していた。そのほか馬頭観音、八坂神社にも奉納していた。

②盆獅子（八月十四日・十五日）

かつては夜通しで「門獅子」と称して家々を回って演じていた。家の中に上がり込んで獅子舞を舞うのが常だった。

③秋祭り（秋彼岸の中日）

部落会館に人々が集まったなかで公演をしていた。

(四)猿倉番楽(鳥海町猿倉地区)

以下は、前代表を務めた村上定雄氏(昭和三年生まれ、八十二歳〈当時〉)からの聞き書きによるものである。ただし、最初の「地域の概況」は調査者が独自に記述した内容も含まれる。

［地域の概況］

猿倉は現在七三戸の集落である。秋田県側からの鳥海山への登り口の一つとなっており、登山道は七合目あたりで矢島町荒沢口からの登山道と合流している。上百宅番楽・下百宅番楽とともに、猿倉番楽が他の本海番楽に比較して古い趣を残しているのは、いずれも登り口であった集落として、早くから番楽が定着したことを物語っているともいわれる。

江戸期から名高い「猿倉人形芝居」が活動を展開し、山形県を含めた鳥海山麓の多数の人形芝居の拠点地としても知られる。古くから番楽という芸能伝承の活発な土地柄に生まれた、もう一つの当地を代表する庶民芸能といえるだろう。温泉も湧き出ており、猿倉温泉郷のなかにいくつかの宿泊施設が存在している。

［構成］

講中の世代構成は二十代三人、三十代二人、四十代三人、五十代五人、さらに師匠クラスを入れて一七人である。そのほかに中学生一人が獅子舞の「あと幕とり」として加わっている。お囃子は笛二人、太鼓二人、鉦二人が担当している。講中は平均年齢が四十三歳という比較的若い世代で占めていることが特徴である。

［演目］

現在行っているのは祓い獅子、神舞、柱がらみ、先番楽、三番叟、山之神、地神舞、三人立、要揃、やさぎ獅子の十演目である。これに七演目を加えて演じることができた時期もある。現在行える演目のなかで「山之神」は本海番楽では唯一猿倉講中のみ行っているものであることは注目される。

［各種公演］

①幕開き（一月十六日）

部落会館で集落の人々に集まってもらい行っている。番楽公演の一年のスタートをきる。

②虫送り（虫追い）（七月十六日）

上直根番楽で記した内容とほぼ同じである。番楽のお囃子を奏でながら集落の各神社に参拝して歩き、稲に寄り付く害虫を集落の外に追い出すという行事である。

③盆獅子（八月十五日・十六日）

講中が二組に分かれて集落七十余軒をめぐり盆供養を行っている。不幸があった家をのぞいて一戸一戸をまわる。家ではご馳走・振る舞い酒が出てご祝儀をいただく。かつて多い時で二十万円も集まったことがあった。

④作祭り（九月第二日曜日）

部落会館で集落の人々に集まってもらい行っている。豊作祈願・感謝祭の意味をもっている。

⑤幕納め（十二月二十日以降）

現在は講中の真坂三四郎氏宅にて、一年の締めくくりの公演を行っている。かつては家々の持ち回りで行っていた。

［課題］

かつては各自の競争心が旺盛で芸能の技量は現在を上回っていた。最近の若者のレベルは低いと感じるという。特に平成に入ってから取り組む意欲が落ちてきている印象だという。だからといって昔のように厳しく叱ることは難しい。演技内容面では若者は自分で舞いやすく改変してしまう傾向があり、忠実な演技の伝承ではなく「創作」ではないかと思ってしまうものもあるようである。本海番楽の中では、ある一団体を除いて全体的に十年前とかなり違った演技になっているように感じてならないと話してくれた。
猿倉番楽個別の課題としては、「歌がけ」ができないで困っているという。つまり歌の節回しが難しく、それに合わせた複雑な演目は舞えない問題を抱えている。「山之神」は本海番楽では猿倉にしか伝承されていない貴重な演目であるが、歌が終わって舞いに入るタイミングが難しい演目である。頃合いを見計らって「かけ声」をかけるなどの対応を考えているようである。

［その他］

講中には「寛永四年」製作の獅子頭が所蔵されている。それ以外獅子のカシラは二体ある。活動資金として猿倉の集落から二万円の助成金が出ているほかは、公演のたびにご祝儀としていただく財源に依存している。

(五)天池番楽(鳥海町下笹子地区)

以下は、代表の今野巧氏(昭和二十六年生まれ、五十九歳〈当時〉)、及び今野尚喜氏(昭和二十九年生まれ、五十六歳〈当時〉)からの聞き取りをもとに記したものである。

［地域の概況］

鳥海山麓の標高二二〇メートルにある山間の集落である。集落は天池、峠ノ下、下椿、大平からなるが、それぞれが間隔をおいて点在しているという状況である。現在六二戸あるが、そのなかで宗教が異なるのが四戸、及び無人となった家が一一戸ある。したがって番楽行為(特に「盆獅子」の家回り)が及ぶのは実質四七戸だという。四集落でも少子化が進み小学生は六人だけとなっている。天池が番楽発祥地とされているので「天池番楽」という名を称している。

［構成］

講中は二十六歳一人、三十代無し、四十代一人、五十代五人、六十代二人、八十代一人(師匠)の一〇人の構成である。うち五十代一人と六十代一人が由利本荘市へ、五十代一人が矢島町へそれぞれ移転していったが、番楽公演にはほぼ参加している。平成十六年以降不幸が重なって五年間中断していたが、あらたに二名を加えて平成二十一年から復活を遂げることができた。由利本荘市や矢島町への移住者はいるものの、講中の普段の人間関係はきわめて良好であるといえる。

［演目］

祓い獅子と番楽太郎の二演目を演じる。この二演目のほか、かつては神舞、鳥舞、御神楽、先番楽、信夫太郎、機織の演目を舞うことができた。

［各種公演］

①幕開き(一月五日)

回り宿(個人宅)で「祓い獅子」を行う。翌年行う宿にカシラ(「八幡様」と称す)を一年間保管しておく。

②記念碑祭り(五月一日)

初代師匠の記念碑「萬楽師匠」(高さ一六九・五センチメートル)が児童館敷地に建立されている。その祭りが毎年桜の満開の季節五月一日に行われるが、そこでも獅子舞を舞う。このような師匠を顕彰する石碑は、各講中によってかなり建立されているようであり、かつて師匠とその講中の人々との関係の濃さ、結束力の強さなどを表しているだろう。

③月山神社例祭および万性院奉納(九月四日)

笹根子に鎮座する月山神社の例祭に獅子舞を奉納する。その後は旧修験万性院(幡性院)の祭壇の前で獅子を振る。祭壇の前には「八幡大神」の額が掛けてあるが、万性院はかつての矢島修験十八坊の一つで修験時代の祭壇をそのまま残しているといわれる。天池番楽でも獅子を「八幡様」といっており、万性院の八幡大神との関係がこのようなかたちで今も維持されているのである。

なお、四日は月山神社の宵夜であり、五日が本祭りである。

④盆獅子（八月十四日）

十四日午前九時から宿で出発式を行う。獅子舞を舞い、お神酒をいただいてカシラに参拝する。それを終えてからスタートし、集落四七戸の半分（平成二十一年は二〇戸）を回る。残ったあとの半分は翌年に行う。家々の座敷にあがって獅子舞（祓い獅子）を演じるのであるが、終わってからはご馳走・お酒をいただくほか、「御初銭」（初穂料）もいただく。家回りを終了するのは午後九時過ぎくらいになるが、かつては夜の一時頃まで行っていた。終了後は再び宿に帰って「納め獅子」を行う。出発式と同じように獅子舞を舞い、お神酒をいただき参拝して全日程終了となる。

⑤幕納め（十一月）

かつては、豊作祈願と出稼ぎ者の安全祈願のために行っていたが、現在では中断している。

［財源・助成金等］

番楽を支援する後援会などの組織はなく、ご祝儀や謝礼金に依存している現状である。鳥海町と本荘市が合併する以前のことで、昭和四十七年から鳥海町から毎年上限一〇万円まで衣裳・道具等への助成金があったが、由利本荘市として合併してからは、一年間で三団体につき一〇万円以内で助成金が出る制度がつくられた。

［その他の芸能と祭り］

①盆踊り（八月十三日）

「若者同志会」を結成し三年がかりで計画して平成元年から実現したものである。以後毎年、児童館の敷地内広場で午後七時から一〇時まで行っている。十三日が盆供養の墓参りなので、それを終えてからの参加となる。各戸から拠出金一五〇〇円と一名参加を原則としている。終了後は打ち上げを夜の一二時頃まで行っている。集落のまとまりをねらいとして考え出されたものである。

②「山の神」祭り（九月十二日）

若者の集まりのようなものであり、明治時代から行われているという。宿となる個人宅に「山の神」のご神体を一年間安置しておき、期間が過ぎればまた宿を移動して一年交代で宿を巡るシステムである。当日は次の当番宿にご神体を移した後に、これまでの宿であった家で飲食し、その後温泉に移動して本格的な宴会（直会）となる。さらに温泉から戻って来た後に次の当番宿でまた飲む。祭り当日は、このように三か所をかけて朝から晩まで飲み食い続けるのである。なお、青平地区では九月十二日に行っているが、他の三つの集落も稲刈り前に行っている。

③「おせく」（稲刈り終了後）

天照皇大神を祭るもので、山の神祭りと同じように宿回りがある。「神明様」と称するご神体を祀る。稲刈り後に地区ごと会費制で行っている。

（六）「本海獅子舞伝承者懇話会（現在「本海獅子舞番楽伝承者協議会」）」会長　松田訓氏（平根番楽伝承者）の談話

昭和三十九年に鳥海町の番楽は一三団体一括して秋田県無形民俗文化財の指定を受けた。昭和四十九年県指定十周年を記念して第一回「鳥海獅子まつり」を開催して番楽団体どうしの競演を行い、それは現在でも毎年八月十六日に開催されている。平成五年は二十周年記念ということで「鳥海山奉納夜明かし番楽」を開き、全国から訪れた観客を前に、一晩中番楽公演を行ったことが記憶に新しい。翌平成六年には本海番楽一三団体がまとまって「本海獅子舞伝承者懇話会」を結成している。懇話会の取り組みの一環として、笛の上達が望まれる講中が少なくとも二団体あったことから、平成十四年頃から笛の講習会を懇話会主催でできないものかどうか検討している。しかし、一三団体それぞれが独自の芸能内容であり、一見同じような獅子舞番楽といえども実際は異なっており、なかなか進展しない現状にある。

かつて竹下政権の「ふるさと創生事業」において、鳥海町では本海番楽関係への助成金として一〇〇〇万円を投じた。その事業では各講中が所蔵する「言立本」の製本化も進め、一集落三〇部を製作した。獅子頭も鳥海町立の各小学校用に製作した。平成元年から約十年間、山本宏子氏のご指導で獅子舞の同じ楽曲をつくっていただき、各学校ごと「獅子クラブ」への参加を募った。その一例であるが、直根小学校では三年生から六年生の四十人弱に対して、「獅子クラブ」「前ノ沢太鼓」「猿倉芝居」のなかで、いずれの参加を希望するか選択をさせた。そのなかで「獅子クラブ」を選んだ生徒では、じつに女子が積極的に獅子舞を演じたことが記憶に残っている。

先ほど述べた「本海獅子舞伝承者懇話会」では、「結(ゆい)制度」を復活させたいと願っている。かつて集落には「結(ゆい)」といわれる農作業上の相互扶助・連帯意識があって、人と人との絆が強固であった。それを現在の本海番楽の一三団体どうしで、実際に笛や太鼓を教え合うとか、相互の支援・協力体制を築き上げることで生かしていけないものかどうか検討している。

5　第四次調査のまとめ

本調査は最初に述べたように、①ほぼ順調な活動を維持している団体、②しばらく中断していたが、最近復興した団体、③現在中断中の団体、という三つの観点にもとづいて実施した。つまり、①は下直根番楽・平根番楽・八木山番楽・猿倉番楽が該当し、②は天池番楽、③は上百宅番楽が該当した。それぞれの現状の背景には何があるのか、それなりの理由・要因があってのことであるはずである。ここでは、それをできるだけ明らかにすることが根本にある。

(二)リーダー的存在の有無

はじめに①の団体について、下直根番楽の新田豊治氏が「人数的にはあと三十年くらいは大丈夫ではなかろうか」と述べていたのが印象的である。講中所属が二〇人という多さであり、しかも中学・高校生から二十代まで若手六人が活躍している現状は強みである。現在舞うことが可能な演目が一二種あるのも本海番楽中で最も多い。

新田氏は、現在演技上の技術的な問題をかかえていると述べていた。しかし、人的な面を含めて下直根の番楽活動が比較的安泰であるこの現状は何によるのだろうか。そこには複合的要因が重なっているであろうが、第一にあげられるのが、かつて師匠の一人であった新田正雄氏のリーダーシップと実績が大きいのではないかということである。

このことはすでに平成二十年八月十七日新田豊治氏への聞き取り調査の折りに、一部確認できたことでもある。さらにそのことは、『本海番楽―鳥海山に伝わる修験の舞―』(鳥海町教育委員会　二〇〇〇)に詳細に掲載されていることからも理解できる。そこには新田正雄氏について次のように紹介されている。

戦後の昭和二十三年、戦争で中断していた虫追い獅子、盆の祈祷獅子などを率先して復活する。また、笛の師匠が中風で歩けなくなったため、五十歳代からもっぱら笛を担当した。「小路わたり」「獅子舞」などは笛がなければ太鼓を叩けない、歌がないと笛が吹けないといわれた。新田氏は現在でも獅子を主体とする各種行事や番楽の際には、毎回必ず笛を吹いている。八十二歳を過ぎた今日まで新田氏の番楽への情熱は少しも衰えることなく、また温厚な人柄は若い世代の人望も厚い。（後略）

以上のほかに、新田正雄氏は器用さを発揮して、獅子頭や番楽・舞楽面までも自身で製作していることが紹介されている。新田氏はそもそも舞手であったが、途中から下直根番楽の将来を考えて自ら笛役をかってでる。新田氏の番楽にかける情熱がどれほどのものであったかが伝わってくる。新田氏のようなリーダー性や熱意のある人の有無が、芸能団体の存続か衰退かの分かれ道になる場合がよくある。下直根番楽の場合は正雄氏の存在が現在の継承発展に大きく貢献しているものと考えられる。現代表の新田豊治氏は正雄氏のご子息であり、正雄氏のご遺志を引き継いで下直根講中をまとめあげている。

同じように、①の平根番楽は松田訓氏、および八木山番楽は佐藤喜久一郎氏の各リーダー性が講中の活動に影響を与えているものと思われる。

(二)諸行事をとおした人間関係

②の天池番楽が五年ぶりの復興を遂げられたのもそれなりの理由があると考えられる。今野尚喜氏の聞き取りから浮かび上がるのは地域行事を通じて結ばれる人と人との繋がりの濃密さである。聞き取りの範囲内で主な行事を再度記すと、番楽師匠の記念碑祭り・盆踊り・山の神祭り・おせく、などがあった。そこには、師匠と現在の講中のつながり、若者同志会の盆踊り企画運営、山の神信仰を核とした宿回り制や飲食会、新明様信仰を核とした宿回り制度、などが見出される。このように番楽以外の地域行事も大変盛んであり、まさに今野氏が語る「盆踊りは集落のまとまりをねらいとした」ことが奏功しているのではないかと考えられる。

山の神や新明様の庶民信仰にもとづく宿回り制度は、カミを中心に集落の人々がそこに結集するかたちを維持している。この結集力こそ人間関係の濃さを意味しており、それが番楽講中にも持ち込まれて復興・継承の原動力となっているのではなかろうか。由利本荘市に移転した人たちが番楽活動に加われるのは、以上のような普段からの土壌が形成されているからであろう。むろん①と同様に代表である今野尚喜氏のリーダー性によるところも少なくないと思われる。

(三)由利本荘市への移転問題

②の上百宅番楽は平成八年頃に中断したが、その前までは約十名の講中がいた。なぜ中断したのかその状況を考えるにあたって、ほぼ同じ生活経済条件下にある下百宅番楽を参考にみてみたい。『本海番楽―鳥海山麓に伝わる修験の舞―』には次のように説明されている。

昭和四〇年代に三八戸あった下百宅も、この頃から十年ほどの間に本荘市方面に移住する家が多く、現在は一八戸だけとなった。移住者の中には太鼓ほか番楽の師匠も三人含まれており、番楽が困難な状況に直面した。二、三年の間は本荘の師匠を頼んで、恒例の「鳥海獅子まつり」や札幌公演に参加してもらった。その後は本荘に出向いて教わったり、ビデオで独学してほとんど以前の状態に復することができた。なお、本荘に移った人たちは、やはり同所に移った百宅の修験万宝院の子孫梶原栄氏宅に祀る御獄神社の祭り(五月十八日の後の日曜日)に三十人ほどが集まり参拝する。この折に本荘で結成した「百宅番楽愛好会」の人たちが獅子舞を奉じている。

以上であるが、ここからは下百宅に住んでいる人も移転した人にも共通して番楽を継続したい意思があったことが感じ取れる。移転しても指導を引き受ける師匠が存在したというのも幸いであったろう。それが現在でも下百宅番楽を中断に追い込まなかった最大の要因のように考えられる。下百宅番楽は現在約十名の講中で維持されている。

先にも述べたが、上百宅は下百宅とほぼ同じ二十戸ほどである。由利本荘市に移転したり矢島町に移転する人が出てきているのは下百宅とまったく同じである。離村者が出てきて番楽の担い手・後継者が減少したことは下百宅番楽とて同じことである。

移転とは、働き場と暮らし易さを求めてのことであると思われる。百宅は山間集落であり多雪地帯でもある。かつてマタギの里といわれて鳥海マタギ集団が三組も活動していたことで知られる。狩猟によって得られた動物の肉や皮、熊の胆で生計が立てられた時代があった。また、鳥海山麓の恵みを生かして箕や竹皮、樹皮、蔓を活用した細工品、山菜の採集、下駄などの木工品などで暮らしが維持できたのである。山岳地帯の盆地では水田稲作や畑作の収穫物に多くを依存する生活はできなかったと考えられる。上百宅と下百宅の集落は、近年においてはこのような産業構造からくる共通の就労問題をかかえていただろうと思われる。

ただし、上百宅の場合、下百宅の由利本荘市などへの移転問題と同程度に痛手だったのが、師匠クラスが次々に亡くなっていったことである。文中ですでに述べたが、昭和五十一年、かつて上百宅番楽の師匠であった斎藤七蔵氏が十年間中断していた番楽を復活させている。このような情熱あふれる師匠の存在が大きいのはいうまでもない。上百宅番楽ではこのような師匠たちを失い番楽の求心力が急速に弱まるなかで、講中の移転問題も起こり番楽の担い手不足に陥ってしまったということではなかろうか。

上百宅は小学生から二十代は皆無であり、かろうじて三十代が二、三人いる。あとは集落に残っているのはそれ以上の高齢者という状況である。もはや上百宅集落だけで番楽講中を結成することが困難だとすれば、人的資源を求めて他市町村からの参加応援を求めるのも番楽継承の一つの方法かも知れない。百宅は本海番楽のスタートの地であり、猿倉とともに古態を残しかつて二七演目が演じられていたのが上百宅番楽である。今なお番楽面が二十数個も残されていることからしても、廃絶するにはじつに惜しい文化財だといわざるをえない。

(四)技術伝承問題

今回の調査では、番楽経験者であえて古老の方に聞き取りを行いたいという願いもあって、①の猿倉番楽の村上定雄氏にお願いした経緯がある。つまり、本海番楽の現況や比較的若い世代の番楽への取り組みをどのように観察しているのかを知る目的であった。

本文中に「課題」として記した部分に村上氏の次のような指摘があった。「かつては各自の競争心が旺盛で芸能の技量は現在を上回っていた。最近の若者のレベルは低いと感じる。特に平成に入ってから取り組む意欲が落ちてきている印象がある。だからといって昔のように厳しく叱ることは難しい。演技内容面では若者は自分で舞いやすく改変してしまう傾向があり、忠実な演技の伝承ではなく『創作』ではないかと思ってしまうものがある。本海番楽の中ではある一団体を除いて十年前とかなり違った演技になっているように感じてならない」。

以上、村上氏は番楽を舞う若者の「意欲」と「技量」という二つの面を指摘している。この二つはいわば相関関係にあるだろう。意欲が落ちているので演技力も低下し、安易な技術継承に走りがちである。村上氏は講中側の指導的立場から危機感を述べている。それが本海番楽一三団体のほぼ全体をおおっている現象ではないのかと、厳しい観察眼をもって受け止めているのである。

民俗芸能において忠実な技術伝承はどこまで可能か、という根本問題は民俗芸能研究者のあいだでよく議論になるところである。平成五年度民俗芸能学会大会では「民俗芸能の継承・断絶・再生がめざすもの」というテーマでシンポジウムが行われている。そこでは「古態を守り伝えることは幻想にすぎない」とか、「不連続の伝承」の現状などについて問題提起されている（『民俗芸能研究』第十八号）。いずれにしろ、芸能内容を継承するうえで無意識的変容はありうるとしても、意識的に改変してしまうという問題があるのであれば、その妥当性について内部で議論しておかねばならないことであろう。

後継者難の時代、若者が舞いやすく、踊りやすく自ら改変してしまう問題が実際にどの程度あるのか。あるとすればどう対処していけばいいのか。このことは本海番楽あるいは民俗芸能全体の将来にかかわる根源的な問いを含んでいる。現状についてのさらなる実態調査と、それを踏まえた問題の共有化と解決方法を、各講中の方々とともに模索していかなければならないと考えている。

六　山伏神楽・番楽アンケート調査と総括・平成二十年（二〇〇八）十一月

平成二十年十一月に「民俗芸能伝承危機緊急実態調査（アンケート実施）」と題して秋田県本海番楽一三団体・山形県「最上番楽」三団体・岩手県早池峰神楽二団体にアンケート調査を実施した。回答をいただいた一三団体の集計結果を以下にまとめてみた（この部分は、特に共同調査者である星野　紘氏の調査方法に基づいた）。

【アンケート集計結果】

1、現在の伝承の度合い

先輩世代の状態と比較した場合、現在の伝承の度合いは次のどれですか。

ア、満月＝一団体　イ、下弦の月（七十・八十パーセント）＝七団体　ウ、半月＝一団体
エ、三日月（三十パーセント）＝四団体　オ、○パーセント（○）

2、右記1でイ、ウ、エ、オに○を付した団体は、そのように至った経緯や理由を記して下さい。

(1)講中の者が他地区に転居して少なくなっていくし、後継者がいない。
(2)先輩方が亡くなってしまった。
(3)後継者不足に加えて地区人員が減少している。
(4)若者の伝承者が少ないことと、特に集落内での発表の機会が少なくなった。
(5)従来の集落集団が、専業農家で占められていたものが、現在は異業種集団に様変わりしていることが最大の原因。その上に、個の自由が優先されるあまり集団の結束がきわめて弱い。
(6)小さい頃は獅子舞をご神体として祈願し、当地域では秋の豊作祭りをはじめ一年を通して獅子舞番楽との出会いがあった。今は時代に流されて大切なものを見失いつつある。
(7)高度経済成長を経て農村生活（風習・就労・人間関係・娯楽等）が大きく変化し、番楽に対する価値観や興味が低下し、義務的・形式的な継承になっている。
(8)舞の方が先輩世代の形にならない。
(9)昭和三十年代に亡くなられた古老たちの舞や拍子の資料がなく復活がむずかしい演目が数番ある。

（無回答四団体）

3、後継者養成は次のどの人達を対象としていますか。ウの場合は誰が対象か。

ア、集落内の人（一二団体）　イ、集落外在住の親類縁者等関係者（二団体）　ウ、集落外の人（一団体＝平枝小学校児童）　〈複数回答あり〉

4、児童生徒は集落内に通学（園）していますか。イの場合どこへ通いますか。

ア、はい（九団体）　イ、いいえ（四団体＝街へ集う、他の集落へ通学）

5、集落の戸数は減っていますか。戸数は何戸ですか。

ア、減っている（一〇団体）　イ、以前と変わらない（三団体）　ウ、増えている（〇《ゼロ》）

戸数（一一戸、一五戸、四三戸、約四〇戸、一六戸、二八戸、五五戸、二〇戸、八戸）

不明四団体

6、集落の人口数と人々の平均年齢。

(1)四六人　四十歳
(2)四〇人　五十五歳
(3)五〇八人　六十五歳
(4)約一〇〇人　約六十歳以上
(5)一〇〇人　約五十五歳
(6)五七人　五十七歳
(7)一五八人　六十二歳

(8) 一〇一人　五十三歳
(9) 一五五人　五十五歳
(10) 九〇人　四十九・五歳
(11) 三八〇人　四十八歳
(12) 一二〇人　六十歳

（無回答一団体）

7、貴伝承団体の構成員を世代ごとに人数を記してください。（回収団体の総計）

ア、中学生まで（一七人）　イ、高校生から三十歳まで（一八人）　ウ、三十代から五十代（一一〇人）
エ、六十代から七十代（六〇人）　オ、八十代以上（三人）

8、伝承の危機の打開策についてのお考えを記して下さい。

(1) 教え伝えられる人が元気なうちに順送りに伝えられるようだと理想です。
(2) 練習の機会を設けることが一番良いのですが、休日の取り方等の問題があり、なかなか進まず思案しているのが現状で打開策など見いだせずにいます。
(3) 願わくば一家一族挙げて、三世代構成の家族を作り上げることが基本。その集団が等しく世襲型の暮らしが営まれることを理想とする。
(4) 小中学生にもっと教育の場で文化の伝承・保存の大切さを学ばせるべきではないか。
(5) 宗教・信仰とは別個に伝承芸能として割り切り、集落以外からも継承活動への参画者を求める必要がある。

(6)自分達で楽しくやっていくことで番楽をやりたいと思う人が出てくる。
(7)集落内の神社の祭典での獅子舞、盆獅子(一部の家)を舞うなど、集落内での存在感を示すように心がけているが、研究者の後押しも望んでいる。
(8)時代の流れと思う。
(9)他の集落の団体と一緒にやっていきたい。転居で行った人達に協力をお願いしていくことを強く思います。
(無回答四団体)

9、行政機関や集落外の人達へのご希望を記して下さい。

(1)道具や衣装の購入費を補助願いたい(行政)。伝承のためを理解していただき協力を頼みたい(集落外)。
(2)文化や歴史を大事にされたい。経済だけでは日本らしさが無くなるのではないか。
(3)携わっている人以外の人にもっと関心が持てるようPR活動ができたらいいと思う。
(4)伝承していこうと思う人を増やすことが一番ですし、若者(伝承者)の集まる機会を作ることを希望しております。特に先生方が来訪されてご指導をお願いできれば幸いです。
(5)個が集団組織を優先するのではなく、組織優先の中に個が存在するという常識社会の形成が緊急課題だと迫りたい。そのような人的基盤の確立の上に民俗芸能を支援する後援団体等の育成強化も必要と考える。
(6)行政機関はもとより、国・文化庁は地域の伝統芸能はもちろん国の宝として有形無形を問わずもっともっと力を入れるべきだと思います。明かりを消すことは簡単だと思う。明かりを消さず地域の宝を守れるような国や県の施策が必要ではないか。地域が一生懸命努力しても限界がある！
(7)継承活動に参画している者が前向きに取り組めるよう支援・応援してもらいたい。

(8)四〇〇年近い歴史をもち文化財として広く認められる民俗文化ですから、行政は誇りをもち集落外の人達への橋渡し(イベントや公費派遣)なども仕事であると思う。

(無回答五団体)

【アンケートのまとめ】

「1、伝承の度合いはどうか」という質問に対して、「下弦の月(七十パーセント~八十パーセント)」と回答した団体が半数に近い七団体である。「半月(五十パーセント)」以下の答えが多いかと思われたが、これは意外ともいえる。「満月」と回答したのは早池峰神楽の岳神楽である。この団体は保存会人数一六人と少ないものの、「現有メンバーで十分」ということで次世代への伝承は今のところ心配していない様子である。

山形県真室川町の釜淵番楽には中学生・高校生の兄弟が参加して二十代の若者も保存会のメンバーとなっている。同じ八敷代番楽には二十代の若者もいるし、二年前から女子中学生一名が「もちつき」の演目に参加するようになって活気づいている。伝承問題はいつでも気がかりではあるものの、広く見渡せば必ずしも悲観材料ばかりではないといえる。

「2、伝承の困難さの理由」として、「従来の集落集団が専業農家で占められていたものが、現在は異業種集団に様変わりしていることが最大の原因」と記しているものがある。本文中にも、かつては炭焼きや農業がほとんどだったが、現在は職業実態がバラバラなので練習や公演の日程が一致しないという嘆きがあった。やはり、伝承団体がかかえる問題の一つは、多様な職業実態ということであり、物理的制約上、一体感や意思一致をはかることが困難な様子がみてとれる。

「3、伝承危機の打開策」のなかに、小中学生に対して、「もっと教育現場での文化の伝承・保存の大切さを学ばせるべきではないか」という意見があった。現在学校教育のなかでは「総合的な学習の時間」で地域の歴史・文化を学ばせている場合が全国的にかなりあり、そのなかで民俗芸能は多くとりあげられている。

しかし、今後は総合学習の時間が短縮される方向にあること、さらに全国学力テストが実施されて学力偏重の機運が強まる気配があることなど、これらが重なった場合、子どもたちへの文化伝承の機会が奪われていくことが大いに懸念される。

「4、集落外へ活動範囲を拡大しながら他団体と連携すること、さらに後継者も集落外から参加することを期待していること、集落から転居していった人にも協力を願いたいこと」など、伝承活動を外に開いていくなかで活路を見出したいとする気持ちも強いことがうかがわれる。

アンケートのなかに、「研究者の後押しも望んでいる」「特に先生方が来訪されてご指導をお願いできれば幸いです」とあった。このことは民俗芸能研究者は、いわゆる芸能研究のみならず「いかに芸能伝承は可能か」という今日的課題への解決策をともに考えること、地域社会の現況を踏まえた実践面での研究がいま求められていることを物語っている。

七　全体総括

1　岩手県早池峰神楽「弟子神楽」調査から浮かび上がる特色とそれへの対応

門打ちの多さは家々における権現様（獅子頭）信仰の強さを示しており、地域社会と神楽芸能のつながりの深さがみられる。村の鎮守の祭り（産土神・氏神等の祭礼）が神楽公演日となっている事例が多くあり、神楽太鼓の「打ち鳴らし」が祭礼神事に不可欠な実態がみられる（神事と神楽の一体化現象）。

また、神楽保存団体どうしの交流会が定例化されているが、その背景に団体間のネットワークが形成されている。一方、真室川番楽にかかわらず、山形県内の芸能伝承団体による連携・協力体制やネットワーク化は一部を除き形成されていないか、きわめて結束が弱い状況にある。このような状況をどう乗り越えるかが山形側の課題である。

早池峰系の弟子神楽団体と家元である団体との関係には概して強い絆がみられる。また弟子神楽から孫弟子関係となる神楽団体が生まれており、そこに家元―弟子―孫弟子の重層的な関係が発生している。地域社会に根づいて広がりをもつある種の「神楽社会」がそこに築かれている。むろんそこには互いの競争意識も見え隠れする。

以上、研究者はこのような状況を手がかりとして、地域生活に芸能が必要不可欠と考えるような関係づくり・文化的環境づくりを地域や団体とともに検討する必要がある。またネットワーク化を進めて保存団体どうしの交流・情報交換等を積極的に行う手だてを講じるよう支援・協力の手を差し伸べなければならない。

具体的実践例として、二〇一〇年度は山形県村山地方の有志による「山形シシ踊りネットワーク」が立ち上げられたが、二〇一一年度は山形県が事務局となり各種芸能の全県的ネットワークづくりに着手している。このことについて後ほどまた触れたい。

2　山形県「真室川番楽」による地域コミュニティー形成への期待

毎年二月に行っている釜淵番楽の「行灯番楽」、八敷代番楽「幕開き公演」の実践によって地域コミュニティーのきっかけはすでにつくられており、冬場の成功事例として注目したい。今後は、冬場の限定的コミュニティーを永続的なものにしていくためにどのような手だてが必要か、他地区への波及効果も期待しながら地域住民の知恵とともに研究者側のさらなる支援・協力体制が課題となる。

現状では、二つの公演に対する外部参加者を募って「異種芸能交流」を試み、さらに番楽公演の解説・講評、今後の展開に対するアドバイス（失われた演目の復活等）を行っている。アドバイスには二団体ともに積極的に応じており、前年と比較して新たな演目や企画を盛り込んだ新鮮さを毎年提供している。本文中にも記したが、特に八敷代番楽の地域総ぐるみの支援体制から学ぶべきものは大きいと思われる。これをモデルケースとして各方面に普及していかなければならないと考えている。

3　秋田県由利本荘市の本海番楽調査からみえる問題点と課題

本調査では、保存団体の代表クラスのリーダーシップが重要であることを確認できた。実際にそれが発揮できているかどうか、発揮できなければ何が障害になっているか、などを可能な範囲で研究者は保存団体の相談役となって検討する必要がある。

集落において諸行事をとおした普段からの人間関係が築かれているかどうか、が伝承文化の継承・発展に少なからず影響を及ぼすことも確認された。そのことを研究者は地域住民とともに認識・把握しながら、地域づくりの視点を合わせた対応も求められる。

芸能伝承において、若者による安易な技術改変が見受けられることが問題視されている。芸能伝承において、忠実な技術伝承はどこまで可能かという問題は、民俗芸能全体の将来にかかわる根源的問題を含んでいる。「古態を守り伝える」ことの可能性とその意義について、各団体において絶えず議論を深めておくことの必要性を訴える必要がある。研究者としても、現状についてのきめ細かな実態調査と、それを踏まえた問題の共有化と解決方法をともに模索していかなければならない。

4　民俗芸能のもつ文化力の再確認

山形県米沢市の綱木地区には綱木獅子踊という民俗芸能が伝承されている。この踊りは、現在はお盆の八月十五日に集落にあった円照寺というお寺の跡地で行われている。そもそも盆の死者供養・先祖供養の踊りとして円照寺境内のほか家々を踊り歩いていた。かつては十四日から十六日まで三日間踊り続けるのが常であった。

この綱木地区は米沢市の中心部から約二十キロメートル山手に入った集落で、現在わずか六戸・一〇人が暮らしているにすぎない。最近では「限界集落」という言葉で表現される厳しい現実に直面している。このような集落が民俗芸能であるシシ踊りを今も維持していること自体が驚きである。シシ踊りは一体どのようにして継承されているのか。

じつは、すでに綱木の集落を離れて主に米沢市の南原地区に住んでいる人たちが支え続けているのである。その人たちは、離村したあとに生まれ育ったふるさとの民俗芸能をなんとかしなければと考えた。その背景には、綱木獅子踊保存会会長はじめ関係者の「なんとか集落の地域文化を継承したい」という強い思い入れがあった。その思いが離村者たちの心を動かしたのである。さらにそれを後押ししている組織が「綱木獅子踊りを考える会」である。会長の雨田秀人氏は綱木集落の住民ではまったくないのであるが、南原地区の方々と協力して獅子踊りや合同練習を支え続けているのである。

その結果、平成十九年(二〇〇七)八月十五日の公演には、笛・踊りの新メンバー九人を含む四一人ものメンバーが公演に加わった。翌年も同じように地元と離村者との合同チームが実現し盛況のうちに終えることができた。平成二十三年(二〇一一)は、特に笛の奏者が綱木関係者以外から二名も加わり、支援の輪は広がりをみせている。このように、綱木集落に残る人・去った人との心を今なおしっかりとつないでいるのが芸能文化である。
　以上のように、ここ数年の間に過疎化が激しい山間の綱木集落で踊り続けられる民俗芸能の力をまざまざと見せつけられている。一方、三月以来大震災で住居を失った方々が仮設住宅での生活を余儀なくされ、かつての地域生活がバラバラに解体されてしまった現実が目の前にある。このようなときこそ、人々のきずなとか故郷意識（地域共同体意識）を少しでも取り戻すために、祭礼や芸能などの地域の文化力がいっそう問われるだろう。

5　民俗芸能と地域振興とのかかわり

　以下に、民俗芸能が地域社会とともにあり、地域の祭りと一体化して地域の振興に貢献している事例をとりあげてみる。

㈠岩手県奥州市江刺区にあるシシ踊り一五団体が連合して踊る。それを「百鹿大群舞」と言っているが、その機会はおおよそ次の三つである。
・江刺甚句まつり（五月四日）江刺区商店街中央通りで行われている。
・みちのく盂蘭盆祭り（八月十六日）「えさし藤原の郷」で行われている。
・定期公演（四月下旬～十一月上旬）毎週日曜日午前・午後二回。「えさし藤原の郷」で行われている。

㈡岩手県北上市の「北上みちのく芸能まつり」がある。（平成二十八年で第五十五回を終えている。）八月第一土曜日から三日間、県内外百組以上の芸能団体が駅前路上で披露している。神輿パレード、トロッコ流し、花火大会など夏祭りの要素と一体化されたものである。

㈢山形県長井市の「黒獅子まつり」が芸能による祭りとして定着している（平成二十八年で第二十七回を終えている）。毎年五月第三土曜日に実施しおり、長井市内各神社の黒獅子が市内目抜き通り、白つつじ公園特設舞台に集合して踊りを披露している。市内三小学校の獅子舞・シシ踊り公演も行われている。平成二十二年度は二つの受賞があった。一つは、黒獅子まつりが受けた「ふるさとイベント大賞奨励賞」（財団法人地域活性化センター）であり、二つは、黒獅子まつり実行委員会が受けた「地域づくり総務大臣表彰」である。

以上は、伝承母体となっている地域社会に対して芸能文化を軸とした地域振興が行われ、さらに芸能保存団体自らも今後の継承・発展に弾みを付けることができる好例として注目される。これからの伝承芸能の歩む方向性は、このような地域との関わりを深めて地域活性化・産業振興化に貢献し、自らも存在価値や継承への力量を高めていくことであろう。それが芸能保存団体単独で行うことができる場合もあれば、いくつかの団体が連携して取り組む場合もあるだろう。

複数の保存団体が連携するには、やはり結びつきを強化し普段からのネットワーク化がはかられていることが重要だと思われる。職業に必ず同業種の組合があるように、プロではないにせよ、秋田県由利本荘市鳥海町の本海番楽のような伝承芸能保存団体の「同業組合」（連絡協議会等）なるものがあってしかるべきだろう。それは形式的なものではなく、共に実践活動が行えるような組織でなければならない。

6　文化行政と一体となった広域的展開の必要性

（一）岩手県の山伏神楽と行政の一体化政策

岩手県内の神楽芸能約二百七十団体はじつに活発な活動を展開している。なかでも花巻市の早池峰神楽系山伏神楽団体の合同公演を中心としたものが目立つ。たとえばこれまで次に示すような事業展開がみられる。これらの取り組みには花巻市教育委員会をはじめとする文化行政側の積極的支援策があった。このことは今後民俗芸能が継承発展していくための一つのあり方として大いに参考とすべきものである。
・「全国神楽大会ハヤチネ96」（平成八年）二日間で観客二万人
・「全国神楽大会ハヤチネ２００６」（平成十八年）
・ユネスコ無形文化遺産登録記念「はやちね全国神楽祭」（平成二十一年）
・「神楽の日」年間公演（平成二十三年九回）
・重構造の神楽ネットワーク社会の形成
本家（岳神楽・大償神楽）―弟子神楽―孫弟子神楽…約百団体

（二）「攻めの文化事業」展開

近年、文化庁は伝承文化を観光振興・地域活性化策と一体化させて継承・発展をはかる方向性を打ち出している。今、これに対する保存団体・地域・研究者側の明確な考え方・対応が求められている。

ちなみに、二〇一一年度山形県では三か年間「シシ踊りを活かした観光振興・地域活性化事業」を行うべく、文化庁に文化芸術振興費補助金の交付を申請して採択された。それを受けて民間有志が「シシ踊りを活かした地域活性化実行委員会」を結成。二〇一一年度はＤＶＤやＨＰの作成、シシ踊りマップづくりに取り組み始めた。二〇一二年三月には、観光宿泊者も巻き込むねらいで天童市のホテルを会場に岩手県・福島県・山形県のシシ踊り四団体が招聘されて、ワークショップ・実演・シンポジウム・交流会など一泊を伴う「シシ踊りの夕べ」が開催された。約二百人という予想以上の観客が訪れてコンベンションホールは熱気に包まれた。夜の懇親会にも約九十人が参加して出演団体どうしや一般者との交流が行われた。

このように、今や市町村や県のワクを超えた広域的な連携・交流事業が積極的に企画・実践されていかなければばならない状況にある。特に大震災で打ちのめされた東北地方では、それが求められているだろう。

さらに、二〇一一年度山形県独自の事業として「民俗芸能活性化懇話会」という会合を母体として、山形県内の民俗芸能保存団体どうしの交流を深め、次第にネットワーク化を進めていく事業も展開されている。これも三年間の計画であり、先に述べた文化庁事業を推進していくうえで下支えを担う取り組みであろうと考えられる。

他県でも以上のような取り組みはなされているであろうが、今後は行政・研究者・保存団体そして地域が一丸となった「攻めの文化事業」を推進していくことが厳しい状況を打開する一つの方策であろう。とかくこれまでは「保存」を主とした「守りの文化事業」になりがちではなかったか。

その場合留意しなければならないことは、派手な「一発花火」に終わらせないことである。取り組み・事業の結果は、芸能保存団体や地域社会にとって真の利益となり、プラス要因がもたらされなければならない。一定の成果は地域に根づいていくものであるべきである。また保存団体がステップアップしうるものでなければならない。

そのためには、事業が一次的な「受け」がねらいとなり、集客を満たすことが目的と化すようなものであってはいけない。次の取り組みに繋がる、ステップアップ可能な数年計画でなければならない。とかく名の知れた人・モノを集めた一回性の高額なイベントも周囲に見受けられるが、けっして上滑りになってはならない。

以上のことを考えるのが研究者・行政側等であり、大いなる役目と責任を負っている。このことは、東北地方の広域的な場において周知され、かつ実践されていく必要がある。

おわりに

平成二十三年（二〇一一）三月十日、由利本荘市鳥海町に伝わる本海番楽一三団体が重要無形民俗文化財に指定されたことが伝えられた。また同じく早池峰神楽の弟子神楽にあたる岩手県花巻市の石鳩岡神楽と土沢神楽も記録作成等の措置を講ずべき無形の民俗文化財に指定された。いずれも調査で大変お世話になった保存団体であり、関係者の皆さんの笑顔が浮かんでくる。小躍りしたくなるほど嬉しい思いでいっぱいであり、心からお祝いを申し上げたいと思う。

さて、同じく平成二十三年三月十一日におこった東日本大震災では、自然の猛威に対して人間の知恵や科学技術の限界を思い知らされた。しかし、古代にさかのぼって日本人の思想や生活態度を思い起こせば、自然と対決し克服する生き方ではなく、逆らうことなく自然を畏怖し、かつ調和して生きていこうとする生活姿勢が顕著であった。その姿勢は今なお民俗行事や民俗芸能の中に見出すことができる。人智の及ばないものや大いなる自然に対して畏敬の念をもち、死者への鎮魂供養を怠らず、ひたすら祈りや願いを捧げてきたところに、民俗文化が継承されてきた意味や意義があった。

大震災後の五月一日に、岩手県大槌町では、臼澤鹿子踊が町の犠牲者の追悼と復興を祈って地域の人たちを前にして踊った。臼沢鹿子踊は江戸時代から継承されてきた岩手県に数多いシシ踊りの一つである。同町では人口約一万五千人のうち七三三人が亡くなり、九五二人が行方不明となった（二〇一一年五月一日現在）。明治三陸地震（一八九六年）や昭和三陸地震（一九三三年）で被災したときも犠牲者を追悼するため踊られたと聞いている。当日は保存会員や子どもたち約四十人が一生懸命に踊りを演じたことが人々に感動を与えた。

町内のある女性は、津波で犠牲になったご主人と行方不明になっている義父母の写真を膝にして最前列で臼澤鹿子踊を見物した。家族はいつも最前列で見ていたので当日も見せたかったという。この日、囃子方として笛を担当した男性の奥様も津波で行方不明のままだった。その男性のコメントを報じる新聞には、「これまで一緒に祭りに参加してきた妻を思い出して涙が出た。気持ちを切り替えて一歩前進したい」（二〇一一年五月二日付、読売新聞）。「地震、津波なんかに負けてたまるか。再出発の、これがおらほの鹿子踊だ」と記されていた（二〇一一年五月二日付、朝日新聞）。この言葉以上に民俗芸能の役割の大きさを示す言葉があるだろうか。

このような被災地の実態を踏まえて、シシ踊りや民俗芸能の地域社会においてはたす役割の重要性をあらためて認識し直し、それを継承・発展させていく方法・技術等について、地域住民とともに必死になって考え続けなければならない。

参考文献

（1）『本海番楽――鳥海山麓に伝わる修験の舞』秋田県鳥海町教育委員会　二〇〇〇年
（2）『岩手県の民俗芸能』岩手県教育委員会　一九九七年
（3）『大迫町史（教育・文化編）』大迫町史編纂委員会　一九八三年
（4）『鳥海町史』鳥海町史編纂委員会　一九八五年
（5）『東和町史（民俗編）』東和町史編纂委員会　一九七九年
（6）『花巻市史　第二巻』花巻市教育委員会　一九八一年
（7）本田安次『山伏神楽・番楽』（復刻版）井場書店　一九七一年
（8）星野紘『村の伝統芸能が危ない』岩田書院　二〇〇九年
（9）『真室川町史』真室川町教育委員会　一九六七年

（10）『矢島町史』矢島町史編纂委員会　一九七九年
（11）『伝承文化による地域づくり実践事例集――山形県最上郡真室川町の取り組み』山形県教育委員会　二〇〇六年
（12）山路興造「山伏神楽・番楽の源流」『民俗芸能研究』第6号　民俗芸能学会　一九八七年
（13）『山形県最上郡真室川〈平枝・釜淵・八敷代〉の民俗〈平成17年度明治大学居駒ゼミ調査報告〉』明治大学居駒ゼミナール　二〇〇五年
（14）「特集　継承・断絶・再生」『民俗芸能研究』第18号　民俗芸能学会　一九九三年
（15）「早池峰神楽の継承と伝播―東和町における弟子神楽の変遷―」『民俗芸能研究』第　号　民俗芸能学会　二〇〇八年
「はじめに」にも記したが、本調査研究は星野紘先生〈東京文化財研究所名誉研究員〉と共に調査を行って得た共同研究成果であることを付記しておく。

第三章　芸能伝承をめぐる地域的・民俗的要因
―早池峰神楽と「真室川番楽」を中心に―

はじめに

本稿では、岩手県花巻市大迫の大償と岳の集落に伝承される早池峰神楽と、山形県最上郡真室川町の平枝・釜淵・八敷代に伝承される番楽（「真室川番楽」と称する）を考察の対象とする。さらにすでに廃絶した真室川町下春木の春木番楽をもとりあげる。いずれの芸能も本来山伏が伝えた修験系神楽であることに共通性をもつ。

近年、少子高齢化・市町村合併・経済格差における農村の疲弊等の悪条件が重なって民俗文化の伝承母体が大きく揺らいでいる。当然ながら民俗伝承の問題は地域社会のありようとともに考える視点が必要である。そこで、本稿では芸能伝承を可能にする地域的・民俗的要因とは何か、逆に伝承不能にする問題因子とは何かについて、早池峰神楽と「真室川番楽」を事例に検討してみることを主たる目的とする。そこに民俗文化の盛衰と地域社会との相関関係を探る意図がある。

なお、本文内容はすべて平成十九年（二〇〇七）八月から平成二十一年（二〇〇九）八月にわたって行なった現地での聞き取り調査に基づいている。調査対象者は文末に記している。むろん本稿はささやかな試論でもあり中間報告的なものである。

一　岩手県花巻市大迫の早池峰神楽

大迫は、岩手県のほぼ中央部に聳える北上山地の主峰早池峰山の南西山麓に位置する。山頂を水源とする稗貫川が町域をほぼ東西に貫流して北上川に注ぐ。昭和三十年に大迫町・内川目村・外川目村・亀ヶ森村が合併して大迫町が成立した。人口約八千人程度の山間の町である。さらに平成十八年に花巻市に統合された。古くから内陸部の北上川流域と東部の三陸海岸を結ぶ遠野街道の要衝にあたり、代官所と宿駅がおかれた宿場町として賑わった。南部葉タバコ産地として知られ、薪炭や木材の集散地としても栄えた。早池峰山はかつて修験山伏が修行をした山岳信仰の拠点であるが、現在では高山植物が特別記念物に指定されて山域一帯は国定公園となっている。夏は登山者で賑わい町の観光の一つとなっている。

大迫では昭和四十年代から地場産業のエーデルワイン工場においてブドウ栽培をもとにしたワインづくりを試み「神楽とワインの里」をキャッチフレーズにしている。早池峰神楽とワインは中山間地における地域振興策の重要な目玉となっている。

大迫には以下に示す大償集落の伝えられる大償神楽と岳集落に伝えられる岳神楽がある。両神楽は、昭和五十二年に「早池峰神楽」として国の重要無形民俗文化財の指定を受けた。それ以後二つの神楽は早池峰神楽と称されている。ほぼ同一神楽ではあるものの、大償と岳という伝承母体がやや異なる集落の実態があるので、個別に概観してみる。

1　大償集落と神楽

大償は一六戸の集落である。山間の集落であり稲作のできる土地がなく、岳集落を含むかつての内川目村では昭和三十年代まで焼畑を行っていた。畑地では稗と粟の栽培が中心であった。かつてはすべての家で南部葉たばこ栽培をやっていた。一〇アールあたり十万円ほどの収入が得られたというが、時代とともに需要がなくなり、現在は栽培農家は一戸のみという現状である。

大償神楽は、集落にある大償神社例祭(九月十五日)において定例公演を行なっている。「舞始め」(一月二日)や「舞納め」(十二月第三日曜日)も毎年の恒例行事である。岳集落にある早池峰神社の例大祭では七月三十一日(宵宮)と八月一日(大祭当日)の二日間にわたって境内の常設舞台で演じている。特に宵宮では全国の神楽ファンが集まり、それを前にして夜の十二時頃まで岳神楽とともに公演を行っている。

大償神楽は、昭和四年までは他地域を巡り歩く「通り神楽」を行なっており、まさに、生活のため食べるために神楽を演じてきている。現在の保存会は十九人で構成し五十演目をこなしている。しかし、前保存会長佐々木隆氏によれば、最低十一人がいればこなせるという。平成十九年(二〇〇七)八月現在、会員内訳は大償居住者八人、元来集落在住者と地縁血縁関係にある他村者八人、それ以外が三人である。職業は農業従事者三人のほかは大工、左官、会社員、公務員などである。

戦争中は五戸六人で神楽を演じ続けて一度も途絶えたことがないという。高度経済成長期の昭和四十年代が後継者難も重なって困難な時期だったとのことである。現在、練習は毎週水曜日夜行なっているが、土曜日午後は小学生も練習を行なっている。年間公演は約六十回に及んでいる。以下に述べる岳神楽とともに素人離れしたその技は、全国の民俗芸能のトップクラスに位置している。

写真７　岩手県花巻市の大償神楽「天照五穀」（上・下）

2　岳集落と神楽

岳集落は、かつて内川目村に所属していたが、のち大迫町、花巻市へと合併された。戸数わずか一一戸の集落である。昭和四十年代まではすべて民宿を営んでいたが、今では日向坊・和泉坊・大和坊の三軒だけとなった。民宿経営は女性の仕事となっており、男性は南部葉タバコ生産、炭焼、林業を営んでいた。しかし、これらの産業では現在はほとんど生計が成り立たず、かなりがサラリーマンとなっている。農業は現在七十歳から八十歳が担い手であり、農業は自立の道はきわめて困難な情勢にある。

岳神楽は、毎年七月三十一日早池峰神社例大祭の宵宮で披露される。現在は神社境内の神楽殿で、岳神楽と大償神楽はともに夜十二時すぎまで公演を行っており、全国のファンを熱狂させる。翌八月一日は早池峰神社例大祭当日である。早朝から神楽衆による太鼓笛鉦による打ち鳴らしがあり、神事が執り行われる。神輿渡御が行なわれるが、神輿にしたがって子どもたちによる「神楽(しんがく)」が演じられ、それとともに権現舞も集落を巡って歩く。午後二時頃からは、再び神楽殿で早池峰神楽が演じられる。この二日間は早池峰神楽ファンが全国から駆けつけて、普段静まり返った岳集落は大勢の見学者で賑わいをみせる。

平成十九年(二〇〇七)八月現在、岳神楽保存会の年齢職業別内訳は以下のとおりである。

元大工七十五歳、元山仕事七十歳、元木こり六十五歳、木こり六十歳、木こり五十九歳、営林署勤務五十九歳、公務員四十八歳、会社員四十六歳、会社員四十六歳、建築業四十四歳、建築業四十四歳、土木業四十四歳、建築業四十三歳、建築業三十二歳、公務員二十八歳、会社員十八歳。

以上の一六人で三四演目をすべてこなしている。この中で岳に住んでいない人は三人である。それぞれは一人の師匠について神楽を学び、日々練習に励む。特に冬場の十二月から二月までは毎日練習に及んでいる。年間公演は約五十回に達している。大償神楽とは兄弟神楽とも言われて互いに切磋琢磨してきた。その技量は、両者ともに全国の民俗芸能のトップクラスに位置するといわれている。

二　山形県最上郡真室川町の番楽

真室川町は山形県最上郡に属し、内陸部の最北端にあって秋田県に隣接する。人口およそ一万人で、町の総面積の八十五パーセントを山林が占める農林業の町である。江戸時代からケヤキなどの巨木の産地として知られ、寺院建築用材として都から求められるほどであった。近年では「巨木の森」の地域資源、観光資源を有する町として、あらためて注目されている。

現在の真室川町は、昭和三十一年に旧真室川町、安楽城村、及位村が合併して生まれた。現在の真室川町も村単位におおよそ三区分することができる。

主要産業として注目されるのは真室川漆器である。真室川では近世期から漆が栽培されていた歴史があり、その歴史を踏まえて昭和五十六年から漆の主産地をめざした産業振興に着手している。その中心施設としてうるしセンターが建設されおり、そこで作られる町内産漆を使用した多様な漆器が人気を呼んでいる。

秋田県と山形県の県境に位置する鳥海山は、かつて修験山伏が信仰する霊山であり、両県の山麓の集落には番楽といわれる修験山伏の芸能が今も伝えられている。秋田県の鳥海山麓に分布する番楽は、遅くとも江戸時代初期に本海という修験者がもたらした本海番楽といわれるものが多くを占める。その本海番楽がいつのころか真室川に伝来したと考えられる。現在真室川町には平枝・八敷代・釜淵の各集落に番楽が伝えられている。かつて真室川町には、小国、山屋、及位、鏡沢、大滝、下春木にも番楽があったが、現在は消滅している。

この貴重な民俗芸能を地域全体で継承しようと取り組んでおり、毎年「番楽フェスティバル」を開催し、秋田県側の番楽との交流もはかろうと努めている。

1　平枝集落と番楽

平枝は三三戸で人口およそ百十人の集落である。稲作主体であり畑作はほとんどない。専業農家は二、三戸であり他は第二種兼業農家約二十戸ほどである。減反政策が農村産業に影響を与えており、休耕田にはタラノメ、ウルイ、ウドなどの作物を栽培して生計を維持している農家が多い。かつて真室川営林署の委託で国有林管理伐採業務への従事者が多数あった。しかし、近年は安い外国産が入ってきたことなどの理由で林業が成り立たなくなっている。ナメコ、トビタケ、ゼンマイなどの山菜は豊富である。昭和二十年代から三十年代までは「ナメコ景気」といわた時期があったほどである。山菜は最上地方の気候風土に根ざす特産品である。

平枝番楽は平成十二年真室川町無形民俗文化財指定となった。次に述べる八敷代番楽と同じく、秋田県由利郡矢島方面より伝えられたという伝承を持つ。平枝番楽の保存会設立は昭和四十八年であり、町内では最も古い。現在も地区全世帯三十四戸が保存会員として加盟する。舞い手・囃し手を主とする番楽連中のメンバーは、八十歳代が一人、七十歳代が一人、六十歳代が四人、五十歳代が六人、四十歳代が一人、三十歳代が六人であり、合計一九人の構成となっている。

平枝番楽は毎年九月十一日神明神社の祭礼日（旧暦八月一日）に公演を行ってきた。この日は平枝小学校生徒による「少年番楽」も保存会と合同で披露される。昭和二十五年頃までは、まず神明神社で獅子舞を演じ、その後順番に「宿」を決めてそこで番楽が演じられた。「宿」においては、表七番・裏六番・狂言（餅つき、膏薬、やっさぎ、木こりと仙人）など二十演目以上を夜通し演じたという。特に三番叟を間違って演じたりすればその年は不作になるといわれるほど、稲作の豊作と番楽の演技は直結していたといえる。宿公演の翌日は獅子舞が各家々を回って悪魔払いをして歩いた。しかし、現在は宿公演もなくなり、演じられているのは獅子舞・先舞・三人太刀舞のみである。獅子舞は、神明神社では四方を拝する「四方固め」を行なうだけで、集落で舞うことはなくなっている。面は武士、曽我五郎、曽我十郎、三番叟、翁、女形（二面）、ねんじなど、十一面が残っている。

昭和五十五年に平枝小学校で行われた「ふるさと少年教室」がもととなり、平枝番楽保存会の指導のもとで、番楽を学校教育に取り入れた「平枝少年番楽」が発足して久しい。以後継承活動は活発であり、夜の練習で合宿しながら学校に通う「通学合宿」などの訓練も行ってきた。毎年獅子舞、先舞、三人太刀舞を披露している。少年番楽を経験して保存会に加わっている若者もいる。また、三年ほど前は舞台で親子三代にわたって演技を披露するなどの場面もみられた。

平枝地区に平成四年「ふるさと伝承館」が建設され、町内の番楽三団体をはじめ、秋田県の番楽団体を含めた「番楽フェステバル」が毎年開催されてきた。のちには梅里苑敷地内の特設舞台に移動して開催し、平成二十年からは番楽三集落の持ち回り開催へと公演場所を替えながらフェスティバルを維持している。平成二十年度は釜淵集落の真室川町立北部小学校体育館ステージで第十六回公演を終えている。

2　八敷代集落と番楽

八敷代は五六戸でおよそ百八十人の集落である。稲作が主体で畑作はほとんどない。農家数は三十戸ほどであるが、専業農家はもう無くなった。かつて林業で営林署の下請け業務が多くあり、スギやケヤキなどの管理と伐採に従事していた。現在林業にかかわっている人はほとんどいない。他地区同様に、昭和三十年代から四十年代まではは炭焼が産業として成り立っていた。畜産・酪農農家もかつて多くいたが、現在はだれもいない。昭和六十年に発足した「八起会」（約四十名）の組織が八敷代集落を活気づかせている。そのほか十数年前から、中高生を含む約十五名の「若連」（以前は青年団）も組織化されて、集落の祭り行事を担っている。若者の定住率が良いことが八敷代の強みといえる。女性の組織として若妻会もまだ存続している。

八敷代番楽は、平成十二年真室川町無形民俗文化財に指定されている。当番楽は真室川町の番楽では最も起源が古いと伝えられているものの、それを裏付ける史料はない。八敷代をはじめ真室川の番楽は、秋田県由利郡矢島方面から伝来したという伝承が根強くある。それは後記する釜淵番楽の『晩楽社門』（明治二十二年）に、「屋嶋（矢島）桃やき（百宅）」という秋田県の二つの地名が出ていることからも推察される。現在、矢島町のみならず鳥海山麓の秋田県側には数多くの番楽が分布している。それらは江戸時代に本海という修験者がもたらした本海番楽といわれるものが多くを占める。真室川町の番楽もそれらの影響を受けていると考えられる。かつては矢島街道などを通じて秋田との文化交流がなされたことを踏まえれば、番楽の秋田方面からの伝播もうなずける。

昭和六十年に八敷代番楽保存会が結成された。現在メンバーは十三人で、内訳は七十代一人、六十代五人、五十代五人、三十代二人である。平成十六年度に演目の再興をめざした結果、獅子舞、地神舞、武士舞、剣の舞、三番叟が復活されている。平成十七年度は秋田県鳥海町二階番楽の指導を受けてもちつきを復活し、さらに平成二十年には独自ですずきの舞も復活させた。残されている面は、女形・牛若丸・翁・爺翁・面じい・おかし（道化）・しなごき太郎・武士・曽我五郎・曽我十郎・信夫太郎・鬼人面・機織・舟弁慶など十五面である。面の多さからわかるように多くの演目があったことが推察される。

九月十二日、集落の鎮守である山の神神社の祭礼で舞われているが、山の神神社にて獅子舞のみを演じてか

写真８　山形県真室川町の八敷代番楽「幕開き公演」

ら、その年の「宿」でその他の演目の番楽公演が行われる。宿公演は集落に住み着いた古い順に行なっているという。古くから順番が定められているのである。かつて祭礼当日は村の全戸を回って悪魔払いを目的とした獅子舞を演じ、翌日が宿公演だった。昭和初期は二晩かけて村を回っていたという。平成三年以来大滝小学校の「子ども番楽」も始められ、毎年、剣の舞や地神舞を披露している。

八敷代番楽は平成十八年二月に「幕開き公演」を開始した。公演場所は保存会長の自宅である。会長宅は公演を行なうにはけっして広いとはいえないが、寒い雪の中、そこに集落の人々が大勢つめかける。肩を寄せあって観賞する状況となるが、それが独特の味わいをつくっており、鶴岡市櫛引地区で毎年行なわれている黒川能の観賞場面を彷彿させる。大人にまじって小学生も番楽を演じる。多くの女性たちも手料理を持参して参加するので、大変な賑わいとなる。どぶろくを飲みながら、手料理を食べながらの番楽観賞の場が実現している。これは、釜淵番楽の「行灯番楽」と同様に、演技の充実と演目の復活を目的とするが、さらに地域住民の参加と交流による地域コミュニティーの形成を目的としている。開始からすでに四年が経過している。

3　釜淵集落と番楽

釜淵集落は一区から六区で構成され戸数約二百八十戸、約八百五十人が住んでいる。番楽はかつて一区と二区にまたがって継承されてきたが、近年では継承者や演技披露がほぼ一区（約四十戸）に限定されてきている。釜淵は林業が大変盛んであった。二区方面には営林署、林業試験場、製板工場、合板工場、製材所など林業にかかわる仕事場が多くあった。森林伐採用で名高い「中谷のこぎり」の製造工場は及位にあった。昭和三十年代まで銅や亜鉛などを採掘する日正鉱山も賑わった。そのため二区は他所から移入した勤労者が多かった。釜淵の産業としては、総体的に半農半工業的形態をとってきたといえよう。以前からの一区と二区の産業構造や生活基盤の相違が、番楽をめぐる現状につながっていることが考えられる。

現在は稲作農家数約三十戸のうち専業は三、四戸である。乳牛を飼う酪農家は七軒ある。釜淵一区の「一盛会」（約三十五名）が、地域活性化のためにさまざまな企画・運営を試みている点が特徴である。

平成十九年度に、かつての釜淵小学校、大滝小学校、小又小学校、及位小学校が統合して「真室川町立北部小学校」としてスタートした。全校生徒は七十七名である。

釜淵番楽は平成十二年真室川町無形民俗文化財に指定されている。前記の八敷代番楽や平枝番楽と同様に、秋田県由利郡矢島地方から伝承されたといわれている。八敷代番楽の欄で記した『晩楽社門』には、「拙者のばんがく（番楽）は、屋嶋（矢島）、桃やき（百宅）、びんなぜそうでございます」とあり、やはり秋田県矢島方面とのつながりを想像させる。

釜淵番楽は、九月十三日の虚空蔵神社の祭礼に舞われている。獅子舞は悪魔払いとして、十三日は釜淵一区の

写真9　山形県真室川町の釜渕番楽「行灯番楽」

家々（希望する約十四戸）、十四日は一区以外の家々（希望する約五戸）を回った。かつては特に要請があればその家で番楽を舞った。そういうときには神棚に上げた初穂料の米一升とおひねりをいただくことができた。観客は酒や食べ物をその家に持ち込んで、たいそう賑やかななかで番楽を演じた。面は信夫太郎、曽我五郎、曽我十郎、翁、女形、三番叟、おかしの七面が残っている。三十年くらい前は十演目以上が舞われていた。現在は獅子舞、先舞、剣の舞、三人太刀舞のほか、平成十七年に復活した鳥舞、しなごき太郎、そして三番叟の七演目が舞われている。保存会メンバーは八十代三人、六十代三人、五十代五人、四十代二人、三十代一人、十代（高校生）二人の十六人である。

平成十七年二月に、釜淵一区公民館であらたに「行灯番楽」が立ち上げられた。行灯番楽は、八敷代の「幕開き公演」と同様に演技の充実と演目の復活を目的とするが、さらに地域住民の参加と交流による地域コミュニティー形成を目的としている。これは　公演の本番である虚空蔵菩薩と山の神に奉納する九月の祭礼には見られない特徴である。つまり、雪の中でも釜淵一区の人たちを中心に公民館に集まって、どぶろくや女性の手料理なるものを持参して、飲み食いをしながら番楽観賞を楽しんでいる。そこにはかつて行なわれていた「宿公演（個人住宅での公演）」がほぼ再現されている。番楽公演は男の世界であるが、会費二〇〇〇円の我が家自慢の手料理持参の参加ということで、男性と同じくらいに女性や子どもの参加が多い。狭い会場は五十人くらいの満員状態となる。開始からすでに五年が経過している。

三　全国的な芸能伝承の現況

愛知県北設楽郡といえば花祭が行われることで知られている。昭和五十一年にこの地域の花祭が重要無形民俗文化財に指定されたときは一七集落にも及ぶ伝承団体があった。このことから花祭は日本の民俗芸能のなかでもとりわけ注目されてきたのである。それが、二〇〇八年になって二つの伝承地が廃絶して現在は一五集落の団体となった。重要無形民俗文化財がそのような憂き目に遭うとは、つい数年前までは想像できなかったことである。

ところが花祭だけが衰退方向にあるのではない。宮崎県椎葉地方の二六か所に伝承され重要無形民俗文化財指定を受けている椎葉神楽は、今や四か所で休止を検討中という厳しい現実にさらされている。ほかに重要無形民俗文化財指定の民俗芸能では、花祭と同じ愛知県の黒沢の田楽、高知県の土佐の神楽などが同じような伝承困難な事態に直面している。

じつは、山形県長井市指定の民俗文化財である五十川獅子踊も平成二十一年（二〇〇九）九月六日の公演を最後に休止を余儀なくされている。後継者難が主たる理由である。保存会の指導を受けて長井市立至芳小学校の「少年少女獅子踊」が二七年間も行なわれてきたが、これまで主たる後継者が確保できなかったということは、地域社会全体の問題として考えなければならない事態である。

以上の全国的に厳しい地域・民俗的状況をみていくと、その第一要因に少子高齢化問題があげられるが、しかしそればかりとは限らない。社会全体の背景としてあげられる要因は、経済のグローバル化と一九九〇年代から世界的に急速に台頭してきた市場原理主義（市場万能主義）・新自由主義であると思われる。日本においては、特に橋本内閣の「行政改革」や小泉内閣の「構造改革」路線を経て、市場原理主義にもとづく規制緩和策や自由化政策が強力に押し進められてきた。そのことによっていわゆる格差が生じ、それが都市と地方との経済格差にあらわれてきた。とりわけ農業を基幹産業としてきた農村部の疲弊が著しい。それと同時に、地域社会、会社、家庭に伝統的にみられた良き共同体（コミュニティー）の喪失がおこってきた。伝承文化・伝統芸能は、少なくとも高度経済成長以前はそれらの共同体に依拠する堅固な伝承母体によって支えられてきた。ところが、先にあげた要因とともにさらに近年では市町村合併による祭り・行事・芸能等の簡略化・精選化も起こっており、いっそう危うい状況がつくりだされているのである。

しかし一方で、このような厳しい状況にもかかわらず、地域固有の取り組みを行っている事例もみられるので簡潔にとりあげてみる。例えば、熊本県旧清和村（現山都町）は人口約三千人の過疎の村である。ここには百六十年前から文楽が伝承されるが、一九九二年に清和文楽館を建設してから公演回数が年間二百回前後に増え、昨年までに修学旅行生や外国人も含め二四万人が観客として訪れた。そのお陰で村の観光収入も年間二億円を突破した。

また、山形県最上郡大蔵村に伝承される合海田植踊は、本来の門付芸能の本質を失っておらず、六月の第一日曜日に一四〇軒の家々を踊り歩いている。田植踊りを担う若者の定住率も高く、二年前にはすでに死語と化した感のある青年団も復活させ、夏祭り素人演芸会を立ち上げて賑わいを創出している。地元の小学生にも伝承活動が活発に行われている。

同じ山形県米沢市に伝承される綱木獅子踊は、現在六戸・十人だけが住むまさに限界集落のかかえる民俗芸能である。獅子踊を支える伝承母体そのものが危機的状況であることは誰に目から見ても明らかである。どうしてそのような過疎集落に芸能継承が可能なのか。それは、すでに集落を離れていった人々が綱木の民俗芸能をこれまで通り継承しようと一念発奮して練習を始め、八月十五日公演で集落の人々とともに踊るのである。そうして三年が経過した結果、現在の保存会員数は四三名にものぼっている。

以上が厳しい現況を乗り越えようとする積極事例であるが、総体的に見れば、想像以上に地域の伝承文化は厳しい現実にさらされているものが多いことは言をまたない。

四　分析と考察

1　芸能伝承の地域的・民俗的要因の分析

これまでみてきた早池峰神楽二団体と真室川町の番楽三団体について、聞き取り調査から得られた今日的実態を分析・検討し、伝承を可能にしてきた地域的・民俗的な要因と考えられるものを〈伝承可能要因〉としてまとめてみる。他方、今後において伝承に困難をきたす可能性が考えられる場合には〈問題因子〉としてまとめてみた。

(一)早池峰神楽

①大償神楽

〈伝承可能要因〉

・保存会二十人で五十演目をこなす伝統的な技芸能力を有し、誇り高いこと。

・保存会員で、農業三人以外は給与生活者でありながら、有能な指導者のもとで結束力が強いこと。

・年間六十回の公演をこなしながら、毎週水曜日の夜の練習をかかさず続けていること。

・約三百人が加盟する広域的な後援会組織が充実しており、伝承母体や財政基盤が確立していること。

・子どもへの伝承活動として、毎週土曜日午後に神楽の館で練習を行なっていること。

〈問題因子〉

今のところ大きなものはない。

②岳神楽

〈伝承可能要因〉

・保存会十六人で三十四演目をこなす伝統的な技芸能力を有し、誇り高いこと。

・保存会員のうち十三人が林業・建築・土木業に従事者する岳集落在住者であり、有能な指導者のもとで結束力が強いこと。

・年間五十回の公演をこなすため練習を怠らず、特に十二月月～二月は毎日の練習をかかさないこと。

・約三百人が加盟する広域的な後援会組織が充実しており、伝承母体や財政基盤が確立していること。

〈問題因子〉

しいていえば、子どもへの伝承活動がやや弱いこと。

(二)真室川町番楽

①平枝番楽

〈伝承可能要因〉

・一九七三年以来、全戸が番楽の保存会員として加盟していること。

・集落内に一九九二年「ふるさと伝承館」が建設されて真室川番楽の拠点およびシンボル的存在となっていること。

・真室川町立平枝小学校に一九八〇年以来「少年番楽」が行なわれており、その経験者が演じ手として育っていること。

〈問題因子〉

・番楽の担い手である連中内部の結束力が弱まっている傾向がみられること。

・神明神社例祭時に獅子舞が四方固めのみに簡略化されており、その他の演目の簡略化が進む可能性があること。

・集落内の青年組織の活動が弱く、番楽伝承の母体である地域の活性化や後継者確保に影響が出てくる可能性があること。

②八敷代番楽

〈伝承可能要因〉

・現在も「回り宿」(宿公演)が継続されており、地域住民のなかでは宿公演による番楽意識が今なお失われていないこと。

・毎年のように演目が復活されており、番楽連中に意欲が溢れていること。

・「幕開き公演」が毎年二月に開催されており、冬期間に番楽がとりもつ地域住民の交流の場が創造されていること。
・「八起会」「若連」の組織化がなされて、地域の活性化とともに番楽伝承の母体がしっかりしていること。
・真室川町立大滝小学校があった時代から、児童生徒の八敷代番楽への積極参加があり、それが番楽活動に活気を与えていること。

〈問題因子〉

今のところ大きなものはない。

③釜淵番楽

〈伝承可能要因〉

・獅子舞の戸別訪問である門獅子振りが継続され、地域社会との接点が保たれていること。
・毎年のように演目が復活されており、番楽連中に意欲がみなぎっていること。
・「行灯番楽」が毎年二月に開催されており、冬期間に番楽がとりもつ地域住民の交流の場が創造されていること。
・太鼓役の保存会長（八十五歳）のもとに結束力がはかられていること。
・青年組織である「一盛会」が組織化され、その活動力が番楽継承を支えていること。

〈問題因子〉

・以前に比較して番楽継承において二区（戸数約四十戸）との断絶傾向がみられ、それが集落内の番楽活動を限定的なものにしていること。
・児童生徒の番楽の継承活動がやや希薄であること。

なお、このほかに①②③の番楽団体に共通する〈伝承可能要因〉として、「番楽フェスティバル」（十月開催）と「子ども伝承祭」（十二月開催）がある。これは毎年真室川町教育委員会と保存会・学校が一体となって開催しているものである。この二つの取り組みは、真室川町の民俗伝承文化活動全体の底上げと活性化機能を果たしているものと考えられる。

2　伝承不能に陥る地域的・民俗的要因

真室川町には三番楽以外にかつて六団体が活動していた。ここではその一つである下春木に伝承されていた春木番楽をとりあげ、なぜ伝承不能に至ったかの要因を探ることにしたい。二〇〇八年八月五日に番楽体験者の現下春木区長栗田行雄氏（六十五歳〈当時〉）から聞き取りをさせていただいた。本稿はそれをもとに考察したものである。

（一）春木番楽の実態

①九月十四日「春木山の神祭り」当日夜に、「廻り宿」（個人宅）で番楽を公演した。「廻り宿」は下春木集落内で順番に巡る。これを引き受けないと集落で一人前の構成員とは認められなかった。「廻り宿」が行なわれなくなってからは、山の神境内の仮設舞台で行なうようになった。

②九月十五日は門獅子を行ない一日中集落内の家々を獅子舞が廻る。家々では獅子を厄払い、家内安全の神として歓迎してもてなした。

(二)番楽の由来と内容

①由来については、明治三十六年頃、真室川町釜淵地区の番楽を下春木の若衆に伝えたのが始まりと伝えられる(筆者註：ただし、それは一度中断した後の話であり、起源は江戸時代までさかのぼる可能性もある)。

②昭和三十一年(一九五六)現在の記録では十六演目あった。獅子舞、三番叟、地神舞、鳥舞、御神楽、先舞、しなごき太郎、番楽太郎、舞暦(こよみ舞)、しのぶの太郎、切り舞(沙門)、松迎え、三人立ち、橋引き、鐘巻、曽我兄弟である。

③昭和四十四年(一九六九)の記録によれば、一一人が番楽に携わっていた(内訳：六十代三人、五十代一人、四十代七人)。

④特徴として、「鐘巻」の演目をもっていた。現行の釜淵・八敷代・平枝の各番楽でも行なっていなかったものである。隣接する金山町の稲沢番楽が現在行なっており、内容構成を比較してみると、春木番楽は金山町の番楽(その他に現行の柳沢番楽もある)との関連が考えられる。

(三)伝承不能に至った背景、主たる理由

①若者の敬遠

九月十四日の「山の神祭り」は素人演芸大会があって、若者は「やくざ踊り」などの出演に忙しく、番楽は年配者に限られていった。番楽の練習は筋肉痛になるほど激しい訓練をしてトイレにいけないほどだった。きつい練習が若者に次第に敬遠されて素人演芸のような即席でもやれる安易なものに流れていった。

②太鼓役の喪失

復興の動きがあったものの、十年前に太鼓をたたく人が亡くなり話は立ち消えとなっている。栗田区長は御神楽をやっていたが、太鼓があれば記憶がよみがえって舞うことは可能である。結局太鼓役が一番中心的な役割を果たす。現在もどの保存会でも会長や太夫クラスが太鼓役を務めているのはそういう理由からでもあるだろう。下春木では太鼓のテープをとっておいたがそれを無くしてしまったのが痛手だったようだ。

③職業実態

かつて番楽経験者は、農業・炭焼きがほとんどであった。農業でも米作りが主であり作付け面積は少量だった。その後次第にサラリーマンが増加した。現在は集落二七（九十二人在住）のうち専業農家は二軒のみである。稲作の他にタラノメ、トマト栽培に力を入れている。その他は、林業・役場・農協・運送業・会社（ワーコム株式会社ほか）などに従事。要するに、職業実態がばらばらなので、かつてのように、練習や公演日に一緒に集まることができにくい環境になった。夜・昼のまとまった時間帯がとれない状況がみられる。なお、現下春木地区の年齢構成は次のとおりである。

・二十代　五人　・三十代　四人　・四十代　六人　・五十代～六十代　五十人　・七十代以上　二十七人

④地域の結束力の衰退

若者の現況として、消防操法大会参加（最低四人）がままならない実態がみられる。老人にもまとまりがなく、例えば敬老会は下春木単独開催ができず隣接の釜淵地区に参加（二七人中三人参加）、さらにはゲートボール場はいらないという実態である。

(四)復活への課題

①楽器（鉦・笛・太鼓）、面（十面）、衣装など、番楽復活に必要な道具類はすべて公民館に保存してあるので物的な面では特に問題はない。

②若連（各家々から一人）は、現在でも九月十五日に上記番楽関連道具類の虫干しを行なっているので、番楽への関心は失われていないものと推測される。
③春木区長栗田行雄氏の子息である栗田広行氏（当時三十歳）は、番楽があれば地域が楽しくなれるのではと語っている。番楽経験者であった親に対して、自分もやってみたい意思はあると述べている。
④春木番楽の経験者六人が健在であり、現在であればなんとか復活が可能である。若連主催で「夏祭りビアガーデン」などを開催している。若連の意欲を持つ数人と、番楽経験者が、復活に向けて意思一致をはかることが出来るかどうかがカギであろう。
⑤補足的なことであるが、太鼓は隣接する釜淵番楽に習うことをいとわない勇気が必要である。

3　伝承要因の調査研究における今後の課題

(1)集落ごとに芸能伝承の多面的な調査を継続して、継承・発展の道筋や衰退・廃絶への経緯を地域実態に基づいてより詳細に把握する。
(2)真室川町でかつて継承されていた鏡沢集落およびその他の集落の調査を行なって、伝承不能要因が何であったか探りつつ、現行番楽集落との比較・分析を行なう。
(3)各実態調査を踏まえて、芸能伝承の継承・衰退にかかわる様々な要因を抽出して、共通項が見出せるか分析・検討を積み重ねる。
(4)地域社会における芸能の継承・発展または衰退・廃絶の実際について、地域的・民俗的要因の類型化が図れないか検討する。
(5)地域社会において芸能伝承には何が求められているのか。あるいは、なぜ地域社会に伝承芸能が必要であるのか。それらの問いに対する答えを持つことが求められている。

⑹現代社会における伝承芸能・民俗芸能へのあらたな「価値付け」「意味付け」を見いだすことができるよう、研究の深化をはかる。

おわりに

本稿では早池峰神楽と真室川町の番楽の比較・検討はされていない。このことも地域的民俗的要因の視点から行なわれなければならない課題であると考えている。

本稿をまとめるにあたり、以下に記す方々に聞き取り調査で大変お世話になり多くのご教示をいただいた。早池峰神楽では佐々木隆氏（大償神楽保存会長）・小国朋身氏（岳神楽保存会長）・山影義一氏・伊藤良男氏・佐々木一夫氏の方々である。真室川町の番楽では高橋章氏（平枝番楽保存会長）・佐藤隆一氏（八敷代番楽保存会長）・栗田里見氏（釜淵番楽保存会長）・佐藤豊安氏、佐藤栄典氏、栗田安吉氏、栗田隆行氏の方々である。真室川町の下春木区長栗田行雄氏にもご教示いただいた。そのほか真室川町教育委員会の皆さんには日頃からお世話になっていることも記しておく。以上の方々にあらためて厚く御礼を申し上げる。

参考文献

（1）『大迫町史（教育・文化編）』大迫町史編纂委員会　一九八三年
（2）『岩手県の民俗芸能』岩手県教育委員会　一九九七年
（3）『真室川町史』真室川町教育委員会　一九六七年

（4）『伝承文化による地域づくり実践事例集―山形県最上郡真室川町の取り組み―』山形県教育委員会　二〇〇六年

（5）星野紘『村の伝統芸能が危ない』岩田書院　二〇〇九年

（6）『山形県最上郡真室川〈平枝・釜淵・八敷代〉の民俗』平成十七年度明治大学居駒ゼミ調査報告書　二〇〇五年

第三部　東北のシシ踊り、その供養性と野獣性

第一章　南奥羽(東北地方南部)を視座にすえたシシ踊りの実態

はじめに

本稿でいう南奥羽とは、東北地方南部に位置する宮城県・山形県・福島県をさす。したがって北奥羽とは、いうまでもなく青森県・岩手県・秋田県ということになる。標題に示したように、民俗芸能であるシシ踊りをとおして、はたして南奥羽を論ずることは可能なのか。そのことはもとより確信があってのことではない。

本稿では、シシ踊りがもつ盆の死者供養機能とシシの頭数問題という二つの視点から奥羽地方全体を俯瞰し、そこから南奥羽の特徴を捉えてみようと試みたものである。むろんそれは、北奥羽方面から南奥羽を照射して比較検討するという双方向的な作業をともなっている。いずれにしても本稿は、民俗文化の側面からの奥羽史試論として提示するものである。

一　シシ踊りの死者供養からみた南奥羽

東北地方に分布するシシ踊りについて、関東地方のシシ踊りと比較すると特徴的なことが浮かび上がってくる。それは、シシ踊りが盆の時期に死者供養の機能を担って踊られていることである。このことは、悪魔払い・

疫病払い・雨乞いを主とする関東地方のシシ踊りには、一部を除きまったくみられない現象である。そこで、本稿では民俗芸能から南奥羽を考察する第一の視点として、シシ踊りの盆の死者供養の側面においてみてみようとするものである。

シシ踊りの盆の供養の実態について、以下に各県ごとの具体的事例をとりあげて検証・確認していくことにする。

1　福島県会津地方の事例・平成十六年(二〇〇四)三月・平成二十一年(二〇〇九)三月調査

(一)喜多方市の下柴《しもしば》獅子

昭和三十年代(一九五六〜六五)頃までは、三月十八日から二十四日まで「村踊り」として各家を回って玄関先や庭で踊っていたが、近年は彼岸の中日とそれに近い日曜日に回っている。

(二)喜多方市の中村獅子

下柴獅子と同じく、昭和三十年代頃までは三月十八日から二十四日まで家々を回って玄関先や庭で踊っていたが、近年は彼岸の中日と日曜日の二日だけとなった。踊るのは原則として新盆を迎える家である。室内でシシが踊る場合は仏壇か盆棚の前で行なう。庭で踊る場合も仏壇の見える場所で行なうのが基本である。

(三)会津若松市天寧地区の天寧《てんねい》獅子

三月十九日は天寧の周辺地区の家々を回り、ほとんど玄関先や庭で踊る。二十日は会津若松市内、さらに二十一日は天寧地区を回って踊る。これを「村踊り」と称している。春彼岸に際し仏壇を開けて灯明を立て、できるだけ仏壇の見える位置でシシに踊ってもらう。

(四)会津若松市一箕町の下居合《しもいあい》獅子

三月十九日に下居合地区の家々を回り玄関先や庭で踊る。

(五)会津若松市一箕町の本滝沢獅子

三月十九日に本滝沢地区の家々を回り玄関先や庭で踊る。

(六)会津若松市(旧北会津村)の小松獅子

三月十九日に会津若松市内の路上数か所で踊る。二十日市内と小松地区、二十一日小松地区の家々を回り玄関先や庭で踊る。

2　宮城県の事例・平成十八年(二〇〇六)六月調査

(一)気仙沼市早稲谷の早稲谷《わせや》鹿踊

旧暦六月二十四日の甘酒地蔵尊の例祭では、前年の例祭以降に亡くなった人の位牌を持参して、その前で「仏の回向」の「鹿踊歌」を唱和して踊り新仏供養を行っている。当日は地蔵尊の敷地内に祭壇を設け、そこに置かれた新仏の位牌を前にしてシシ踊りが演じられる。昭和十五年頃まではお盆に希望者の家々を回って踊っていた。

3　山形県の事例・平成十七年（二〇〇五）八月〜平成十九年（二〇〇七）八月調査

（一）酒田市（旧八幡町）青沢地区の青沢獅子踊

八月十四日に梅林寺で施餓鬼供養が行なわれる。そのあいだにシシ踊りは敷地内で踊る。その後、シシは施餓鬼供養で使われた五色の施食旗は背中に、梵天はカシラにそれぞれ付けて集落の家々を回って踊る。

（二）酒田市本楯地区の新田目《あらため》獅子踊

八月十四日に梵昭寺ほか二か寺で施餓鬼供養が行なわれる。そのあいだにシシ踊りは敷地内で踊る。当日、シシは施餓鬼供養で使用した五色の施食旗を背中に背負って家々を回って踊る。

（三）鶴岡市（旧藤島町）添川地区の添川獅子踊

八月十四日に永鷲寺《えいしゅうじ》と霊輝院で施餓鬼供養が行なわれる。そのあいだに寺踊りと称してシシは敷地内で踊る。永鷲寺では昼夜二回にわたって敷地内でシシ踊りが演じられる。

（四）寒河江市内楯地区の内楯旭一流獅子踊

四年に一度の九月十五日に地区内を巡りながら路上で踊り、さらに希望する家々の新仏供養を行う。希望する家では祭壇を作り灯明を立てて踊りを待つ。そこを通りかかったシシたちは祭壇の位牌や遺影を前にして踊る。

写真10　山形県寒河江市の「内楯旭一流獅子踊」

（五）山形市山寺立石寺の山寺系シシ踊り

八月七日（旧暦七月七日）、山形市山寺立石寺の敷地内において、村山地方を中心とした山形県内の五、六団体のシシ踊りが参詣して踊りを演じている。山寺立石寺は「奥の高野」ともいわれており、死霊が訪れる山として地域の人々の信仰をあつめている名高い霊場である。

（六）朝日町大谷地区の角田流大谷《おおや》獅子踊

八月十五日夕方に永林寺敷地内で踊る。当日は地元では送り盆にあたり集落の人々が墓参りに訪れているが、その一角でシシ踊りを演じる。

（七）川西町小松の小松豊年獅子踊

八月十六日に、大光院の本堂前と裏山にある通称「おいため山」の地蔵堂前で踊る。この日は大光院の精霊祭にあたり多くの参詣者が訪れる。この「おいため山」は山寺立石寺と同じく、死霊が訪れる山として地域の人々に信仰されている。

(八)米沢市綱木地区の綱木獅子踊

八月十五日に、シシ踊りは最初に集落を一巡したあと、雪で倒壊した円照寺跡地で踊りを演じる。現在は十五日のみ演じているが、十五年くらい前までは十四日から十五日にわたり、家々すべてを訪問して仏壇の前で供養の踊りを演じて回った。

4　秋田県の事例・平成十九年(二〇〇七)八月調査

(一)能代市の常州《じょうしゅう》下《くだる》御供《おんとも》佐々楽《ささら》(道地《どうち》ささら)

八月十三日～二十日夜に道地地区内の路上で踊る。十四日に行なわれる「墓前佐々楽」の演目では、設営された祭壇の前でシシ三頭が順番に焼香する。

(二)北秋田市(旧阿仁町)の荒瀬獅子踊

八月十三日夕方から共同墓地で踊る。その後集落の三か所の中心地の路上で踊る。

(三)北秋田市(旧阿仁町)の比立内《ひたちない》獅子踊

八月十四日夕方から共同墓地の一角で踊る。その後移動して集落内にある比立内神社の敷地内で大勢の人々が見守る中で踊る

(四)仙北市(旧角館町)白岩地区の白岩ささら

八月十四日～十六日夜に家々を訪れ敷地内で踊る。ほとんどが縁側や玄関に位牌や遺影が飾られており、シシ

写真11　秋田県仙北市の「白岩ささら」

踊りはその前で演じる。こうして午後八時から九時過ぎまで家々を巡り、これを三日間続ける。この家巡りを地元では「やや回り」と称している。

(五)仙北市(旧角館町)下川原地区の下川原ささら

八月十三日・十四日、午後七時から翌朝まで、夜通し家々の庭で位牌や遺影を前にしてシシ踊りが演じられる。

(六)大仙市(旧中仙町)の東長野ささら

八月十三日~十九日、集落の路上や鎮守の別雷神社境内で踊る。昭和六十年頃までは家々を訪問し庭で踊っていた。その際、新仏の場合は「供養ざさら」の演目を踊り、年忌の仏に向かっては「佛ざさら」を踊った。八月十八日の午後遅く、奠蔵《てんぞう》院《いん》で施餓鬼供養(施食供養)が行なわれるが、その間に本堂前でシシ踊りを演じる。

(七)大仙市(旧中仙町)の長野ささら

八月十三日の盆入りでは家々で迎え火を焚き、シシ踊りは夜になってから曹渓寺や善法寺で踊る。その後さらに集落の路上で踊る。昭和五十年代頃まではお盆の期間に家々を訪問して踊る「やや回り」が行われていた。送り盆である十六日は、各戸では篝火を焚いて獅子のカシラを持って町内を練り歩く「獅子送り」を行なう。

5　岩手県の事例・平成十六年(二〇〇四)・平成十七年(二〇〇五)八月調査

(一)下閉伊郡岩泉町の釜津田《かまつた》鹿踊《ししおどり》

八月一四日に共同墓地二か所で踊る。敷地内の一角で踊るが、特に祭壇は設けない。希望があれば各家の墓碑の前で演じる。一六日は大川寺の墓地や本堂内で戦没者慰霊や先祖供養のため踊る。昭和五十年代(一九七六～八五)頃は、お盆の時期に新仏供養として家々を回ってシシ踊りを演じていた。

(二)遠野市附馬牛町の上柳《じょうやなぎ》鹿子踊《ししおどり》

八月十六日に新仏を迎える墓碑の前や、家々で飾られた遺影を前に庭で踊る。

(三)奥州市江刺区梁川地区の行山流久田《きゅうでん》鹿踊《ししおどり》

八月十四日には、久田鹿踊の開祖である庭元の今野家の墓、そして明治時代以前からあるという古墓、さらに集落の共同墓地の一角で踊る。十五日は江刺市内に出て、新仏を迎える家々の位牌や遺影の前で踊る。この場合は各家の庭に祭壇を拵えており、シシはその前で踊る。

(四)奥州市江刺区岩谷堂地区の奥山行上流餅田鹿踊

八月十五日・十六日の日中から夕方にかけて、江刺市内の商店街や家々の庭に拵えた新仏を祀る祭壇が置か

写真12　岩手県奥州市江刺区の「奥山上行流　餅田鹿踊」

れ、シシは位牌や遺影を前にして踊る。

(五)金ケ埼町北方地区の奥野流富士麓行山北方鹿踊《きたかたししおどり》

八月十二日の夕方、集落の共同墓地である北方霊園の一角で踊る。二十年間中断する以前はお盆期間中家々を回り踊った。

6　青森県の事例・平成十六年(二〇〇四)八月調査

(一)弘前市の一野渡《いちのわたり》獅子踊

八月十四日午後、集落の街頭に出て比較的人家の集まっている四か所で踊り歩き、そののち鎮守である八幡宮境内で踊る。また、八月二十日は地元では二十日盆・仏送りの日とされており家々では送り火を焚く。シシ踊りもこの日夕方から集落の共同墓地二か所で踊る。

(二)弘前市の乳井《にゅうい》獅子舞

八月十三日午後、集落の共同墓地二か所で踊る。踊り終わると、シシ三頭が手分けして墓地内の家々の墓碑に向かって線香を立ててお参りをする。ここでは特に「獅子舞」と称している。

(三)弘前市の大沢獅子踊

八月十六日午後に宝沢寺境内の観音堂前で踊る。また、シシ踊り関係者、保存会会員が亡くなると通夜か葬儀の際に踊りを演じる。

(四)平川市(旧平賀町)の沖館《おきだて》獅子踊

八月十三日夕方に共同墓地の一角で踊る。この日は沖館地区の墓参りということで墓地を訪れた多くの人の前で演じる。シシ踊りは昭和四十年代(一九六五〜七四)頃までは十四日に行なっていた。土葬の頃は、シシ踊りの関係者が亡くなると踊りを演じて埋葬した。

(五)平川市(旧平賀町)広船地区の広船獅子踊

旧暦八月十六日午後に共同墓地で踊る。墓地内の一角に盆花と灯明、線香をあげた祭壇を設け、その前でシシ踊りを演じる。近年は地域の事情により新暦八月十九日に移動している。

(六)平川市(旧碇ヶ関村)の古懸《こがけ》獅子踊

八月十三日の午後、国上寺の墓地内で、家々の墓の間を蛇行するかたちで丁寧に踊り歩く。それが終わると位牌堂の前に移動して、そこで再び踊り始める。

写真13　青森県平川市の「古懸獅子踊」

（七）西津軽郡大鰐町の三ツ目内獅子踊

八月十四日夕方から共同墓地の一角で踊る。墓地にはシシ・太鼓・笛の指導者であった五人の墓碑がある。新しい仏から順にお参りを行うが、墓碑の前では踊らず手を合わせて深々と礼をするだけである。しかし、三年前までは十四日夜共同墓地で篝火をたいてシシ踊りを演じていた。

以上のほかに、深浦町（旧岩崎村）の大間越獅子踊、深浦町（旧岩崎村）の久田獅子舞、三沢市岡三沢地区の岡三沢鹿子踊、などがお盆に共同墓地で踊っている。

以上の各事例は、シシ踊りの供養の実態において南奥羽と北奥羽の違いを浮かび上がらせている。あらためて各県ごとに要点を整理してみたい。

福島県会津地方のシシ踊りは会津彼岸獅子といい、会津若松市や喜多方市で春彼岸に家々を踊り歩くシシ踊り集団の存在が特徴的である。いずれも死者供養をその機能としていることが明らかとなっている。なお、会津地方以外の福島県内のシシ踊りにはほとんど死者供養の機能はみられず、神社の春祭りや秋祭りなどで踊られる場合が多い。

宮城県では、現在では一か所のみ死者供養の事例が確認されるが、かつては盆の供養の機能として踊られていた事例がかなりあったことが認められる(1)。

山形県村山地方では、山寺立石寺において旧暦七月七日の盆の入り当日にシシ踊りが演じられている。庄内地方では施餓鬼(施食)供養に結びついてシシ踊りが演じられる場合が確認できる。

以上に対して、北奥羽である青森県・秋田県・岩手県では、盆期間に墓地の敷地内で踊りを演じている事例が多くみられる。なかには家々を回って遺影を前にして新仏供養を行なう事例も少なくない。

これら多くの事例から、現状においては北奥羽に比して南奥羽はシシ踊りの盆供養の機能はあまりはたされていない実態がみえてくる。宮城県に端的にあらわれているように、南奥羽のシシ踊りによる供養行為は直接的には現れていない事例が多く、供養実態は全般的に希薄化している様子がうかがわれるのである。このことは南奥羽地方元来のものなのだろうか。ここで会津地方における江戸時代のシシ踊りを例にとって検証してみたい。

文化四年(一八〇七)に書かれた『若松風俗帳』には、会津彼岸獅子をとりあげた部分がある。そこには、会津領内の滝沢組、南青木組、高久組のシシ踊り三団体が春彼岸に踊り歩いていることが記されている。一方では春彼岸ではなく盆にシシ踊りが行われている場面が四か所記されていることが注目される。いずれもシシ踊りに直接かかわる部分のみを引用してみる(2)。
一、七月十四日
①若き者共ハ獅々踊とて、笛のささら太鼓打ちならし、昼夜かけて踊る
（「大谷組地志方風俗帳」）

二、七月

①古は念仏おどりとて、獅子を冠り、おどり参り候由、只今は絶て見得不申候盆中は若き者共毎夜寺々の前へ寄り集まり、品々の時小歌をうたひおどり申候

（「熊倉組風俗帳」）

三、七月十四日

①若き者共ハ、獅子躍とて、笛ささら、太鼓打ちならし、昼夜かけて躍

②獅子踊　獅子躍き丶ておとり、盆中古よりおとる彼岸中可成

③一四日ニハ墓おとりと申、子供獅々頭をかふり太鼓を打廟所ニテおどり申候

（「金山谷風俗帳」）

四、七月十四日

①若き者共は獅子躍とて、笛太鼓ならし、夜昼かけて躍り

（「横田組風俗帳」）

以上をみるかぎり、江戸期の会津若松領内では盆期間中の十四日を中心に、少なくとも四組のシシ踊りが行われていた（二の熊倉組は文化四年当時は絶えている）。いずれも「若き者ども」とあるので、シシは「若者組」が担い手だったことが考えられる。

三の③は、七月十四日に「墓踊り」といって子供が獅子頭を被って廟所（墓）で踊っていたことを記している。彼岸獅子以前に、会津ではお盆に墓地での供養踊りを行なっている事実がはっきり確認できる。これは現在でも、北奥羽でお盆に墓地における供養が行なわれている実態と重ね合わせて考えると、会津地方でも、シシ踊り

は同じような機能をかつて持っていたことは注目される。

さらにここで時代をさかのぼって、『会津風土・風俗帳』のなかの「貞享風俗帳」を見てみよう。これは貞享二年(一六八五)に書かれたもので、文化風俗帳よりも一二〇年以上も前に完成したものである。注目すべきことに、そこにも会津領内ではお盆の時期にシシ踊りが行われていたことが記されているのである。期日はまちまちである。以下にその部分を引用してみる。(3)

一、十四日より十六日までを盆と云う、(中略)盆中ハ棚経とて近所の出家来て誦経す、二、三銭斗も施物す、若輩成男女、夜ニ入木僧踊す、又老男女廟所又ハ寺 方へ行、鐘、太鼓をならし、念仏を唱ふ、古は獅子踊辻相撲有

(「中荒井與三十二箇村風俗帳」)

二、此日(七月十四日＝筆者註)ヨリ盆中寺参シテ墓所へ素麵、団子ヤウノ物備、桃燈トモシ遠キ跡ヲ追フ、又若き者共ハ獅々躍トテ笛、ササラ、太鼓打チナラシテ夜昼カケテ躍

(「郷村地方内定風俗帳　会津郡長江庄」)

以上であるが、一の文中最後に「古は獅子踊辻相撲有」とあるので、貞享二年当時は途絶えていたことがわかる。それでも明らかに盆の死者供養のためのシシ踊りが貞享二年までに二か所存在していたことを示す記録である。前述のように文化四年までシシ踊りが行なわれていた事例四か所を合わせれば、江戸時代をとおして、少なくとも六つのシシ踊りが会津領内において墓地での踊りを含む盆供養が行われていたことが明らかとなる。

このような史料的事実から、シシ踊りの死者供養は会津地方のみならず南奥羽の他地域でも行っていた可能性が考えられる。そうすると、現在において北奥羽に比して南奥羽に供養実態の希薄化が総体的にみられるのは何故かということになる。この希薄化現象こそ南奥羽を物語る特徴点というふうに考えることができる。このことは歴史文化的風土と重ね合わせて、今後検討されなければならない課題である。

二　シシの構成頭数からみた南奥羽

ここでは、民俗芸能から南奥羽を考察する第二の視点として、シシ踊りを構成する頭数の分布においてみてみようとするものである。シシ踊りは、関東地方に発祥してはじめは三頭を構成したが、次第に東北地方に伝播しその過程でシシの頭数が増えていった、というのが一般的見方である。たしかに、関東地方は圧倒的に三頭構成のシシ踊りが分布する。一方の東北地方では、福島県・山形県南部（置賜地方）秋田県・青森県にも三頭構成がみられる。しかし、東北地方には三頭のみならず五頭、七頭、八頭などで構成する団体も多く分布する。

さて、以上のような実態をみれば、南奥羽と北奥羽にはシシの頭数による相違はなく、その分布は混在していると捉えられがちであろう。ところが、シシ踊りを発生史的に辿っていけば、南北の明瞭な区分けは難しいものの、おおよそ南奥羽の三頭分布圏と北奥羽の多頭分布圏が浮かび上がってくるのである。

このことを理解するには、まず北奥羽である秋田県・青森県においてなぜ三頭シシ踊りが分布するのかを検討することから始めなければならない。次に福島県と山形県置賜地方に分布する三頭シシ踊りの歴史的な背景を踏まえた分析・考察が必要である。最後は宮城県のシシ踊りの頭数についても触れなければならない。これらを土台にしてはじめて南奥羽と北奥羽の比較検討を行うことが可能となろう。

1　秋田県の佐竹系三頭シシ踊り

秋田県に分布する民俗芸能のなかでシシ踊りは現在六一団体ある。名称別の内訳は、「ささら」二七、「獅子踊」二〇、「獅子舞」八、「盆踊り」三、「駒踊り」一、「綴子太鼓」一、「豊年萬作踊り一」と多様である。(4) これらに属するシシ踊りのなかで、湯沢市の「関口ささら舞」のみが五頭シシ踊りであり、他のすべてが三頭シシ踊り(三匹獅子舞)である。東北地方全体では多頭シシ踊りが多いなかで、秋田県では際立って三頭が多く、それらは「ささら」と名乗っている。

秋田県のシシ踊りは、慶長七年(一六〇二)に佐竹義宣が常陸の国から秋田へ国替えになったときに悪魔払い等の先導役としてお供し、それ以降秋田に定着したという説が根強い。能代市扇田字道地のシシ踊り保存団体「常州下御供佐々楽」の名称はまさにこのことを直接表現している。また、各シシ踊り保存団体が所有する巻物、伝書の類いにも常州伝播論をしばしば見ることができる。(5)

関東の三頭シシ踊りはささらの名称がきわめて多い。したがって、秋田県の二七のシシ踊りがささらと名乗るのは、関東地方の呼び名に由来すると考えるのは自然なことである。ささらは東北地方では秋田県や一部の地域に限ってみられるだけである。

ここで、秋田藩の家老梅津政景の日記の寛永年間の項に目を向けてみたい。そこは、ささらに関連する次の三か所が見いだされる。(6)

寛永四年(一六二七)七月十四日
昼、御城へ罷出、さゝら見物

寛永六年（一六二九）七月十四日
御城へ給人町より罷出候編木四組、石町さゝら壹組
寛永八年（一六三一）七月十五日
さゝら五組、御城上ル、御廣間之前ニ而御見物、拙者式も見申候

さらに、ささらは「編木」とも表記されるので、次の部分も同じ三頭シシ踊りをさすと思われる。

寛永六年七月十五日
昨日も今日も芳〃躍・編木不残参候、見物為致候

以上は、寛永年間の江戸時代初期に、シシ踊りを表すささらがすでに秋田で踊られていたことを示している。この事実は、藩主に伴うシシ踊りの秋田移動説にいっそうの信憑性を与えるものである。江戸時代後期に、菅江真澄が秋田仙北地方について著わした『月の出羽路　仙北郡七』では、三頭シシ踊り（「鹿躍」）が町なかで人々の好奇の目にさらされている様子が描かれている。そこにも、「此のあたりにてはさゝらといふ」と記されている。(7)

さて、秋田に移入された三頭シシ踊りが藩内に広く伝播する以前は、南部領（現岩手県）に隣接する地域には南部系のシシ踊りがあったという伝承が強く残る。現在、秋田県内にある旧南部領域には三頭シシ踊りは不思議にもまったくみられない。仙北市（旧西木村）の戸沢ささらは、現岩手県雫石市から伝播したという伝承をもつ。さらに、大仙市東長野地区内には「獅子塚」が建立されているが、この石碑の下にはかつて当地に普及していた南

部系のシシ踊りのカシラと道具類が埋めてあるのだという。三頭シシ踊りが入って来たため争って負けたとか、伝承が途絶えたので埋めたという言い伝えが残っているのである。また、長野ささらは佐竹氏移封以前から存在した土着のシシ踊りだったが、のち水戸から移入された三頭のささらの影響を受けて変容したと伝えているのである。(8)

以上のことから、三頭シシ踊り以前に秋田には先行するシシ踊りがあったのではないかという想定が成り立つ。先にみたように、秋田県にはささらと名乗らずに「獅子踊」をはじめ「獅子舞」「盆踊り」「駒踊り」を名乗る団体が多数混在している。この現象は他県にはみられないものである。これらの団体はあえてささらを名乗らなかったことが考えられる。それらは土着のシシ踊りと考えることもできるのではないか。

先にあげた『梅津政景日記』のなかで、ささらとは記さず次の示すようなシシ踊りを表す部分もある。(9)

寛永八年(一六三一)七月十九日
一、朝より昼迄、御施餓鬼有り、
一、外記知行新田村より師子おどり有り

これは、寛永八年の時点で「ささら」とは呼ばれないもう一方の「師子おどり」(シシ踊り)があったと思われる記述である。ささらとは呼ばない「獅子踊」「獅子舞」などと呼称する団体は、現在の三四団体のほかに平成五年以前に中断・消滅した一四団体を合わせると四八団体にのぼる。(10)この団体の分布地域は、旧町村名で森吉町・阿仁町・上小阿仁村・大館市・鷹巣町・鹿角市・田代町などであり、ほぼ秋田県北部方面に集中している。

このように、秋田県北部地域に「獅子踊」「獅子舞」その他が残存するのは、関東から移入された三頭シシ踊り以前からあったシシ踊りの存在を暗に示していると考えられる。それらは旧名をあえて維持し、ささらとは名乗らなかった一団なのではなかったか。

以上、これまで秋田県のシシ踊りがなぜ三頭なのかその歴史的経緯をみてきた。そこからは、佐竹義宣に伴う関東系ささら(三匹獅子)が本来のものではなく、それ以前に秋田には多頭のシシ踊りが存在した可能性が浮上してきた。

この問題は北隣の青森県津軽地方にも当てはまるものである。すなわち、青森県のシシ踊りも現在三頭が多数であるが、それは本来だったのかどうか、ここで関連事項として引き続き検討されなければならない。なお、青森県津軽地方以外の南部地方にはシシ踊りがごくわずかしか分布していない。

2　青森県の三頭シシ踊り

青森県のシシ踊りの頭数の変遷について笹原亮二は次のように指摘している。[11]

青森県の現在のシシ踊りの実態は三頭シシ踊りがほとんどである。しかし、五頭以上のシシ踊りは弘前市松森町にある松森町津軽獅子舞(五頭)、さらに、旧南部領域には三沢市岡三沢にある岡三沢獅子踊(一三頭)、三戸郡名川町にある剣吉諏訪神社鹿踊(五頭)がある。岩木町葛原のシシ踊りは現在行なわれていないが五頭だった。

この笹原の指摘を踏まえて、ここでは青森県のシシ踊りの現状である三頭構成は、かつてはもっと別の構成ではなかったかという問題を検討してみたい。まず、弘前市鬼沢の鬼沢獅子踊は寛文元年(一六六一)の『鬼沢獅子踊奥義秘伝巻物（写）』を所蔵している。その巻物をみると行道するシシが五頭描かれていることに気づく[12]。また、「津軽の獅子舞」を著わした中道等は次のように記している[13]。

天和二年の祭礼には幾頭の獅子が供奉したが、一寸探すに面倒だから略すが寛政八年の『八幡宮御祭礼御作法中』には、明らかに獅子五頭、笛吹三人、地謡二人と記されてある。明治十八年には、近世に於ける代表的な舞が、時の旧藩主の前で催され、それらの姿も画となって残されたが、この時の獅子も五頭であった。雄、雌、中獅子、各々一、番獅子二、しめて五つであった。

以上の弘前の二つの事例では、少なくとも寛政八年（一七九六）にはシシが五頭であったことが認められる。また、このことに類する本には、「津軽では、寛政年間には、雄鹿獅子一、雌鹿獅子一、中鹿獅子、番鹿獅子二の五頭とオカシコで踊っていたが、今は三頭が多い」と記されている[14]。この指摘は中道の記す前記の「寛政八年」のシシ五頭の指摘と合致する。

さらに、青森県北津軽郡鶴田町木筒の長内家所蔵「獅子踊巻物」（慶應元年）には、シシ踊りが踊りの庭に入る際の行列を描いている。その中で描かれているシシは五頭である[15]。これらのことから、青森県内のシシ踊りは今でこそ三頭シシが多いが、かつては五頭のシシも少なからずあり、あるいはそれ以上のものもあったことが考えられる。よって、五頭シシの存在を指摘していた笹原亮二の論を含めれば、青森県とりわけ津軽地方には、関東系の三頭シシ踊りが伝播する以前に、多頭のシシ踊りが存在していたことが考えられるのである。

津軽地方のシシ踊りが多頭から三頭になったのは、慶長七年（一六〇二）に佐竹義宣の秋田入部に伴って移入された三頭シシ踊り（ささら）が、藩境の峠越えや羽州街道・津軽街道を通じてもたらされたことによると考えられる。青森県では三頭シシ踊りであっても、ささらと命名されず「獅子踊」名が存続している。このことは、秋田県内でささらが多いなかでも、「獅子踊」の名称が少なからず残存している実態に共通する歴史的経緯が考えられる。

ここまで、秋田県と青森県の三頭シシはかつて五頭以上の多頭シシであった事例や可能性をみてきた。ところで、岩手県は現在ほとんどが多頭シシであり三頭シシはまったくみられない。しかし、ここでも以前より頭数が減少した事例がみられる。岩手県の気仙地方にある大船渡市にみられる八頭シシ踊り(鹿踊り)について、かつては九頭だったという団体が二団体ある。それは、大船渡市永浜鹿踊(由来書に記録)、日頃市町坂本鹿踊(普段は女鹿を除いた八頭構成)である。『仙台市史』では、大船渡市の鹿踊りについて「鹿踊を八頭立てで踊る組が多いが、仙台八幡町に行なわれる九頭立ての構成が古態であると伝えており、以前より九頭で踊ってきたところがあり、近年八頭の雄鹿だけで踊っていた組も雌鹿一頭を加えて九頭で踊る組がでてきた」と記している(16)。減少した頭数を復元する動きが起こっているのである。

また、同じく気仙地方である陸前高田市には生出鹿踊と舞出鹿踊という八頭シシ踊りが伝承されている。双方が持つ伝書には、「人数九人と定めたるは何の故と言う事　九は易の陽数なれば　陽之さかんなるを用ゆ」というような同じ内容が記されている(17)。この二団体もかつて九頭で踊られていたことがわかる。気仙地方にはかつては二十数団体シシ踊りがあったことから、先述の大船渡市の二団体も含めて、この地方では九頭で踊っていた団体がもっと多くあったことが考えられる。

これまで得られた結論的なことは、北奥羽のシシ踊りの構成は、三頭以外の多頭シシが基本であったということである。

3　福島県・山形県置賜地方の三頭シシ踊り

南奥羽の福島県と山形県南部の置賜地方には、関東地方と同じ構成である三頭シシが現在も広く分布している。ここでもシシの頭数について、北奥羽同様に歴史的に検証していかなければならない。

(一)山形県置賜地方について

さきに山形県置賜地方の実態からみてみよう。この地方には三頭シシ踊り九団体が伝承されており、新潟県に隣接する小国町まで五味沢獅子踊・舟渡獅子踊の三頭シシ踊りが分布する（五味沢獅子踊は中断中）。小国地方の場合は、同じ三頭シシ踊りが分布する新潟県北部地域の交流も考えられる。置賜地方でも来歴が比較的明らかなのは、米沢市万世町の梓山獅子踊である。寛政年間に伝播したと考えられる関東文挟流の三頭シシ踊りと、文政年間に喜多方下柴村古橋角太夫に伝授された会津彼岸獅子系の三頭シシ踊りの二つの影響を受けていることが残された記録から認められる(18)。

その他、米沢周辺のシシ踊りは、綱木獅子踊をのぞいてもはや廃絶したものが多いが、およそ十数団体が伝承されていたことが明らかになっている。廃絶した団体の一つ刈安地区のシシ踊りに由来書が残されている。そこには「神代巻一巻　文政十一年戊子三月（本文略）陸奥国会津耶麻郡下柴村獅子踊　古橋角太夫　花押」と記されている(19)。ここ記されている古橋角太夫とは、寛永年間に下野国から現喜多方市関柴町下柴に移り住んで関東系の三頭シシ踊りを伝授した人物であり、それが会津彼岸獅子の元祖となったものである。

米沢市綱木集落は、かつて交通の要衝であった会津街道の宿場町として栄え、ここに現在も文挟流の綱木獅子踊が存在する。そうすると、下野国（現栃木県）と会津、そして米沢・置賜を繋ぐ三頭シシ踊り伝播ルートが浮かび上がってくる。かつて、置賜地方は天正十八年（一五九〇）まで伊達政宗の支配領域であり、それは会津方面を含めた福島まで広がっていた。領国支配からみて福島・会津と置賜は同一文化圏の時期があったことが考えられるのである。

入間田宣夫によれば、中世においては会津と置賜は交通・交易の一大センターになっており、そこを押さえた者が東北地方の全体を制するというような位置づけになっていたという。そして会津と置賜の間には密接な交流があり、伊達政宗が会津を占領した時点では会津と置賜の一体化はほぼ達成されたかのような気配だったと述べている[20]。

以上のような見方を踏まえれば、山形県置賜地方の三頭シシ踊りは、福島県（とりわけ会津地方）と一体的に領国支配された歴史的経緯のなかで、一五八〇年代には定着したものと考えられる。それは次のような『伊達治家記録』からもいえることである[21]。

廿四日辛亥晩　小十郎宅へ御出　獅々躍御覧　常州佐竹ノ躍　當地ノ躍等アリ
奥筋ニ於テ盂蘭盆前後此躍アリ　盆ノ供養ナリト云フ

この文は、天正十五年（一五八七）七月二十四日夜に米沢に居城していたと思われる伊達政宗が家臣の片倉小十郎宅へ行ってシシ踊り、それは「佐竹の踊り」や「当地の踊り」等の複数を見たという記録である。シシ踊りが奥羽地方では盂蘭盆に死者供養として踊られていることも明確に記されている。ここからは江戸時代以前に少なくとも南奥羽にシシ踊りがすでに存在していた事実も確認できる。

なお、山形県置賜地方の三頭シシ踊りが北部方面の村山地方へ伝播しなかった理由は、戦国武将として対立関係にあった伊達家と最上家との境界があったこと、村山地方には立石寺山寺に供養奉納する多頭シシ踊りが多数分布していて障壁となったこと、などが考えられる。

(二)福島県について

福島県には三頭シシ踊りが多数分布する。いわき市・中通り地方・会津地方の広い地域に分布する三頭シシ踊りは、関東系の「三匹獅子舞」と称される系統と考えられ二百を超す多数派を形成している。名称も「獅子舞」が多い。その分布領域は天正一八年まで伊達政宗の統治領域とほぼ重なっている。シシ踊りの文化圏がしばしば為政者の支配領域とほぼ一致する場合がみられる。例えば、八頭シシ踊り(俗に「太鼓踊り系八ッ鹿踊り」と称される)が分布している伝承領域は、近世の仙台藩伊達家の支配領域とほぼ重なっている。その領域は、宮城県および岩手県北上市あたりまでの南部に広がっており、そこに六七団体もの八頭シシ踊りが分布している。

このような状況は近世時代の藩統治だけでなく、中世時代までさかのぼることもありうると思われる。まさに三頭シシ踊りが広域的に分布する福島県と山形県置賜地方がその事例に当てはまり、この領域が中世の伊達統治を基盤とするシシ踊り同一文化圏として考えることができることは、先に述べたとおりである。

伊達政宗が岩出山に転封したのち、福島県の伊達・旧信夫の両郡は寛文四年(一六六四)まで米沢藩上杉氏の領地となる。上杉領地が米沢と福島にまたがる状況がここでも生まれた。ここから、北部方面にある米沢のシシ踊りが南部方面の福島両郡のシシ踊りに影響を与えたといわれる(22)。ここにも為政者の統治領域と重なる一つの文化圏が生じていたといえよう。もっとも、為政者側のシシ踊りへの政策的関与は必ずしも明らかではないが、先にみた『伊達治家記録』などから、江戸期以前からシシ踊りは為政者の気をひく盆の芸能だったとみられる。

ところで、いわき市や中通り地方のシシ踊りは茨城方面から伝播した可能性を考えることができる。また、会津地方のシシ踊りは会津西街道をつうじて栃木方面から伝播した可能性を考えることができる。茨城や栃木いずれの方面からの伝播にしても、関東地方に圧倒的に分布する三頭シシ踊り(三匹獅子舞)が福島県のシシ踊りのもととなっていると考えられる。

なお、福島県の太平洋沿岸北部方面にあたる相馬・双葉両郡のシシ踊り一二団体について、三頭ではなくほとんどが四～五頭の多頭シシ踊りであることに留意しなければならない。県内の二百を超す団体が三頭の多数派を形成するなかで、圧倒的少数派であるのがこの地域のシシ踊りである。独自のシシ踊り圏域をつくりあげていることはなぜなのか検討に値する。特に相馬郡は中世以来相馬氏の支配する領域であったが、それが近世においても相馬藩(中村藩)として独自の統治が続いたことと関連することが考えられる。両郡地域は三頭シシ踊りの影響をあまり受けなかったという見方ができるとともに、秋田県と同様に三頭シシ踊りが浸透する以前から、多頭シシ踊りが存在したという想定も可能であろう。

4　宮城県の多頭シシ踊り

宮城県のシシ踊りは、六頭以上の多頭のシシ踊りがほとんどであり、三頭のシシ踊りは亘理町にある館南獅子舞だけである。それは、三頭のシシが圧倒的に分布する福島県の須賀川市から伝播したという説がある。仙台藩領域に分布するシシ踊りは大きく二つの類型に分けて捉えられる。一つは仙台鹿踊りといわれるものであり、もう一つは太鼓踊り系八ツ鹿踊りである。仙台鹿踊りは仙台市およびその周辺に活動しており、六頭、八頭、九頭で踊るものが多い。現在は七団体が活動している(一団体は中断)。

これに対して、八ツ鹿踊りといわれるものは、先にも述べたように岩手県南部を含むかつての仙台藩領北部方面に伝承されており、八頭の踊りを基本形とする。背中には長い二本の「ササラ」を立て、中央に「背流し」を垂らす。みずから太鼓を打ち鳴らしながら唄い、囃し手は一切つかない独特の演技スタイルで注目されてきた。現在は宮城県のみで一〇団体が活動している。仙台鹿踊りや八ツ鹿踊りは仙台藩主やときの為政者とかなり深いかかわりを持っていたことが伝書に記されたり、もしくは伝承で語り継がれている。

以上、宮城県のシシ踊りは現在一七団体のうち三頭構成は一団体だけである。当地では本来的に五頭以上の多頭シシ踊りが定着していたことが考えられ、近世時代の伊達家支配下でもそれは変わらなかったとみられる。このように南奥羽でも三頭シシ踊りは福島県・山形県南部にとどまり、宮城県は東北特有の多頭シシ踊り文化圏域に組み込まれていたといえる。

まとめ

1　死者供養の視点から

考察の第一の視点であるシシ踊りの死者供養では、南奥羽では現在ではその機能が薄れてしまい、事例として見いだすことが困難な状況となっている。まだ残存しているものとしては次のようなものがあげられる。福島県会津地方では会津彼岸獅子が家々の庭先で春彼岸の供養を行なう。山形県村山地方では山寺立石寺において旧暦七月七日の盆の入りにシシ踊りの奉納演技を行なう。庄内地方では寺院の施餓鬼（施食）供養に結びついたシシ踊りがある。宮城県内では気仙沼市の早稲谷シシ踊りが位牌を前に死者供養を行なっているが、県内ではそれが唯一である。

これに対して、北奥羽では盆期間に墓地の一角で踊りを演じたり、家々を回って遺影を前にして新仏供養を行なう事例などが多数あった。北奥羽は総体的にシシ踊りの盆の死者供養の実態が明らかとなっている。

しかし、先にみたとおり、南奥羽においても会津地方のシシ踊りはお盆にお墓で演じていたことが史料上明らかである。また、山形県村山地方のシシ踊りは、戦前に旧暦七月七日盆の入りに、最大で二十四団体が死霊の山である立石寺(山寺)を訪れていた(23)。また、山形県の民俗学者戸川安章氏からは、かつて庄内地方でもお盆にお墓で演じていたというご教示をいただいた(一九九六年七月三十一日)。宮城県内のシシ踊りはかつて多くが盆供養に踊っていたということも先に述べた。

これら過去の実態を含めて考えれば、現在の南奥羽のシシ踊りの盆供養はきわめて簡略化されたり、またはその機能を喪失しているといえる。現在の宮城県の実態に端的に表れているように、南奥羽のシシ踊りによる供養事例は、総体的に減少傾向にあることが認められる。とりわけ福島県の会津地方を除く三頭シシ踊りは、春と秋に踊られているものが多く、本来的に盆供養とは関わりなく伝承されてきている。この現状は関東地方の三頭シシ踊りとまったく同一状況を示している。

2　シシの構成頭数の視点から

南奥羽では、福島県と山形県南部置賜地方に三頭シシ踊りが多数分布している。しかし、宮城県では五頭以上の多頭シシ踊りが分布している状況がみられ、同じ南奥羽でも異なった様相をみせている。一方、北奥羽では秋田県と青森県の現状は三頭シシ踊りであるが、歴史的な検証をつうじて、本来は多頭シシ踊りが土着していたことが考えられる。福島県および山形県置賜地方は、中世時代の伊達家の領地であったことから同一政治圏域であった。そのような領国支配の下地のうえに、茨城と栃木方面から伝播した三頭シシ踊りが福島に定着し、さらに山形県置賜地方にまで広まったものと考えられる。

置賜地方の三頭シシ踊りが北部方面の山形県村山地方へ伝播しなかった理由は、戦国武将として対立関係にあった伊達家と最上家との政治的境界があったこと、村山地方には立石寺山寺に供養奉納する多頭シシ踊りが多数分布していて、三頭シシ踊りの「異文化」が伝播する障壁となっていたことなどが考えられる。

おわりに

シシ踊りの盆の供養機能において生まれている南奥羽と北奥羽の差異は何によるのか。その背後にあると思われる歴史文化的要因の検証が今後課題となろう。また、多頭シシ踊りが分布する宮城県では、シシの頭数上では東北の固有性が保持されているものの、盆の死者供養の面では古態を残す一部のシシ踊りを除けば、本来の機能を有する集団はほとんど見当たらない。それはなぜか。宮城県内のシシ踊り団体が現在では東北地方においてごく少数であることも含めて、それらの問題は急速に進む都市化現象と無関係ではないと考えられるが、さらに考察を続けなければならない。

註

（1）『仙台の民俗芸能』　仙台市教育委員会　一九八〇年
（2）「若松風俗帳」（庄司吉之助編『会津風土記・風俗帳　第三巻　文化風俗帳』）所収）吉川弘文館　一九八〇年
（3）庄司吉之助編『会津風土記・風俗帳　第二巻　貞享風俗帳』歴史春秋社　一九七九年
（4）『秋田県の民俗芸能』秋田県教育委員会　一九九三年
（5）『能代市史』特別編　民俗　能代市史編さん委員会　二〇〇四年
（6）『大日本古記録　梅津政景日記』第六巻〜七巻　東京大学史料編纂所編　岩波書店　一九六六年

(7)『菅江真澄全集』第七集　未来社　一九七八年
(8)『秋田県民俗芸能誌』秋田県民俗芸能協会　一九八〇年
(9)前掲『大日本古記録　梅津政景日記』
(10)前掲『秋田県の民俗芸能』
(11)笹原亮二「三匹獅子舞の分布」(『国立民族学博物館研究報告』二六巻二号所収)国立民族学博物館　二〇〇一年
(12)『弘前の文化財　獅子舞』弘前市教育委員会　一九八五年
(13)中道等「津軽の獅子舞」(『民俗芸術』獅子舞特集号所収)民俗芸術の会　一九三〇年
(14)『東北の民俗　海と川と人』考古民俗叢書二十四　慶友社　一九八八年
(15)和歌森太郎編『津軽の民俗』吉川弘文館　一九七〇年
(16)『仙台市史』特別編六民俗　仙台市史編纂委員　一九九八年
(17)『陸前高田市史』第六巻民俗編下　陸前高田市　一九九二年
(18)『万世梓山獅子踊　復興二〇〇年記念写真集』梓山獅子踊保存会　一九九六年
(20)梅津幸保「消滅した獅子踊りを訪ねる」(『山形民俗』第一六号所収)山形県民俗研究協議会　二〇〇二年
(21)入間田宣夫「置賜と会津」(『山形県地域史研究』所収)山形県地域史研究協議会　二〇〇八年
(21)『仙台藩史料大成伊達治家記録』宝文堂　一九七二年
(22)懸田弘訓「羯鼓を失った羯鼓獅子舞」(『福島県立博物館紀要』第五号所収)福島県立博物館　一九九一年
(23)江口長六『東澤郷土史』私家版　一九七二年

第二章　芸能伝承と本寺(骨寺)生活史の一断面

はじめに

岩手県一関市厳美町本寺は、かつて「骨寺村」と称されて中尊寺経蔵別当が所有する荘園であった。骨寺村はのちに「本寺村」と改称されたが、その荘園だった村に江戸時代から戦前まで行山流の鹿子踊(シシ踊り)が伝えられてきた。しかし現在では諸事情のため中断を余儀なくされている。本稿では本寺で継承されてきた庶民の芸能について、史料や各地の事例および聞き取りをもとに過去の姿を探ろうと試みた。それがどのようなシシ踊りだったのか、どんな祈りや願いを託して踊られたかを本寺の生活史の一断面として理解しようとするのがねらいである。

なお、固有名詞や本寺周辺に関するものは「鹿子踊」と記すが、一般名称としては「シシ踊り」と記すことを断っておきたい。また、文中「考察」部分で記す東北各地のシシ踊りの事例は、筆者が平成十二年(二〇〇〇)から平成二十年(二〇〇九)にかけて調査した時点でのものである。

一　石碑「行山鹿子踊供養」の存在

本寺にある駒形根神社敷地内には、当集落に伝承されてきたと思われる「鹿子踊」に関する二基の供養碑が建っている。二基は鳥居の左脇に並ぶ石碑群の中に並び立っている。

まず、一基の碑正面中央上部に九曜紋が彫り込んであり、その下に「行山鹿子踊供養」と刻まれている。その左脇には「文久三年　九月十七日　中立　鹿之助　七十一才」の文字がみえる。この碑は本寺では最初から神社境内に建立されていたものと考えられている。碑文の「鹿之助」とは、字駒形のナカヤシキに住む佐々木知男氏の先祖にあたる人物とされ、知男氏はこの鹿子踊に関する秘伝書三巻のうち一巻と、流派と装束にかかわる切紙の三点を所蔵していたという(1)。この「鹿之助」は以下に紹介する史料にたびたび登場する主要な人物である。

写真14　岩手県一関市本寺地区
「行山鹿子踊供養」
（文久３年〈1863〉）

もう一基は、同じく碑正面中央上部に九曜紋が彫り込まれ、その下に「行山鹿子踊供養」、その右側に「明治十丁丑年」左側に「三月十七日　中立佐々木仁左エ門」の文字がそれぞれ刻まれている。この碑は地域の人々によれば、もともと沖要害の塚バス停留所にあったものを移設したものという。

本寺の鹿子踊に関する供養碑はこのほかにも調

査報告書によれば二基が建立され、一つは「行山鹿子踊供養　寛政十二年六月十七日」（駒形神社）、二つは「行山鹿子踊供養　文政三庚辰冬十一月九日」（沖要害　塚停留所）という。[2]筆者はこの二つの石碑は未見であるが、『一関市史』には「本寺地区に四基もあるのは、それだけ生活と密着して歌われ、踊られ親愛されたのだろう」と記されている。[3]ただし、寛政十二年の供養碑の場所が「駒形神社」とあるが、現在の駒形根神社をさすとすれば今はその碑を見いだすことはできない。さらに詳細な検討が必要であろう。

それはともかく、さらに『一関市史』には本寺を含む厳美地区に「行山鹿子踊供養」が七基もあることが記載されている。最も古い碑が寛政七年（一七九五）であり、新しいのは明治四十四年（一九一一）である。鹿子踊は百五十年近く隆盛を極めたようだが今はその伝承も残っていない、と記している。[4]

以上、これらの「鹿子踊供養碑」から、狭小な集落といえる本寺に江戸時代から行山流の鹿子踊が一定の役割を担って伝承されてきたことが確認できる。

二　史料にみる鹿子踊

1　佐々木家文書

『岩手県一関市埋蔵文化財調査報告書』には、本寺の鹿子踊に関する史料が掲載されている。[5]それは、先に触れた駒形根神社敷地内にある文久三年銘供養碑に刻まれた「鹿之助」の縁者佐々木知男氏が所蔵する史料である。それらは当地の鹿子踊を理解するために大変貴重であると考えられるので、〈その1〉「装束並びに遜貢定法之事」、〈その2〉「九曜別れの事」、〈その3〉「鹿子踊根元之巻（一部分）」として以下に紹介する。

〈その1〉

装束並びに遜貢定法之事

一　大口　人ニ類ス長短人ニ依て着人ニ可習

一　太鼓　・大尺四寸　・中尺二寸
・大尺四寸ハ十二ヶ月ト陰陽表　・中尺二寸十二ヶ月ト表ス
・小尺二分同断

一　太鼓バチ　・一尺二寸　・是モ三月表スナリ

一　腰指　・大一丈二尺　・中九尺五寸　・小八尺
大一丈二尺薬師山神十二神御幣串数ヲ表ス　中九尺五寸九曜
五智如来表ス　八尺ハ須弥四天王ニ四列ヲ表ス七五三ヲ切
付ル事ハ天照大神應奉リシ時ヨリ不浄□ニ付ル也
行山ハ勘太郎山ニ行テ習タルトノ断也

一　流ハ　着スル人ノ長ニ隼ルナリ大口ト流ニハ定法
無シ中立ハ九曜女鹿子同断脇踊ハ八ツ星ナリ

一　幕

中立ハ乾坤女鹿子流ハ春日也中立行山ハ定法ナリ

中立ハ白九曜離紋五本骨開キ扇也

女鹿子も大同断　指入ハ扇計リナリ

脇踊ハはしこの内八ツ星也星の外ハ指入□□ナシ

外ニ頭のかさりハさい等の事ハ上さいしたざい勝手次第中立可然也

右の通定法書切紙ヲ似相渡置者也

先師系図寫入

東六郎

垣□花押

嘉永元年九月吉祥日

巳之助殿

〈その2〉

白九曜

九曜別れの事

中立流勘太郎　元祖免許

女獅子流勘之助　勘太郎伯父也
一狂流勘太郎弟子作左衛門流也
二狂流同人弟子与四蔵流也
先師系図遜人
半三郎
卯三郎
右の通流方不可有紛切紙を似相渡置者也
本寺
鹿之助殿

〈その3〉
鹿子踊根元之巻（最後尾のみ掲載）
（由来長文省略）
奥州仙台遠田郡

富長村山立猟師鹿子踊元祖
勘太郎　行山　花押

慶長五年
九月吉祥日
奥州仙台石井郡
五串邑之内本寺
半三郎
同国〃郡〃村
鹿之助

上記〈その1〉～〈その3〉の史料が示していることを以下に整理してみる。まず〈その1〉にみられる「大口」「太鼓」「太鼓バチ」「腰指」「流ハ」「幕」などは鹿子踊の持ち物や装束に関する名称である。要点のみ記すと、「大口」とは袴の後背部に縫い付けてある変形四角型のもので鬼剣舞の装束とも類似している。「腰指」は背中に伸びる長い二本の「ササラ」を腰で支えたものである。「流ハ」とは、一般に「流し」といい背中から地面近くまで垂らした太布であり、そこに紋様や「南無阿弥陀仏」などの文字が記される。「幕」は、カシラの顎から体正面に垂らした細布で、そこには九曜紋などが配される。これらの装束は明らかに岩手県と宮城県に分布する太鼓踊り系の八頭鹿子踊（「八ツ鹿踊り」とも称される）のものである。このことから、江戸時代から行山流の鹿子踊が確実に本寺に存在したことが史料上からも確認できる。

この太鼓踊り系八頭鹿子踊の伝承領域は、例外をのぞき岩手県北上市・花巻市周辺が北限であり宮城県北部あたりまでが南限となっている。かつて伊達藩の領域だった岩手県南部と宮城県北部にまたがって現在も分布している。〈その3〉からもわかるように、「慶長五年九月吉祥日　奥州仙台石井郡五串邑之内本寺」とあって、本寺が仙台藩領域であったことを示している。この系統の鹿子踊は、現在は岩手県内に五七団体、宮城県内に十団体が継承されており、おおよそ行山流、金津流、春日流の三種類に区別される。このうち行山流は最も多く、次に金津流が続き、春日流さらにそれから派生した流派がいくつかみられる。ちなみに、岩手県・宮城県内には太鼓踊り系鹿子踊のほかに、幕踊り系シシ踊りの系統も多く伝承されている。

太鼓踊り系八頭鹿子踊の特徴は、カシラ左右に鹿ツノをつけ馬の毛でつくったザイと呼ばれる黒髪を頭部から長く垂らす。背中には白くて長い二本の竹製ササラをつけ、それを時おり前屈みになって地面に付着させるような所作が数度繰り返される。東北地方のシシ踊りのなかでも独特の風貌を持つことで知られる。八頭みずから太鼓を叩いて歌をうたい、例外を除いて笛やその他の囃子はつかない。現在一関市に継承される同系の鹿子踊は行山流舞川鹿子踊だけとなっている。

行山流の開祖について、〈その1〉に「行山ハ勘太郎ニ山ニ行テ習タルトノ断也」、〈その2〉は「勘太郎　元祖免許」、〈その3〉でも「山立猟師鹿子踊元祖　勘太郎　行山」とあって、いずれも「勘太郎」が始めたものと記されている。〈その3〉には、勘太郎が「奥州仙台遠田郡富長村」に住む猟師であり、ここでは省略した巻物文中には、「慶長二年二月十二日鹿討に遠田郡岩倉山と申所へ行けるに鹿八ツ連て面白き声を揚て永楽の拍子を取踊遊居たる所へ行合」ったことが契機となって、勘太郎によって鹿踊りが始められたことが記されている。しかし、行山流鹿子踊の元祖は勘太郎以外にもう一つの説がある。それは先に触れた舞川鹿子踊の元祖伊藤半内持遠という人物である。伝書などには伊藤半内持遠は本吉郡水戸辺村（現宮城県志津川町）出身と記されている。

勘太郎の出身も「奥州仙台遠田郡富長村」であることから、いずれにしても仙台方面から伝播していることになる。元祖説はシシ踊りの伝播の流れを知ることができ、そこから地域間交流の足跡が解明される可能性を含んでいるのでなおざりにはできない。

次に、〈その2〉〈その3〉は「本寺　鹿之助」宛の文書となっていることは、本寺で行山流鹿子踊を踊ることが許されたことを明確に示す根拠と考えることができる。〈その3〉の「鹿子踊根本之巻」とは、シシ踊りの芸能を伝授する際に師匠筋から弟子筋へ渡される秘伝の「巻物」である。特に岩手県のシシ踊りにこの種の巻物や伝書の類いが非常に多く見受けられるのが特徴である。シシ踊りの伝授は許可制であり巻物はいわばその証明書といえよう。〈その3〉の勘太郎の署名には花押がある。シシ踊りは見よう見まねで勝手に踊ってはならない厳格なものだったのである。

ところで、〈その1〉の年号が嘉永元年（一八四八）であるのに対して、〈その3〉は慶長五年（一六〇〇）である。本寺に伝授された年号が慶長五年だとすれば、持ち物や装束に関する嘉永元年の記録とはあまりにもかけ離れている。〈その3〉の慶長五年文書には衣装の一つ「大口」が記されているが、ほかに装束を表す文字・表現は見当たらない。〈その1〉の後半に「右の通定法書切紙ヲ似相渡置者也」とあることから、本寺では鹿子踊が中断したなど何らかの理由で、嘉永元年に新たに太鼓や装束に関する規定文書を師匠筋から頂戴し、それに基づいてあらためて取り揃えたということであろうか。

2　佐藤家文書

西磐井郡五串村本寺の佐藤八兵衛家には数多くの古文書が残されているが、その中に本寺鹿子踊に関する文書も見いだすことができる。(6) その内容を以下に紹介する。

鹿子踊方諸係仕払之依頼書

西磐井郡五串村之内本寺九十一番地

佐藤八兵衛

右之者弟佐藤琢治事本年旧六月　豊年

踊江仲間加入仕推稽古為致候得共実者固邪

ニ及仕重諸係り私手元にて整兼候様次第

御座候踊稽古庭元佐藤弥惣右衛門殿踊

将衣速鹿子大ハ不及申壱裁道具御記せ

右諸道具引受被成下度候而受払之所承知

罷在申候是ニテ不足金之所ハ追而御勘済

可申上右将衣速方江何方　何様之苦情申来ル

共聊御無構へ申間敷様正ニ御依頼申上置候

為後日依頼書仍而如件

佐藤八兵衛（印）

明治二年旧八月五日

豊年踊庭本

佐藤弥惣右衛門殿

同世話人
佐々木重蔵殿
同　同
佐藤周吉殿
何レも御中

以上、この史料から本寺鹿子踊は明治二年（一八六九）に至っても存続していることが確認できる。また、それ以上にこの史料は大切なことを示唆している。この史料内容は佐藤八兵衛の弟が鹿子踊に加わったことに関連したもので、諸経費負担の不足金完済をめぐり鹿子踊の庭本（庭元）、つまり責任者である佐藤惣右衛門ほか世話人二人に出した依頼書である。そこで注目されるのは、標題に「鹿子踊」と記しながら本文中には「豊年踊」、文書の宛先にも「豊年踊庭本　佐藤弥惣右衛門殿」と記していることである。本寺鹿子踊が俗に豊年踊として踊られていた貴重な記録である。なぜ豊年踊と称されたのか。このことは鹿子踊の目的や本質にかかわる重要な意味を含んでいると思われるので、のちに検討してみることにする。

三　語られる「行山流本寺鹿子踊」の姿

平成二十一年（二〇〇九）八月六日に厳美町字要害に住む佐藤貢氏と現地でお会いすることができた。佐藤氏は大正三年九月二十日生まれで満九十五歳（当時）である。本寺鹿子踊を知る唯一の経験者ということでお話をうかがった。大変ご健康で記憶力に優れており、七十年前の出来事をまるで昨日のように振り返っていただいた。また、その場には厳美町字駒形の佐藤勲氏（昭和十九年三月二十日生まれ・本寺地区地域づくり推進協議会事務局長）にも同席していただき、貢氏の話の内容を時折解説やら補足していただいた。以下は聞き取りさせていただいた内容の要約である。

佐藤貢氏は昭和十六年、二十五歳で戦争に召集されるまで本寺鹿子踊のシシ役などを務めた。戦前の本寺鹿子踊の役者は佐々木エゾウ（師匠）、千葉喜衛門、佐藤チトセ、佐々木幸穂、佐藤隆雄、佐藤キミオ、佐藤正、佐藤万、佐藤貢（本人）などであった。カシラの二本のツノは当時は本物の鹿ツノを使用しており、隣村である衣川村（現奥州市衣川区）大原地区に伝承されていた大原鹿子踊の鹿ツノを借用していた。そのほかの装束や太鼓等は自前のものを使用した。

お盆の旧暦七月十五日・十六日は現一関市の市街地に出かけて各家々の庭で踊りを披露して回った。庭に出された机には位牌が置かれており、それを八頭のシシが立ち膝姿で取り囲み死者供養を行なうのであった。立ち膝のまま「親ジシ」は太鼓を叩きながら「南無阿弥陀仏　先祖伝来の供養を　相勤め申し上げそうろう」と唄を歌い、位牌に記された戒名を読み上げて弔ったという。およそ二十分かけた家回り（門付け）は、市街地では中町、地主町、上の橋通り、現在の市役所周辺を回り、祥雲寺の庭でも続けられた。家々で盆供養の踊りが終了すれば、そのまま庭でご馳走をいただくのが毎年の慣習だった。むろん盆供養はお膝元である本寺の集落でも行なわれた。盆回りでは家の格式等があって、どの家を先に回るかで頭を悩ますこともあったため一定の順序を決めていたという。

さらにシシ踊りは本寺の各神社の祭典でも踊られた。白山社、若神子社、駒形根神社などでは春・夏・秋それぞれ祭りごとが行なわれてきた。なかでも春と秋、とりわけ秋祭りが最も盛んに催されて、シシ踊りもそのたびに奉納の踊りを行なってきたのである。五・六キロメートル離れた隣村の神社祭典に招かれる場合もあったが、当然徒歩であるため旦那衆の大きな家に泊めてもらうのが常だった。当時踊った謝礼として頂戴したもので印象に残るのは、藁ツト三本に入れられた乾燥鰹だった。山間の集落には大変貴重なものだったのである。

戦後になっても本寺鹿子踊は復活されず、カシラ十体などが残ったままの状態が続いた。ようやく昭和四十二年の冬に復活をめぐって地域内で話合いがもたれた。しかし演技を覚えている人はほとんどなく、また保存されていたと思われたカシラも結局所在がわからずじまいで、結局復活を諦めた経緯がある。

そのかわり、かつて継承されていた本寺神楽を復活したが、それも平成七年から中断し平成十三年で解散している。現在は本寺中学校で厳美町内に継承されてきた五つの神楽を合わせた「鳥舞」の演目を学習して披露している。

四　考察

1　盆の鎮魂供養とシシ踊り

佐藤貢氏の語りのなかで浮き彫りにされたのは、お盆に家回りをして死者の供養を繰り返す本寺鹿子踊の姿だった。なかでも印象深いのは、庭で位牌を取り巻いて「南無阿弥陀仏」と弔いの唄を歌うシシたちである。この姿は現在行なわれている一部の東北のシシ踊りの姿とまったく重なり合うのである。それはシシ踊りという芸能の本質が何であるかを物語っている。

シシ踊りは、例外をのぞき東日本にしか分布していない。しかし、シシの頭数では関東地方を中心に三頭のシシ踊りが多数を占めるが、東北地方では本寺鹿子踊のような多頭のシシ踊りが非常に多いという相違点がある。

さらに、シシ踊りの役割については、東北地方の際立った特徴として、お盆に墓地や遺影の前で死者を鎮魂供養することである。二〇〇七年の筆者の調査では、東北地方のシシ踊りのなかで死者の鎮魂供養の役割を持つ事例は、少なくとも三十七例見いだすことができた。とりわけ、お盆に寺院の敷地内や墓地の一角で演じるシシ踊りが青森県・岩手県・秋田県の東北北部に十八か所みられ、その特徴が顕著に表れている。そのほか、寺院や墓地以外で演じるシシ踊りもみられる。つまり、家々を回って玄関先や庭で遺影や位牌を前にして新仏や先祖供養のために踊るのである。これは東北地方の南部と北部をつうじて現在も広く行なわれている。(7) ところが関東地方の三頭シシ踊り（三匹獅子舞）には一部を除きこれがほとんど見られないのである。

以上の実態を踏まえれば、戦前まで継承された本寺鹿子踊の役割とは、東北地方のシシ踊りがもつ役割とまったく違わず、お盆の時期に家々を巡って死者を弔うための供養踊りを演じ続けたことが認められるのである。

2　餓死者・無縁仏とシシ踊り

なぜ東北のシシ踊りは盆供養なのであろうか。それに対して関東のシシ踊りは、悪魔祓い・雨乞い・疫病払いなどの目的で踊られるのがきわめて多い。双方のシシ踊りには目的や役割に大きな違いがあることを認めざるを得ない。そこで、この問題を検討するため本寺の稲作と飢饉の歴史に目を向けてみなければならない。いうまでもなく東北地方の他地域と同じく、本寺も冷害による飢饉によって多数の餓死者・疫死者を出す悲しい歴史を抱え込んでいた。『一関市史』は一関地方全般に関する飢饉の事実と、その対応に追われる仙台藩の様子を次のように記している。(8)

宝暦五年　奥州筋大不作　御家中半地無勤の者三か所に加役

宝暦六年　飢人は草根皮を食い　為に腫疾を患い　餓死するもの路上に充つるも収容すること能わず
天明三年　大飢饉　御家中三分に加役
天明四年　餓死多し

そして仙台藩はこれらの凶年対策として、「仙台竜宝寺（大崎八幡社別当）・法蓮寺（塩釜社別当）、千手院・定禅寺で、天気快晴・五穀成就の御祈祷そして守札が各郡二枚宛配布」するなどの宗教的対応を繰り返し行なったと記している。

さて、本寺周辺の飢饉に関して、阿部四郎が著わした「須磨山麓の石碑について」が厳美地区の飢饉に関する物語を記していて注目される(9)。少し長いが、次に引用してみる。

天明以降の飢饉では、小猪岡部落ではわずか数軒の家のみ残してみな餓死するか流亡の民となって部落を出たと伝えられています。同部落の新田には、道端に元禄以降の数代にわたる墓が残っており、墓石もかなり立派に仕上げられたものばかり建っていますが、そのすぐ近くの佐藤実さんにお聞きしてみると、道の下に昔屋敷があり墓はそこのものと言っておられます。さらに天明の飢饉のさいに、そこの人達もどこかに行ってしまい家が絶えたと話してくれました。墓石から推してもかなりの農家であるこの家でさえ、不作になる食糧難にたえきれず流亡したのでしょう。同部落、中上の佐藤富美雄さん宅の墓地には、天明四年死亡の大人の墓が三つもあります。部落は違いますが、安永風土記に五串村端郷山谷の肝入として記されている釜ノ沢の佐藤家でさえ、天明の飢饉にはたえきれず、十七年間も流亡の民となってさまよい、どうにかわが家にたどりついた時には、カマドの中まで竹の根がはってきていたと言われます。本寺では母と娘二人を残して、みな飢え死にして困っている時、母に娘をつれない条件の再婚話があり、飢えに血迷った母が、磐井川上流に懸かる一つの橋で、娘に髪をすいてやるふりをして後をむかせ、つき落とした。娘は二つの滝をもぐるまでは「オガヤーたすけてけろ」と叫んでいたが三つ目の滝をもぐってからは声もなく流れていったというかなしい話もあります。このような飢饉にまつわる言い伝えや、悲しい多くの話は、寛政に入って一挙に二十七基もたてられた供養碑からもうかがい知ることができます。寛政、文化、文政、天保にかけて南無阿弥陀仏供養や鹿踊り供養がつづいて建造されているのもこれとの関係で説明できるのではないかと思います。

以上、文後半の本寺に残る母と娘の悲しい伝承は現実味を帯びており、飢饉がもたらす悲劇をあらためて伝えている。文末に記された部分で、江戸時代の寛政以降に供養の石碑が多く建立されるのも飢饉の供養と関連して説明できる、としているのはうなずける。

飢饉の研究で知られる菊池勇夫は、天明飢饉では弘前・八戸・盛岡・仙台・相馬の各藩で少なくとも三十万人を越える人々が死亡したと推定できると述べている[10]。天明期に限らず、飢饉時には食を求めて城下に入り込んだり、村を離れあても無く彷徨う流民が途中で行き倒れとなって大量の無縁仏と化したことは想像に難くない。

ここで、シシ踊りの発祥に飢饉やそれによる犠牲者が関わっているとみられる事例をいくつか紹介しよう。

①山形県寒河江市にある内楯旭一流獅子踊が所蔵する伝書(庭元小松家文書)には、延宝四年(一六七六)に山形の山原村の獅子元木河久四郎によって当獅子踊がもたらされたが、そのきっかけは延宝三年(一六七五)の天候不順に

よる凶作であったことが記されている[11]。たしかに、延宝二年から三年にかけて「延宝の飢饉」といわれる悲惨な状況が全国規模で生じている。

②青森県三沢市岡三沢地区にある「岡三沢鹿子踊」は、かつて飢饉による多数の餓死者の霊を慰め、また祖霊を供養するために踊られたという伝承をもつ。八月十五日午後から共同墓地の真ん中で踊り、その後は新仏の家々を回り庭でシシ踊りを演じている。

③仙台市青葉区にある川前鹿踊が所蔵する伝書「鹿踊之由来」（庄司今朝雄家文書）には、その昔、天竺で稲虫（いなご）による大飢饉が発生したとき、数万の鹿が現れて稲虫を喰い尽くしてくれたことにちなみ、シシ踊りが踊られるようになったと伝えている。

④宮城県気仙沼市に継承される行山流山口派早稲谷鹿踊は、旧暦六月二十四日甘酒地蔵尊の例祭で奉納される。集落では天明の飢饉で大量に亡くなった乳飲み子を弔うためにいつの日か地蔵を建立した。母親たちが地蔵尊に母乳のかわりに甘酒を供えたことから甘酒地蔵といわれている。早稲谷鹿踊はこの甘酒地蔵尊の境内で餓死者供養の意味を込めた踊りを今も続けている。例祭当日は、境内で前年の例祭以降に亡くなった人の位牌を持参して机の上に置き、その前で「仏の回向」の「鹿踊歌」を唱和して踊る。昭和二十五、六年頃までは旧暦七月一五日からお盆期間中に一般の家々を踊り歩いたが、特に新仏がある場合は招かれて踊った。新仏の位牌を庭に出してそのまわりをシシたちが囲んで踊るので「位牌拝み」ともいった。これは、本寺の佐藤貢氏が語ってくれた位牌を囲んで南無阿弥陀仏を唱えるかつての本寺鹿子踊の姿とまるで一致する。

⑤秋田県大仙市（旧中仙町）の東長野ささらが所蔵する「盆の獅子踊之由来」には繰り返し「亡者」の語句が登場する。シシ踊りは「亡者」を供養する目的で踊られたことが記されている。このことを飢饉が多発した時代状況と重ね合わせると、「亡者」には飢饉や疫病で犠牲になった人々が含まれていると考えることができる。飢饉の

大量の犠牲者が怨霊となってお盆のときに還って来ると考えられたが故に、その怨霊がもたらす新たな災難から集落を守る必要があると人々は考えたのだろう。

これら五つの事例から、シシ踊りが行なう盆の死者供養とは、飢饉による餓死者供養が少なくなかったことが理解されるのである。その理由とは何であろうか。餓死者の霊はしばしば集落に病魔・火災などをもたらす怨霊と化すことで恐れられていた。その怨霊は「非人虫」といわれるたように、冷害による飢饉を発生させる元凶とも考えられた。そのことは次の事例がよく示している。

盛岡藩の北上川上流域の水田で、天保十年(一八三九)にウンカが付いて稲穂が真っ黒になるという被害があった。それは天保四年と七年の凶作で多くの餓死者が出たのに弔われないままになり、それを恨む死人が虫となって稲穂に付いたと語られた。これを「非人虫」(疲人虫)と呼んだ。これは虫害を餓死者の怨霊とみる観念が農民の間にかなり浸透していたからだという(12)。

このようなことから、怨霊・悪霊と化す餓鬼仏・無縁仏の鎮魂供養こそシシ踊りの本来の役割であったと考えられる。日本古来の御霊信仰史を踏まえれば、じつはお盆とは災いや祟りをなす餓鬼仏・無縁仏である怨霊を集団の力で鎮め送り出すことが第一段階としてあった。餓鬼仏・無縁仏を丁重にもてなして送り返すことが重要だったのである。かつて家々では先祖用の盆棚はもちろん、わざわざ無縁棚さえ作ったのはそのためであった。次なる段階として、それらを送り出したのちに先祖の霊を迎えて供養することがはじめて可能になるという考え方が盆供養の根本にあった(13)。秋田県北秋田市(旧阿仁町)の比立内獅子踊は八月十四日共同墓地で踊る際、最初に墓地の一角にある地蔵など無縁仏群に踊り手全員が手を合わせてから踊るという実態はまさにその好例といえる。

本寺鹿子踊が盆供養として家々を丁重に回っていたということの意味は何か。それを東北地方のシシ踊りの実態と役割に沿って考えるならば、一般の先祖供養のほかに、飢饉の犠牲者が怨霊となって再び飢饉や災難を本寺集落にもたらさないよう、餓鬼仏・無縁仏の供養を行なうことが本来の目的であったと考えることができる。

3　シシ踊りと「豊年踊」

佐藤貢氏の語りにあったように、本寺鹿子踊は地区内の各神社の春と秋の祭典において奉納踊りを盛んに行なった。それは豊作への祈願や感謝のために踊られてきたことは言うまでもないだろう。そこで思い出さねばならないのは、先にみた本寺の佐藤八兵衛家文書「鹿子踊方諸係仕払之依頼書」である。このなかで佐藤八兵衛みずから「鹿子踊」と標記しながら本文中には「豊年踊」、文書の宛先にも「豊年踊庭本　佐藤弥惣右衛門殿」と記していたのである。これは本寺鹿子踊が明治二年の頃に「豊年踊」として機能していたことになる。

シシ踊りが豊年つまり豊作（五穀豊穣）を期して踊られることは次に紹介する事例にもみられる。以下は廃絶した山形市下宝沢にあった三明院という修験寺院が柏倉御役所宛に記した文書の一部である[14]。

〈その1〉

拙院ニ相伝候五穀成就朝日踊と申候而三拾三年ニ相当候得者　前々　御願申上村々相廻り踊来申候ニ付為五穀成就御祈祷　右踊相催　村々相廻り踊申度奉存候　此段奉願上候　右願之通被仰付被下置候ハバ難有奉候　以上寛政十二庚申年七月　宝沢朝日踊師匠元三明院　以上柏倉御役所

〈その2〉

拙院古来　相伝り候五穀成就朝日踊と申獅子舞　前々　於山寺踊来候　寛政十二年申年踊候後　違作旁罷有候処　昨年　相催候ニ付　五穀成就為御祈祷　七月七日山寺江参詣仕度奉願上候　且又獅子舞人数別紙以申上通廿五人ニ而為仕度　此段奉願上候　右願通り被仰付被置候ハバ難有奉候　以上　嘉永元戊申年六月廿六日上ル　宝沢村朝日踊獅子元　三明院　柏倉御役所　下宝沢名主六郎右衛門　上宝沢村名主弥次郎

以上、〈その1〉〈その2〉からは、三明院が師匠元を務めるシシ踊り（文中では「獅子舞」）が「五穀成就朝日踊」と称するものであったことがわかる。「朝日踊」とはこの地域周辺のシシ踊りにいくつか見られる名称である（団体によっては「旭踊」とも記される）。豊作・五穀豊穣を祈願して踊られたシシ踊りと考えられるが、ここでは先に述べた盆の鎮魂供養を意図した踊りとどう関連するのかを検討する必要がある。

さてそこで留意しなければならないのは、〈その2〉に七月七日山寺（現山形市立石寺）に参詣していることである。文中にあるように、江戸時代から山形県村山地方のシシ踊りの多くは、七日盆といわれる七月七日に山寺立石寺に参詣して踊りを演じてきたのである。いうまでもなく、山寺とは死霊の留まる山であり、歯骨を納めたり岩塔婆を刻んで死者を供養してきた場所として世に知られている。無数に立てかけられた板塔婆や後生車も深い弔いの心を象徴している。

そのような場所で、盆の始まりの「七日盆」に近隣の多数のシシ踊りが演じられてきたということはどういうことか。やはりこの民俗的事象を踏まえながら、〈その1〉〈その2〉にある「五穀成就」を検討しなければならない。そのためにさらにいくつかの事例を以下にとりあげてみよう。

①山形県西川町の小松豊年獅子踊は、毎年八月十六日に小松地区の松光山長岡寺大光院（新義真言宗）の本堂前庭

と、裏山にある地蔵堂（赤お堂）前で演じられる。この日は大光院の精霊祭なのである。まさしく供養の踊りが展開される。「豊年獅子踊」なる名称は、米沢藩の財政緊縮から不作の年は獅子踊を禁止して豊年のときだけ許されたという経過から生まれたものである。(15)このことは、「豊年獅子踊」とは第一義的に稲作の豊作祈願を目的としたものではないことを明確に示している。

②米沢市の梓山獅子踊の上組は八月十五日に法将寺で、下組は十六日に松林寺において、それぞれシシ踊りを演じる。上組は「作祭りの踊り」、下組も「悪魔退散豊年作祭りの踊り」といわれてきた。しかし、ここでもお盆の時期に寺院で踊られる実態や、小松豊年獅子踊と同じ米沢藩内の芸能であったことを踏まえれば、「作祭り」の背景も理解できる。

③秋田県北秋田市（旧阿仁町）の荒瀬獅子踊は、八月十三日夕方寺屋敷共同墓地で無縁仏や先祖供養のための踊りが行なわれており、地域においては「盆　家業ヲ休ミ祖霊ヲ祀リ獅子踊等ノ娯楽ヲ催シ親戚知人ヲ招待シ歓楽ヲ劃ス」と認識されている。(15)当日獅子踊が共同墓地をめざすとき、一行は隊列を組んで笛と太鼓を鳴らしながら集落内を練り歩く。その際に「どっこいどっこい声かけろー、声かければ萬作だぁー」と掛け声をあげる。行列に掲げる田楽提灯には、「豊年萬作」「五穀豊穣」と書かれているのである。

④盆の鎮魂供養が「豊年」に繋がる好例は山形県米沢市綱木獅子踊にもいえる。この獅子踊も平成五年（一九九三）頃までは八月十四日夜から翌日まで一軒一軒の仏壇の前で供養踊りを演じていた。その一方、獅子踊一行の先頭にかかげられる大型まとい（田楽提灯）の側面には「作祭り」と墨書されている。豊作を願うがゆえに丁重な供養行為があったといえよう。シシ踊りでは、「南無阿弥陀仏」はありうるものの、「先祖供養」「死者供養」等の文字表現は使わないのが一般的なのである。

以上、歴史的経緯や現状などから鎮魂供養を行なうシシ踊りと「豊年」祈願が深く結びついている事例をみてきた。このほかにも類似する事例はあるがここでは省略する。

あらためて述べるが、青森県と秋田県を除く東北各地には豊作祈願の芸能として、本来小正月に踊られる「田植踊り」という芸能が多数分布している。シシ踊りが豊作祈願を一義的とするものだとすれば、これらの田植踊りとは目的を同じくする芸能だということになる。しかし、シシ踊りは田植踊りとは異なる役割をもつ芸能であることは、これまで検討してきた内容からすでに明らかである。

繰り返すが、東北のシシ踊りの一義的役割は盆の餓鬼仏・無縁仏の鎮魂供養にあった。年一回のお盆に餓死者の鎮魂、つまり餓鬼仏・無縁仏を鎮魂供養して悪霊・怨霊を払う。そうすることによって家や地域全体が災厄から守られるという呪術的な信仰行為が必要とされたと考えられるのである。

このようにみてくると、本寺鹿子踊が「豊年踊」だったのは、無縁仏(怨霊)となった餓死者がもたらす災厄を鎮送することがその年の豊作(五穀成就)をもたらすと信じられたからである。シシ踊りは豊作を切に祈って盆の死者供養を行なったという意味において「豊年踊」なのである。

まとめ

(1)岩手県内において、鹿子踊に関する供養碑は、平成二十一年(二〇〇九)までの調査では行山流と金津流合わせて約八十基存在する。それだけ活発な活動を展開したことの証左であろう。本寺にも鹿子踊の活動の証しとして供養碑が建立され、その存在を裏付ける史料も保存されていた。石碑「行山鹿子踊供養」について、『一関市史』は「本寺地区に四基もあるのは、それだけ生活と密着して歌われ、踊られ親愛されたのだろう」と記している。本寺においては、地域生活の節目であるお盆や神社の祭典で踊る芸能として鹿子踊が必要とされたと考えられる。

(2)地域社会が本寺鹿子踊を必要とした最大の理由は、お盆の鎮魂供養、特に無縁仏供養を行なう芸能として不可欠だったことである。その活動は一関中心街などの集落外までも及んでいた。そこには飢饉の餓死者供養が含まれており、再び凶作・飢饉に襲われないように丁重に悪霊・怨霊を鎮めて送り出そうとしたと考えられる。本寺でも飢饉の犠牲者の伝承・物語が語り継がれていた。本寺鹿子踊はそれら犠牲者への弔いの心はもちろん、いたわりの心情をもって踊られたのであろう。凶作にならないよう鹿子踊は集落の豊作・五穀豊穣を切に祈って盆の鎮魂供養を行なったので「豊年踊」とも称された。そうであれば、本寺の各神社祭典で演じられる鹿子踊は、より豊年への祈りや感謝の意味合いが濃厚であったと思われるのである。

おわりに

江戸時代から鹿子踊が本寺という地域生活の中でどんな役割を果たしてきたかを述べてみた。ねらいは鹿子踊という一つの芸能伝承をつうじて本寺の生活史の一断面を見てみようとしたのであるが、その試みが充分果たせたかどうか、はなはだ心もとない。本文中でも若干触れているが、本寺にはもう一つの芸能である本寺神楽が継承されている。そのことも取りあげてみたかったが、すでに紙数がつきているので断念せざるを得ない。機会があればあらためて考察したいと思っている。

最後となったが、本稿を成すにあたり本寺地区の佐藤貢氏と佐藤勳氏、および一関市博物館の相馬美貴子氏には資料提供や多くの聞き書きをさせていただき、ここに深く感謝申し上げる次第である。また佐藤家文書に関する解読や写真資料の提供をいただいた東北芸術工科大学の竹原万雄氏にも御礼を申し上げる。

註

(1)岩手県一関市埋蔵文化財調査報告書第一集『骨寺村荘園遺跡確認調査報告書』(第七集)一関市教育委員会　二〇〇六年
(2)『一関市史』第三巻各説Ⅱ(一関市史編纂委員会　一九七七年)には『一関市文化財調査報告書』(長田勝郎氏調査に依る)とある。
(3)同　右『一関市史』(第七節　民俗芸能)
(4)同　右『一関市史』(第七節　民俗芸能(二)鹿踊)
(5)前掲　岩手県一関市埋蔵文化財調査報告書第一集『骨寺村荘園遺跡確認調査報告書』
(6)『陸奥国磐井郡五串村本寺(岩手県一関市厳美町)佐藤家文書詳細目録・報告書』(東北芸術工科大学東北文化研究センター　二〇〇九年)の整理番号「近代書類一括」「その他―3」に該当する史料である。
(7)菊地和博「東北地方のシシ踊りの特質―供養性と野獣性の視点からみる―」『研究紀要』六　所収　東北芸術工科大学東北文化研究センター　二〇〇七年
(8)『一関市史』第四巻地域史(第十四節　災害)一関市史編纂委員会　一九七七年
(9)阿部四郎「須川山麓の石碑について」『研究紀要』第九集所収　岩手県南史談会　一九七九年
(10)菊池勇夫『飢饉の社会史』校倉書房　一九九四年
(11)菊地和博「内楯旭一流獅子踊と新仏供養儀礼」『村山民俗』第十六号所収村山民俗学会　二〇〇二年
(12)菊池勇夫『飢饉』集英社新書　二〇〇〇年
(13)菊地和博「餓鬼仏・無縁仏供養の歴史的実態」『山形民俗』第二十二号所収　二〇〇八年
(14)村山民俗学会事務局長の市村幸夫氏が記された「宝沢の獅子踊『五穀成就朝日踊』」(「村山民俗学会」会報第二一一号所収)という論考の一部を氏のお許しを得て掲載させていただいた。なお、引用した三明院文書は山形市下宝沢の会田庄一氏が所蔵されている。
(15)松田廣房『荒瀬郷土誌』私家版　一九二三年

第三章　野生表現が醸し出すシシの象徴性
―岩手のシシ踊り演目を中心として―

はじめに

岩手県内のシシ踊り（「鹿踊」「鹿子踊」等）には、「案山子踊り」という演目が多くみられるが、さらに類似演目として「綱踊り」「綱がかり」などもみられる。これらの演目は、鹿や猪などの動物と人間との作物をめぐるせめぎ合いの歴史的経緯が投影され、シシの野生性をじつにリアルに表現したものとなっている。「案山子踊り」の分布は宮城県や山形県にも一部みられるが、他の二つの演目も含めて、管見では関東系のシシ踊り（三匹獅子舞）には見出すことができない。本稿は、これら三つの演目にみる野生表現は、東北地方のシシ踊りの一側面を象徴するものではないかということを考察したものである。

一　演目「案山子踊り」

1　「案山子踊り」概要

岩手県のシシ踊り（鹿踊り）には「案山子踊り」の演目が集中してみられる。この二つないしはどちらかの演目をもつ保存団体は、岩手県内のみ五一団体を数える。そのほかに、宮城県四団体、山形県四団体がある。この演目の他県への広がりが見られる。(1) ちなみに宮城県は川前鹿踊、上谷刈鹿踊、福岡鹿踊、早稲谷鹿踊である。山形県は鹿楽招旭踊、高擶聖霊菩提獅子踊、土橋獅子踊、深沢豊年獅子踊である。

演目「案山子踊り」の概要は、案山子を見つけたシシたちがはじめ驚いて遠ざかる。やがて、警戒心を抱きながらも恐る恐る案山子に近づいていく。それが人間ではなく動くことがないいつもの案山子であること知って安心し、またみんなで遊び始める、というのがおおよその筋書きである。

遠野市の上柳しし踊り、宮古市の小沢鹿子踊では蓑、笠つけた本物に近いカカシが登場している。シシのリーダーである中立（なかだち）が案山子の被っている菅笠を口にくわえて投げ飛ばす所作もしばしばみられる。団体によっては菅笠または麦藁帽子が案山子そのものを示す場合もあるが、遠野市の上柳しし踊りなどのように、本物に近い藁製の案山子が設定される場合もある。

2　歌詞および口上

まず、「案山子踊り」の歌詞について、岩手県奥州市江刺区の餅田鹿踊の場合を次に記す。(2)

連れ連れや　山田の案山子に驚きて
幼き鹿の子の胸を騒がす　胸を騒がす
いつもの案山子と心定めて
遊べ友達　遊べ友達

次は遠野市の上柳しし踊り・張山しし踊り・東禅寺しし踊りの歌詞である。(3)

中立入れろ中入れろ　中立なければ　庭はしげない　庭はしげない
庭中にしょんぼり立つは　武士か案山子か　家の亭主か　家の亭主か
友達や友達や　みればみるほど　まことの案山子だ　まことの案山子だ
案山子なら　踏みつぶせ　心静かに　遊べ友達　遊べ友達

以上のような歌詞は各団体ともほぼ同じものである。餅田鹿踊の場合は、中立が案山子に何度も近づいてはあとに引く場面が演じられるが、最初から終わりまで緊迫感にあふれ、所要時間は一時間ほどの熱演である。次に記すのは岩手県下閉伊郡田野畑村の菅窪鹿踊の演目「かかし」の口上である。(4)これも他の団体にはみられない特徴的なものである。

東西東西。ただいま相つとめまする踊は「かかし」と申しまする踊にてござりまする。年久しく深山に棲んで居りましたる大鹿が、若返りまするために、岳の奥の奥の香の樹に参り、角を磨いて居ったとござりまする。それを知りましたる猟師たち、われこそ打ちとらん、と狙って居れど中々見当たることもござりません。ある年万三郎と申す猟師、鹿が角を磨く香の樹に日の丸の扇を結わいつけ目印として四人の猟師と語り合わせ見張ることとしたとござります。されども待てど暮らせど大鹿は姿を現さず猟師たちは倦きに倦いて遂に岳を下ったとでござります。それと見た大鹿は角を磨き香の樹に近寄ろうといたしまする。こは思い設けぬ扇でござります。怖さ恐ろしさに中々近寄るすべのなければ、遠き方より香の樹のめぐりを恐る恐る進みまする。死に生きの思いにとびこんで角を磨きましたが、腹立たしいのはこのかかしの扇。この扇とり捨てばや、遂に香の樹を揺りたおしてしまうとござります。この「かかし」踊、鹿踊のうちの芸とされて居るとのことにござります。おっつけ音頭。

ここでは、深山で大鹿を捕まえようとした猟師たちと、そうは簡単に捕まらない用心深い大鹿との我慢比べ、あるいは知恵比べがじつにわかりやすく描かれている。結局、口上は人間より動物である大鹿の我慢と知恵のほうが勝ったことを述べている。

3　緊迫感に満ちた演技

岩手県奥州市江刺区の石関獅子躍の「案山子踊り」は、リーダーである中立ちが案山子に左右から近づいては離れる所作のくり返しを行う。恐る恐る案山子を覗き込むようなそぶりがみごとである。それが数度に及び、その度ごとにシシと案山子の距離がせばまっていく。中立は時おり遠巻きに見守っている仲間たちの輪に戻って何やら語りかけているような所作も面白く、かつシシたちの警戒心を良く表現している。この間は太鼓を打ち鳴らすのではなく、太鼓の渕をバチでリズミカルに軽く叩き続ける「ふちからみ」を行って静寂な緊張場面を演出する。さらに太鼓技術として、太鼓の渕を叩くのではなく、バチで渕の一周を一回すばやくなぞって「カラカラカラ」というような音を出すことも行う。この場合も奇妙な乾いた音が創り出されて、怪しげな場面を感じさせるものとして効果的である。

こうして中立が案山子に最接近する場面が訪れ、そこで案山子を象徴する菅笠を掴んで勢いよく投げ捨てるのである。その後シシたちは安心して元のように遊び戯れるという設定である。

二　演目「綱がかり」

1　「綱がかり」概要

岩手県宮古市の小沢鹿子踊には、「かかし踊り」があるほかに「綱がかり」という演目がみられる。次のように解説されている[5]。

鹿子が編をくぐり抜ける様子を踊ったもの。野菜などの作物が獣に荒らされないように、畑に巡らされた囲いに太夫鹿子が注意深く近づき、これを破ってしまう。そしてその後すべての鹿子がこの囲いの中に入り作物を食べてしまう、という様を演ずるものである。太鼓の一人がはじめに綱にかかり、次に雌鹿子がその次に太夫鹿子が綱にかかり、綱を引き引きちぎるように取り払ってしまい、最後に太鼓を中に全員で踊って終わる。

なお、本物の案山子を使って演じていた「かかし踊り」は、現在は行なわれていない。

2 「綱がかり」口上

先にあげた岩手県下閉伊郡田野畑村の菅窪鹿踊にも「かかし」のほかに「綱がかり」がある。その口上は次のようなものである。(6)

東西東西。ただいま相つとめまする踊は「綱がかり」と申しまする踊にてござりまする。鹿が畑に入りまするので、畑のめぐりに綱を張りめぐらしましたが鹿はその綱を跳ねこえて畑に入り、大豆を頂く模様にござります。よろしく御覧下されおっつけ音頭。

このほか「綱がかり」は、宮古市の花輪鹿子踊と小沢鹿子踊、下閉伊郡田野畑村の菅窪鹿踊・岩泉町の釜津田鹿踊にもある。その概要は、畑に張り巡らされた綱（あみ？　防護ネット）に鹿がかかってしまうが、それを引きちぎって畑に入り作物（大豆、野菜など）を食べてしまうというものである。

なお、岩泉町の大川鹿踊の「綱がかり」は、綱の三か所にかけておく二股の桑の枝を「かかし」といっており、演目内容は「案山子踊り」と一緒になったような印象である。

三　演目「綱踊り」

1　花巻市の春日流上ノ山鹿踊の「綱踊り」

平成二十五年（二〇一三）十一月十七日（日）、奥州市江刺区の江刺体育文化会館（ササラホール）において「THE SASARA ―鹿踊りの祈り―」公演が行われた。そこで演じられた花巻市の春日流上ノ山鹿踊の「綱踊り」演技は次のような内容であった。

あらかじめ舞台前方左右に一本の長い綱を敷いておく。その綱が何であるのか、シシたちはいぶかるそぶりの所作を繰り広げる。そののち綱は特に問題はなく心配するにあたらないことを確認し、綱に沿って順番に踊り始める。戯れているかのように綱の脇で一頭ずつツバクロ返しを踊る場面もみられる。最後には綱を舞台脇に投げ捨てて全員で踊る。

概要は以上である。なお当日のパンフレットの「綱踊り」解説では、「鹿の群れが谷を渡る時に藤の枝を渡ったことで空也上人が綱踊りと名付け、それを舞踊化したものです」と記しているが、地元での伝承をそのまま記載したものと思われる。

2　東和町の春日流落合鹿踊の「綱踊り」

『岩手県民俗芸能誌』には「綱踊」として次のように記されている。(7)

ニワに一本の綱を低く張る。一同入込んで「太鼓のしらべ」を打つ。中立は進み出て綱をしらべ、そして戻ったときに歌になる。

中立　この綱に遊べわがつれ　遊べわがつれ

このあいだ一同フチガラミを打つ。中立はニワをまわって一狂いを誘い出す。中立と一狂いとはニワを一まわりして二狂いを誘い出す。三人でニワを一まわりして、向かって左(下手)から中立・一狂い・二狂いの順に綱の前にならぶ。中立はツバクロ返しで後ろにさがる。並鹿(まわりの鹿)の一頭が出る。最初に右(上手)から出れば綱の右に、左端から出れば左端に立つ。二狂いがツバクロ返しでさがる。一狂いもツバクロ返しでさがる。上手から並鹿一頭が綱に沿うて出てきてツバクロ返しでおどる。下手からも一頭が出てきて同様、二頭が上手にツバクロ返しで引込む。また上手から一頭、前のと合わせて三頭、綱に沿うてならんでツバクロ返しを演じ、下手に行く。そしてまた戻ってくる。最後に中立が出て綱に沿うてツバクロ返しを演じる。それから中立が先頭に立ち、他の鹿を引き出してくる。図七十二のように中立は後ろ向きに歩いているうちに一同輪になり、そして歌う。

中立　海のとなかの浜千鳥　海にゆられて　そよと立ちそろ　そよと立ちそよ

中立　一つ跳ねろや　きりぎりす　続いてはねろや　あやのはたおり　あやのはたおり

中立のチラシとなり、次にコケリコに移り、「わが里の」のキリで終わる。

引用は以上である。説明にあるように、低く張られた一本の綱に沿うかたちで、中立を中心にしてシシたちが踊る場面が繰り返される。その際にツバクロ返しを演じて引き返したり戻ったりしている様子が特徴的である。ツバクロ返しとは、ここでは「トンボ返り」を思わせるが、芝居の芸のようにトンボを切るわけではない。バチを低く下げ、一方の足を他方の足の前に斜めに出し、足を縒るようにして身を旋回させ、これを繰り返して横に移動する芸である」と解説されている。ようするに、両足を交互に軸にして全身を横倒ししながら一回転する所作である。

3　花巻市の湯本北湯口鹿踊の「綱踊り」

前述引用の『岩手県民俗芸能誌』には、「観音山の八坂神社末祭日で綱踊をおどったときには、地に一本の綱を敷き、鹿の一頭がその上を渡り、次に二頭ならんで渡り、それからツバクロ返しで渡り、一頭ずつ順にツバクロ返しで渡った」と記されている。(8)

4　江刺区の行上流餅田鹿踊の「綱踊り」歌詞

現在は演じられていないが、歌詞が残されているので紹介する。(9)

此のつなを、何と見受けたつれづれや　子供のあそびのつなと見うけ候　見うけ候

以上のように、演目「綱踊り」は八頭シシ踊りの中でも花巻市を中心に分布する春日流に多い。しかし、例外として行山流内ノ目鹿踊、また宮城県東松島市の「鹿妻鹿踊」にもみられる。

また、遠野市の土淵しし踊りには「綱切り」、同じく遠野市の板沢しし踊りには「しめ縄踊り」という類似した演目がある。

写真15　岩手県花巻市八日市鹿踊の「案山子踊り」

四　考察

1「案山子踊り」

これまで見てきたとおり、「案山子踊り」は害獣視する人間に対する鹿の警戒心を物語ったものであり、人間の心情になぞらえて描かれている。しかし、一方では人間側の愚かしさも表そうとしているように受け止められる。動物側に立って描かれた劇的な物語ではあるが、そこには人間側の慢心を戒める気持ちが働いているように感じ取れる。「案山子踊り」は、まさに宮沢賢治の「鹿踊りのはじまり」の名場面を彷彿させるものである。

ここで、秋田県大仙市の「長野ささら」と称するシシ踊り団体が行っていた不思議な行為を記すことにする。このシシ踊りは、近年まで八月十六日の「獅子納め」の日には案山子を先頭に立て、カシラを捧げ持って各戸の門払いをして歩いた。この時には妊婦姿の女性が行列に加わり豊作を祈る仕草をしたのである。各戸では篝火を焚いて「獅子送り」をした。ここで、案山子が先頭に立ち、妊婦は豊作を祈願する、とはきわめて重要な意味が込められていると思われる。というのは、害獣であるシシ(鹿、猪)を案山子で追い払い、妊婦の出産＝新たな生命の誕生、になぞらえて豊かな農耕の稔りを祈るという構図がそこに描かれていると考えるからである。

2　「綱踊」と「綱がかり」

シシを害獣とみなす観念は、シシ踊りの一つの古層をなしていると考えられる。その一方では、古来狩猟の対象として人間に恩恵をもたらす動物としての聖獣観もあった。これらがない交ぜになったところにシシの芸能が生まれたと考えられる。「綱踊」「綱がかり」の演目は、作物の防護用に人間の張った綱(「網」の意味)の前での動物たちのためらい、ならびに人間への挑戦の演技を表現したものではないかと捉えられる。

遠野市には青笹しし踊り・暮坪しし踊り・板沢しし踊り・細越獅子踊り・佐比内しし踊り・土淵しし踊り・張山しし踊り・鷹鳥屋獅子踊・山谷獅子踊など多くのシシ踊りが継承されている。それらの団体には演目「柱懸り(はしらがかり)」がみられる。そこでは、人間に発見されてとまどう鹿、人間に抵抗するためにツノを磨く鹿、追い立てられて逃げ惑う鹿などの所作が演じられて大変興味深い。そこには繰り返されてきた人間と野獣との攻防の歴史が強く反映されており、それらを芸能化したシシ踊りの重要な側面が端的に表されている。

野本寛一は、「日本人の動物観―その構図と民俗―」の中で次のように述べている。(10)

遠野のしし踊りのはじまりは、基本的に岩泉の鹿踊りなどと並べてみますとやはり害獣なんです。農作物を荒らす、それをしめ縄というもので農民が〆めていたのです。そういうものが遠野の芸能から充分にうかがい知ることが出来ます。

ここで野本が記している「しめ縄」とは、演目「綱踊」や「綱がかり」の綱に当たるものであろう。

一方、本田安次著作集『日本の伝統芸能』第十一巻には、宮城県陸前桃生郡矢本町（現東松島市）の鹿妻鹿踊の「綱踊り」演目が解説されている。その文章の最後に「この縄を見物中の一婦人が出て乞ひ受けて行った。お産の時に用ひると産が軽いと言われている」と記されている。(11) この記述は先に案山子踊で紹介した秋田県の事例と比べてみてどうだろうか。案山子や綱または縄は動物を追い払う用具であり、作物の豊穣祈願の表現としてそれらの撃退用具と妊婦（出産＝豊穣）を結びつけようとする意図は、「長野ささら」と「鹿妻鹿踊」に共通するといえるのではなかろうか。

3　害獣と人間

動物、とりわけ「害獣」と人間の関係を考える史料として、猪や鹿の作物荒らしと人間の対応策を記した江戸時代の『会津風土記』がある。その中から以下に三か所引用してみる。(12)

①貞享二年「郷村地方内定風俗帳　会津長江庄」八月

此月ノ初方ヨリ諸作ニ鹿、猿下リ来リ作物ヲアラス、依之山ニ上リ篝火焼テ終夜声打立テ是ヲ遂フ

②文化四年「風俗帳下書五目組」八月

十五日　明月迄諸作の実取集メ、ゆり桶に入月へ備ル、給物之義ハ団子を拵濁酒抔にて祝ひ遊申候、此月の始よりおいおい諸作も実のり候得ハ、山続之村々へ猪鹿羚羊の類下り来り作物をあらし、依之猟師参り鉄砲を打、或ハ夜に入山に登り篝火を焚追ふ

③文化四年『田島組　高野組　川島組　熨斗組風俗帳』八月

十五日　名月と申、諸作の実取集、ゆり板に入て名月に上け拝み申候、賄の儀ハ餅を搗き祝、男女共に遊ひ

申候、此月の初方より諸作に猪、鹿、猿下り来り作物をあらす、林有之山の根山の根に、小屋を掛、鉄砲打其外鳴物抔にて終夜声打立て是を追う、又焼付とて髪の毛獅の毛を二三夜毎に熟木にはさミ、獅の出口出口へ立置候得は、其のかおりに除き、或は藁にて人形様の物を拵、山かかしと申して、畑中等に立申儀も御座候

ここには、猿、鹿、猪などの野獣によって人間の作物が荒らされる様子が生々しく記されている。鉄砲を撃って脅したり、篝火を焚いて追い払う。また、人間の髪の毛や動物の毛を燃やしてその匂いで追い払おうとしたり、山かかしと言われる藁人形を作って畑に立てたりしている。あの手この手の策を使って野獣を撃退することに必死なのである。対応に追われる村人の大変さが伝わって来る。これらの動物が害獣として人々に敵対する存在であったことは明らかである。

さらにここで、猪や鹿の害を防ぐための狩りを命じたことを記した『八戸藩勘定所日記』を紹介しよう(13)。

文化元年

近年猪鹿多ニ付村々狩立候ニ茂雪無之狩取兼候趣右ニ付猟師共出精打留候様被仰付随而猟師郷中之儀者勿論他村へ罷越一宿等致候ハバ宿致候様若差支等之筋而宿呉ふ申抔と申候而者遠方より参候猟師迷惑致候義左候ヘハ自多狩取候儀もふ相成弥増多相成候事故右之段村方申合無遅滞宿致候様御沙汰ニ付五代官へ申達勿論猟師共江右之趣被仰付置候間無油断出精致候様可申達旨是又御代官へ申達ス

このように、八戸藩は猪と鹿が増えたので猟師に撃ち捉えるよう命じ、郷中のみならず他村へ出かける場合は宿を提供するように村々に指示している。以上の会津藩領と八戸藩領の二つの史料は、鹿や猪を害獣としてみる視点で記されたものである。

しかし、一方では八戸藩領の文化五年および文化十年の記録には鹿皮や猪の油が重宝がられている様子もうかがえ、そこに相矛盾した心情がみてとれるのである(14)。

これらの歴史的事実を踏まえれば、時代や地域に違いはあるものの、シシ踊りの演目である「案山子踊り」「綱踊」「綱がかり」は、このような人間と野獣の歴史文化的関係を背景として生まれている、ということはいうまでもないことであろう。

まとめ

「案山子踊り」「綱踊」「綱がかり」の演目を通して次のようなことが指摘できる。一つは、そもそもシシ踊りとは、狩猟して食べる側・害獣を服従させようとする側、つまり人間が、食べられる側・服従させられる側、つまり野獣の扮装をして踊る芸能である。そのなかでも特にこれらの演目は、食べられる側・服従させられる側から、食べる側・服従させる側を観察して人間行動を見抜こうとする内容である。あらためてここに鹿、猪などの動物の生態が如実に描き出されているといえる。これは裏を返せば、野獣の生態、行動を人間が完全掌握しようとすることの表れともみられる。結局、人間が動物の生態を知り抜き、動物よりも優位に立ってそれらを制御し、村と生活を守りたいという本来の願望があるからではなかろうか。

これらの野生性を帯びた演目は、関東地方の三頭シシ踊り(三匹獅子舞)にはまずみられない。野生の動物を彷彿とさせるリアリティ溢れる演目や演技はない。関東平野に「龍頭」をかぶるシシ踊りはあるものの、それは野生動物の観点ではなく別次元において捉える必要がある。本来ライオンを原型とする獅子のカシラ(獅子頭)は、日本においてはすでに抽象化されて野生性を感じ取ることはできない。

このように、東日本のシシ踊りのなかで、関東地方のシシ踊り(三匹獅子舞)と東北地方のシシ踊りとでは大きく異なる部分があることに留意したい。東北地方のシシ踊りは、演目とともにカシラそのものの表現もきわめて野生性が強いのが特徴である。

以上、東北のシシ踊りは演目「案山子踊り」「綱踊」「綱がかり」において野生表現が顕著である。多くのシシのカシラについてもそういえる。それが関東地方のシシ踊りとを区別する象徴的なものであるといえるだろう。

おわりに

本稿では、三つの演目を検討題材として、そこにみる野生表現が東北地方のシシ踊りの一部を象徴するものであるということを考察した。その検討過程では、関東地方のシシ踊り(三匹獅子舞)との相違点を比較材料として取り上げた。しかし、その相違点の背景にあるもの、その意味するところをさらに検討する余地がある。その検討は東日本のシシ踊りの発生史論にも及ぶものとならざるを得ないが、それはいずれあらためて論じたいと思っている。

註

(1)菊地和博『シシ踊り　鎮魂供養の民俗』岩田書院　二〇一二年

(2)行上流餅田鹿踊保存会所蔵「歌集」を参照させていただいた。
(3)森口多里『岩手県民俗芸能誌』錦正社　一九七一年
(4)本田安次著作集『日本の伝統芸能』第十一巻　錦正社　一九九六年
(5)宮古市史(民俗編)』宮古市教育委員会　一九九四年
(6)『岩手の民俗芸能』獅子(鹿)踊篇　下巻　岩手県教育委員会　一九七〇年
(7)前掲　森口多里『岩手県民俗芸能誌』
(8)同　右
(9)行上流餅田鹿踊保存会所蔵「歌集」を参照させていただいた。
(10)野本寛一「日本人の動物観—その構図と民俗—」『動物のフォークロア』遠野物語研究所　二〇〇二年
(11)前掲　本田安次著作集『日本の伝統芸能』第十一巻
(12)『会津風土記・風俗帳』巻二　貞享風俗帳』歴史春秋社　一九七九年
『会津風土記・風俗帳』巻三　文化風俗帳』吉川弘文館　一九八〇年
(13)『八戸市史』資料編　近世8　八戸市史編さん委員会　一九八〇年
(14)同　右

第四部　東北の祭礼行事

第一章　祭礼の時代的諸相と今日的意義の考察
―中世から現代までの事例を手がかりにして―

はじめに

二〇一一年は、地域の祭礼文化がコミュニティー再生にとってこれほど重要なのか、ということをつくづく感じさせられた年であった。三月十一日東日本大震災が多くの市町村に壊滅的被害を与え、各地の伝統的文化財も被災したり津波に流された。打ちのめされた気持から少しでも立ち直ろうと、東北では各県の伝統の夏祭りが一堂に集まり、仙台市で合同公演を開催した。七月十六日・十七日のことであったが、この合同の祭りは「東北六魂祭」と名づけられた。そこには六県の人々が魂を触れ合い・絆を深め合おうというメッセージが込められていた。

岩手県陸前高田市の高田町では毎年八月六日・七日に「うごく七夕まつり」を行ってきた。ところが大震災で山車一二台のうち九台が被災して三台しか残らなかった。そこで住民たちが再建や修理をほどこし六台を蘇らせ伝統の祭りを復活させた。また同市の気仙町にも八月七日「けんか七夕」があった。一年前までは四台の山車が互いにぶつけあい、どちらが押し切るかで勝負する威勢の良い夏の伝統祭りだった。やはり大震災で山車三台が流され一台だけが残った。それでも地域の人たちはこの一台の山車を二か月かけて飾り付けをして、七日当日は山車を皆で引っ張りがれきの中を一時間かけて巡った。

以上のように、大震災の決定的な打撃を受けながらなおも祭りにかける人々の情熱は想像を超えるものがあった。はたして、人々を祭りにかりたてるものは何なのか。本稿は、祭りとは本来どういうものだったのかという問題意識を根底にすえ、中世から現代までの歴史的諸相を通じて祭りの本質を問い、現代の地域生活における意義とは何か、課題は何か等を分析・考察したものである。

一　祭り概観

祭りには、その成立過程や信仰の表象において様々な姿かたちがある。祭りには、まず、家単位や一族などの小集団で行われるものがある。最小単位の家の祭りは、かつての戸主が主宰者となり家族で行う祭りである。小正月、三月や五月の節句、豆名月や栗名月、刈り上げなど、年中行事や農耕儀礼というかたちで行われる。そして、一族の祭りとは守り神として古代では氏神様への信仰を基盤とした祭りであったと考えられる。それらは、ごく内々の小さな祭りである。

祭りはこれだけにとどまらない。集落や村単位の祭りもあり、古代では国家の祭りもあった。古代から中世にかけては領主が管理・支配する荘園の鎮守神の祭りがあった。また、諸国一宮・二宮などの大きな神社が所有する神田に田植えをして豊作祈願をする御田植祭などもあった。具体的に中世の祭りはどのようなものであったか、本文では二つの事例をとおして考察してみる。

ところで、鎮守神といえば童謡にある「村祭」の歌詞を思い起こす。

村の鎮守の神様の　今日はめでたい御祭日　ドンドンヒャララ　ドンヒャララ　ドンドンヒャララ　ドンヒャララ　朝から聞こえる笛太鼓

これは、村の鎮守、つまり村社の神様の祭り日という、まぎれもない村あげての祭りを表したものだ。この鎮守の神とは産土神と氏神が総体化されて信仰された側面を持っていたものである。ここでは、家の祭りにはない神社(お社)という存在が介在する祭りとなる。神社というものが、祭りという非日常的なハレの時間と空間の中心に位置することは、今でも変わりはない。

このように、祭りには成り立ちや信仰心のありよう、空間的広がりと参加する人々による規模の違いなど、大小さまざまな実態を見ることができる。ここから、柳田国男は「祭り」と「祭礼」の違いを指摘している(1)。すなわち、祭礼は「華やかで楽しみの多いもの」「見物が集まってくる祭り」であるとする。祭りが見られるものとしていっそう風流化して華やかとなり、それにしたがって見物客も増大していったものが祭礼だというのだ。それは主として都市に発生し、やがて村落との交流によって全国に拡大することになる。

本文では江戸時代の近世に入ってから左沢《あてらざわ》と新庄という町場の祭りを記録からたどり、都市型祭礼の影響を受けた神輿渡御行列や練り物内容などを検討し、町方の当時の祭りの姿がどのようなものであったかを考察してみたい。さらに現代における祭りはそれ以前の祭りと比較してどんな違いや特徴点があるのか、二つの事例を踏まえながら検討してみたい。

二　具体的事例の分析と考察

ここからは、中世・近世そして現代の祭りとはどのようなものであったのか、身近な事例にもとづいて分析・検討を加えてみたい。

1　中世に起源をもつ祭り

(一)一条八幡宮の祭り

①一条八幡宮の概況と在家集団

山形県飽海郡八幡地区(現酒田市八幡)には一条八幡神社がある。一条とは古代の条里制に由来する名称といわれる。中世には一条八幡宮と称し、当地一帯の荒瀬郡の総鎮守として信仰された古社である。神社所蔵文書には、元慶元年(八七七)に山城国男山岩清水八幡を御庄河北荒瀬郡一条大泉郷に勧請して一条八幡としたことが記載されている(2)。また社伝では、元慶二年(八七八)三月に出羽国秋田城下に俘囚の反乱が起った際に、鎮守府将軍に起用された小野春風が反乱鎮圧のために出羽国府に到着して戦勝祈願を行ったのがこの一条八幡であるという。

社伝は伝承ではあるものの、一条八幡は近くの出羽国一宮であった鳥海山大物忌神社と同じように、国家・地方を鎮護する古社として周辺地域に重きをなしてきたことは確かであろう。祭神は応神天皇・仲哀天皇・神功皇后であり、現在は五月一日が例大祭である。古来、流鏑馬が行われていることでも知られる。

さて、当神社には長享三年(一四八九)に記載された「荒瀬郡一条八幡宮祭禮日記」(以下「祭禮日記」)というものが残されている。[3] そこには中世の祭りの様相が示されており大変興味深いものがある。それによると、一月から十二月までの月ごとの祭りとそれをまかなう祭田、祭田が負担すべき内容や供祭物、夫役などが記されている。

祭田とは、神社の祭りの費用などをまかなうための収穫米を生産する田のことである。広くは神田（寺院の場合は寺田）といわれてきた。このような田は、「祭禮日記」に登場する在家といわれる農民たちが神社に寄進したうえで耕すものであった。「祭禮日記」には在家農民と思われる五名（丸藤四郎・シャウジ藤五郎・フルガウノ四郎太郎・弥藤五郎・十郎二郎）の名前が見出せる。そのほか、在家農民の中で「殿」の名がつく一五名が数えられる。小泉殿・砂越殿・留守殿・賀藤殿・安田殿などであるが、これらは在家農民でもすでに小領主化した有力農民（地頭）であり、下層の名子・下人を従えて田畠を耕作させていたものと思われる。

中世の大きな神社や寺院は経済的にも信仰的にもこのような在家農民・有力農民（地頭）たちによって支えられていた。彼らは田地からの貢租（年貢）と祭祀に必要な供祭物や夫役などの負担をおっており、神社との関係ではいわば氏子集団であったといえる。この在家農民・有力農民（地頭）さらに使役される下層民たちが集住して中世の村落を形成していた。

一方、社寺側は在家農民・有力農民（地頭）に対して祭祀に参加させ執行する権限などの特権を与えて宗教的権威を保ちながら農民統制を行っていたことが知られている。

さて、「祭禮日記」によれば、所属する在家農民側からは寄進田が相次ぎ、神社所有の神田は十万八千刈余を所有するに至り、神社の月ごとの祭礼は彼らの供物献納等により盛大を極めた。神田をとおして、そこに神社と在家農民側との深い関係が成立していたことがわかる。その生業上の理由として、平田・荒瀬両郷の用水は一条八幡宮近くから取水し、下流一帯の田を潤したこと、神社が平野部に広がる扇の要に位置していたため、八幡宮

の信仰は直接生産に結びつき土豪たちの崇敬を集めたことなどが指摘されている。(4)

話は変わるが、山寺立石寺は貞観二年（八六〇）に慈覚大師円仁によって創建されたといわれている。その際に慈覚大師に同行してきた随身たちの子孫が住んだ立石寺領地の荻野戸（現天童市）に六軒在家といわれる在家集落があるが、文字通り立石寺にとって六軒の在家農民（六人衆）を意味している。立石寺の四月「中の申」の山王祭（日枝神社例大祭）には荻野戸の集落から神輿渡御行列参加や行列人夫役を務めることが決められていた。(5)

②祭りの実際

「祭禮日記」の中から、以下に正月の祭りのみを紹介してみよう。(6)

一、正月ノ御祭（マツリ）田ノ事

千苅分ニ、御戸（ミト）ノ内ヘ餅（モチイ）三十枚、七日ノタウアソヒノ餅七枚、正月朔日ヨリ飯（イイ）モルヘラトリノ方ヘ、日ニ二枚ツツ、合せテ七日二十四枚ノ餅也

一、美濃殿役ニ大瓶（タイヘ）・櫃（ヒツ）・御コクニ八升也、御年越ノ用意也、又御酒・足桶一具、肴ニハ馬頭布（ウトメ）・開豆（ヒラキマメ）也、又一日ノ朝ニモ酒一具・ウトメ・開豆・羹（カン）一也、

正月一日ノ晩景（ハンケイ）ノ饗（キョウ）ハ宮太夫殿二百苅分也

二日ノ朝（アシタ）ノ宮饗（ミヤキョウ）、コレモ田二百苅ノ分也

同ク晩景ヨリ三日ノ晩景マテ三饗ハ、美濃殿ノ役田二百苅ノ役、合シテ六百苅役也

四日ノ朝ヨリ五日ノ朝マテ三饗ハ、［　　］ノ役、コレモ田二百苅宛ノ役、合六百苅也、此ノ三饗ノ役田

ハ小泉也
五日ノ晩景ハカンノコ殿ノ饗、田二百苅ノ役也
六日ノ朝ハ神田ノ式部殿饗、田二百苅役也
同(オナシク)、晩景ハ下野殿ノ饗、田二百苅役、此田ハ矢崎也
七日アシタハ丸藤四郎ノ宮饗、田二百苅ノ役　此ノ田ハ一本柳ノ下也
又、六日ヲコナイハ、田二百苅ノ役　供物ハ小俵米・御酒・大瓶一ツ・タマカメ・足桶一具・肴ハウトメ・開豆・羹一、
七日ノ晩景ハ、惣(アツモノソウ)ノイチノタウアソヒ役ニ花米(ハナヨ子)、戸内ノ役ニ餅七枚、太夫殿ノ役ニアカシナリ、又、前ノタレ簾(ス)二枚、筵二枚、太夫殿ノ役　又、簾二枚、筵二枚、戸内殿、又、簾二枚、筵二枚、美濃殿
　以上十二枚也

以上、このような書き方で十二月まで記されている。以下からは一月も含めてかいつまんで十二月までの祭りの内容のポイントを紹介してみる。

・正月の祭り事＝年越しの夜から開始、一〇〇〇苅の祭田が祭りにかかわる負担にあてられている。大量の餅・神酒・昆布・大豆などの供物を献納、元日朝は酒・ウトメ・開き豆・羹(雑煮)などの饗応。元日夜から七日夜まで朝晩二回の饗応が続いている。食べ物のほかに簾(すだれ)・筵(むしろ)などの品物も提供している。美濃殿・宮太夫殿・カンノコ殿・式部殿・下野殿・丸藤四郎などの有力農民(地頭)・在家農民がこれらの祭

りの費用を各二〇〇苅の祭田から負担している様子がわかる。
・二月～四月の祭り事＝比較的小規模の祭礼が続く。
・五月の祭り事＝五日節供としては美濃殿が粽（ちまき）三〇〇個を奉納している。
・八月の祭り事＝秋の収穫祭。二七〇〇苅の祭田が祭礼費用としてあてられている。八月六日「尻神楽ニハ二身二連」とあるので、神楽が奉納されていたことが推測される。はたして「尻神楽」とは獅子舞のことなのか、この記述だけでは不明である。

さらに八月十五日に「舞殿ノ分ニハ、戸内ヨリホソ木一本、エツリ一枚、下カキ共ニスル也」「舞殿ハ大夫殿ノ支配、三口ノ酒ニテ三前造候也、柱三本、梁三丁、サス一カケ、舞殿ノタレ大夫殿ノ役也」の記述がある。舞殿ではなんらかの舞いが行われていたようであるが、中世のこの時代は「舞楽」が奉納されていた可能性は十分にある。

また、同じ十五日には「神輿ノヤスミハ、東ハ宮ノ前マテ大夫殿ハラワレ候也」とある。これは神輿渡御が行われており、東方面は宮ノ前付近に「お旅所」が設けられて神輿が休憩したことを示すものではないかと思われる。神社を出発して神輿が周辺地域を巡行していたことが考えられる。境内では神楽や舞楽などの祭礼芸能が賑やかに繰り広げられ、荒瀬の郡一帯から多くの農民が観衆として集まって祭りを楽しんだことが推察される。
・九月の祭り事＝秋の収穫祭、祭田として最高の三七〇〇苅があてられている。祭礼のスタートは八日で神前には赤飯・鮭・うとめ・開き豆・なます、饗応のお膳には鮭・なます・開き豆・ニシン・昆布・嚢・酒・赤飯などがもられた。

「舞殿で柱三本、サス一懸、エツリ三枚、下マテ美濃殿役」とあるので、ここでも舞楽が奉納されたと推察される。さらに「尻神楽ニハ肴ニニツシン二連　美濃殿ノ役也」とあるので、八月に続いて神楽も奉納されたとみられる。

・十月の祭り事＝特に目新しい記述はなく、神田を耕作する在家名とその規模が記されている。

・十一月の祭り事＝この月にも注目される記述が見られる。それは、「鼓張（ツッハリ）ハ十五日ノ夕サリ馬乗、酒モモル也、（中略）又鼓打（ツツミウチ）田五百苅加賀殿ノ分ニカ子アワせ田五百苅、小鼓免（コツツミメン）五百苅、笛吹免（フエフキメン）五百苅」とあることである。「鼓張」「鼓打」「カ子アワせ田」（「鉦合わせ田」か）「小鼓」「笛吹」などの語句は能楽（あるいは猿楽能）が奉納されていたことを想起させるものである。

また十一月十五日には「馬乗」とある。これは流鏑馬のことかと考えられるが、現在も一条八幡神社では簡略化されたかたちの流鏑馬が行われている。八月・九月の祭りに続いて十一月の祭りも、郡中の観衆が多くつめかけて能楽（または猿楽能）や流鏑馬を楽しんだのではないかと考えられる。

・十二月の祭り事＝これまでの月よりも質素な祭礼である。

③祭りと農民

月別の祭りに記録されている神前への供物や饗応の膳に出される品々は、海産物を除く農産物は当然ながら在家農民や下層の名子・下人たちが田畑で生産したものが多く含まれていることになる。祭りではそれらを負担・提供する役目を負いながら在家農民・有力農民（地頭）らは執行役としても祭礼に参加している。これら多量の奉納物と頻繁な祭礼参加を通じて見えてくるのは、神々に対する在家農民側の篤い崇敬の心である。祭りの中核にあるものは、じつにこの祈り・願いの信仰心であることを知ることができる。

このように、一条八幡宮の祭礼は物心両面でそれを支える農民層がいてこそ可能だった。神田（祭田）とそれを耕作する在家農民側との濃密な経済関係があり、その根底には豊作祈願という信仰上の結びつき、さらにその上で行われる祭礼行事・芸能披露という構造がみられるのである。

この祭りは舞楽・神楽・能楽（または猿楽能）などの祭礼芸能を伴い、さらには流鏑馬もあった。これらは近郷から集まった大勢の農民が観賞する中で演じられたものであろう。神輿渡御の巡行なども祭りを大いに盛り上げたものと思われる。

すでにこの時期の日本では、祭礼芸能として田楽・王の舞・獅子舞・馬長・舞楽・細男・十列・巫女神楽・競馬・流鏑馬・神楽・神子渡・猿楽能等の諸芸能は行われており、これらはすでに平安末期頃に成立している。[7]ただし、「祭禮日記」では、神社周辺を巡ったと思われる神輿渡御の存在は読み取れるものの、神社以外の村落を含めた祭りの空間的広がりは記述からなかなか見えてこない。山車や囃子屋台などに関する記述はなく、この祭りにはいまだ登場していない様子である。

（二）伊佐須美神社御田植祭

福島県大沼郡会津美里町（旧会津高田町）に伊佐須美神社という古社があり、毎年御田植祭という祭りが現在も毎年盛大に執り行われている。この祭りは少なくとも中世にさかのぼってその起源を考えることができる。前記の一条八幡宮の祭りとはその起源や神田と農民が関わった祭りという点において性格をほぼ同じくしているといえる。

①御田植祭の概要

伊佐須美神社で行われる御田植祭について、平成十二年（二〇〇〇）調査時点での概要を以下に述べる。毎年七月十二日に行われるこの祭りは、伊勢・熱田・高田における「日本三田植」の一つといわれる盛大な祭礼として名が知られている。

写真16　福島県会津美里町伊佐須美神社「御田植祭」

まず、祭り当日には小・中学生による「獅子追い」行事が行われる。これは町内の児童・生徒数百人がワッショイワッショイと掛け声を出し続けながら町内を練り歩く行事である。その先頭の子どもたちは、伊佐須美神社からあずかった獅子・鹿・馬・牛の木彫りの頭を手にもって歩く。神社境内をスタートして町内を一巡してまた神社に戻り、四つの木彫りの頭を返還してこの集団行事は終了する。

江戸時代中期頃には、この獅子追い集団は民家一軒ずつ土足で上がり込み、さらに神社の田である「御正作田」を踏みならして戻ってきたと記録にある(8)。つまり、この行事は神輿が出る前に稲作に害を及ぼす動物たちを追い払い無病息災を祈るための祓えの行事だったという(9)。

獅子追い行事の後は、総勢二百人くらいの集団による神輿渡御行列が行われる。裃姿の行列奉行や狩衣装束の神社関係者が馬にまたがる華麗な姿は、まるで平安朝に戻ったかのような歴史絵巻といえる光景である。行列は神社から町内に向かい約二キロメートルを賑々しく練り歩き、やがて御田神社に到着したあとに田植式が行われる。式は神輿を脇に置いて祝詞が奏上されて始まる。そののち早乙女踊が行われる。この踊りは会津地方で多く行われており、福島県の他地域では田植踊と称しているものとほぼ同じ豊作祈願の芸能である。これが終われば、いよいよ早乙女（女装をした男性）たちが御正作田に入って田植えを行う御田植祭のクライマックスの場面を迎える。御正作田とはおよそ三十坪のコンクリートで囲まれた神社所有の田圃、つまり神田である。田植えは催馬楽といわれる笛と太鼓に併せて歌われる歌とともに進行する。催馬楽は平安時代から伝承されてきた歌であり、ゆったりとしたいかにも古風な歌謡である。

このように現在は早乙女たちが祭りにおける儀礼的な神事行為として田植えを行っているが、明治時代中期頃は近郷の農民七百人以上がおのおの苗を持ってこの神田に入って田植えをしていたという記録がある。[10]ここには神田を通じた神社と近郷農民の強い結びつきがみられる。

神社の神田での田植えについて、中世の荘園制を背景とした有力な神社では、鎌倉期頃には広く行われていたものと考えられ、それは開発領主や名主階級の正作田の大田植に対応した神田の方式であり、田楽を導入した田植であったという見方がある。[11]また、伊佐須美神社の元寺であった恵日寺には建治元年（一二七五）写しの「御田植歌」が残っているので、御田植祭は伊佐須美神社では鎌倉時代にはすでにあったのではないかとも類推される。[12]

②伊佐須美神社の歴史と御田植祭の意義

「奥州二宮恵日山正一位伊佐須美大明神社縁起」および「伊佐須美神社記」によれば、伊佐須美神社の発祥は新潟県との境にある天津獄（御神楽獄）にあり、その後、駒岳・博士山・明神ケ岳の山々に鎮座した。さらに平野部の高田南原に鎮座され、最終的に高田東原の現在地に社殿を建立したのは五六〇年（欽明天皇在位）のことである。山々に鎮座した時代から国土開拓の神のイザナギ尊とイザナミ尊を祀ったという。その後、大毘古命と建沼河別命が加えられ四神を祭神としている[13]。

『続日本後紀』の承和十年九月五日条には、伊佐須美の神が従五位下の神階を与えられたとみられる記録がある[14]。また『延喜式』「神祇十神名下(式内社)」には「伊佐須美神社名神大」と出ている[15]。これは平安時代に国家の大事の際に諸国の崇敬される名神に対して行う名神祭に、当伊佐須美神社が該当していたことを示すものである。

このように、古代から会津高田の伊佐須美神社は「従五位下」の高い社格を持つ神社であり、「奥州二宮」という高いランクに格付けされた神社だったことがわかる。一宮・二宮などの制度は、中世に国ごとに設けられた神社の格付けを示すもので、国衙の近くにあったり国内で信仰や勢力の強い神社に与えられたものである。このことから、伊佐須美神社はかなり古くから国家を鎮護する役目を負った神社であったと考えられる。

このような伊佐須美神社は、さきにみたように山岳方面から平野部の会津盆地へと場所を替え、国土開発や農業振興のための精神的拠り所となっていく。会津盆地の政治的守護神とともに、開拓神・水田稲作の神となっていく様子がうかがえる。その背景にあったのは、古代の律令政府の地方支配および勧農政策だったことが考えられる。『続日本紀』をみれば、和銅七年(七一四)以降、律令政府が屯田移民を数百人または数千人規模で出羽国・陸奥国に投入して東北経営に乗り出していることが記されている[16]。同じ東北の会津盆地もこの歴史のうねりから無縁ではなかったはずである。

さて御田植祭というものについて、本来一宮・二宮など地域を代表する大社で盛大に行う形式が古く、この祭り行事はもともと国家が主催する勧農の一環として始められたもので、各国の国衙が中心となり正式にその地域の豊穣を祈願する祭り行事である。それは一宮などの整備が進んだ平安時代後期であった可能性があるという[17]。

伊佐須美神社も二宮の大社として、当時の国家政策の大きな流れの中で、おそらく中世時代に勧農・稲作豊穣を願う御田植祭を執行するようになったと考えられる。こうして、政治的守護神でもある伊佐須美の神を後ろ盾として、領主と領民は土地開発と稲作農業に励むのである。

髙橋富雄は伊佐須美の語源に注目して、それは「イナサムスビ」からきたものと分析している。すなわち、イナサは本来「稲風」をさし、イナサムスビとは「春にたつみかぜが吹いて、稲作がはじまり豊作を予祝する意味」だという。髙橋は御田植祭やそこで歌われる平安歌謡の催馬楽は伊佐須美の神はまぎれもない稲作の大神であることを物語るに十分だと述べている[18]。

(三)中世の祭りの比較分析

①神田を媒介とする支配構造

一条八幡宮と伊佐須美神社の二つの祭りを比較してみよう。両神社に共通するのは、中世時代に地域の在家農民・有力農民(地頭)が寄進した神田を所有していて、一定の稲作経済圏を地域社会に築いていたこと、神社の祭りにおいては在家農民をはじめとする村落民たちの積極参加があり、豊作祈願への信仰圏を形成していたことである。当時の神社の祭りは、農民・領民に対する領主(神社や有力農民等)の支配統制の手段、勧農政策を推進する色合いが濃いものであったといえよう。農民側からすれば祭り行事へ積極的に参加・執行することによって、領主側からの保護を得て地域共同体の成員であることを確認し、開拓神・作神のご加護にあずかろうとした側面が見えてくる。このように領主側にとっては、祭りは民心を収攬する政治的側面を持っていたといえる。一条八幡宮と伊佐須美神社の祭りは中世の政治的勧農型祭礼という点において共通する性格をもっている。

②神輿巡行と神田苗植え方式

一条八幡宮の祭りは祭殿において神々に対して祭儀や供物を献納、そして神とともに人々が饗応し合い、神楽・舞楽・猿楽能などの芸能が奉納されている。祭りが拝殿・祭殿・舞殿等の「神が見える」限定的な空間構造の中で執り行われている様子がよくわかる。「祭禮日記」には神輿についての記述もあり、巡行が行われていたであろうことは読み取れるが、全体規模や渡御行列の具体的な様子はわからない。

一条八幡宮の祭りが行われていた時代には、日本において神輿渡御という祭礼形態はすでに生まれている。祭りにおける神輿は、一般的には天平勝宝元年(七四九)の東大寺大仏建立のとき、宇佐八幡大神を奈良に奉遷するにあたってご神体を輿に乗せたのが起源であるとされている[19]。いうまでもなく、輿とは本来貴人が乗るものであったが、祭神であるご神体を乗せて町なかにある御旅所(仮宮)と神社本殿を移動させることが一般化して神の乗り物になった。このような神輿が普及する背景にあったのは京都の御霊会であり、都市から疫病を排除するための疫神祭りが「御霊会系御旅所祭礼」を成立させたという考えがある[20]。なお、御霊信仰については後段の近世の祭りで詳細に述べる。

さて、伊佐須美神社の御田植祭について述べよう。この御田植祭でも神輿渡御行列が行われている。華やかにかつ厳かに町を練り歩きながら御正作田という神田に向かって長い行列が続く。その前に、獅子追いという「祓え」の行事が子どもたちの参加を得て町中を巡って展開されている。伊佐須美神社の祭りの原初的形態は、おそらく中世以来のものと考えられる。伊佐須美の神はまさに神輿型「遊行神」といえよう。ただしこの場合、遊行(巡行)する神は御旅所へ向かうのではなく、まっすぐ御正作田のある御田神社に向かうのが特徴である。伊佐須美神社の神輿型「遊行神」は、町場を加えた広域的な祭りの空間を生み出す。これは一条八幡宮の祭りにはみられなかったものである。

また、神田である御正作田で農民たちは催馬楽という太鼓・笛付きのお囃子にのって実際に田植えを行っているが、これは一種の「田植え田楽」といえよう。一条八幡宮と同じようにここでも祭礼芸能を伴っている。これも神々への祈りと願いの強さの表れといえよう。

ところで、実際田圃に入った苗植えによる豊作祈願のやり方は、一条八幡宮がある出羽国のみならず陸奥国にも見当たらない。奥州一宮の塩竈神社にはかつて一月六日御田植祭があったというが、それは松葉を早苗に見立てて田植歌を歌いながら田植えの儀式を行う御種祭神事というものである。奥州では一宮でさえ、田植えの時期に神田に入る方式の御田植祭は行っていなかったのである。伊佐須美神社の御田植祭以外には、同じ会津地方の喜多方市の慶徳稲荷神社と旧会津坂下町の栗村稲荷神社にみられる。この方式は稲作の遅れた東北地方には古くから見当たらず福島県が北限といえる。

2　近世の祭り

(一)左沢《あてらさわ》天満宮の祭り

前記二つの中世に起源をもつ祭りに対して、近世である江戸時代の祭りとはどのようなものであったかを検討してみたい。まず、左沢(現山形県大江町左沢)天満宮の祭りの神輿渡御行列をとおして祭りの実態を考察してみることにする。

①左沢藩と天満宮の概況

左沢藩主であった酒井直次は、町造りにあたって寛永年間に元来楯山城にあった天満宮を別当実相院とともに現在地に移建したと伝えられている[21]。左沢はほぼ江戸時代を通じて庄内藩酒井家とのかかわりが深く、左沢天満宮はこの酒井家の庇護を受けたと考えられている。天満宮別当であった実相院とは真言宗智山派の寺院であり、寒河江大江家の祈願寺である惣持寺の末寺といわれる[22]。むろん天満宮の祭神は菅原道真である。

左沢は青苧や漆、養蚕業が盛んだったところで、江戸時代から明治時代にかけて、最上川舟運の上流部の重要な河岸（船着き場）として大いに産業経済の発展に貢献し、左沢の町自身も活況を呈した場所である。神輿渡御行列やその中の囃子屋台など町場の祭礼文化は大変華やかな一面をもっており、それは現在の「大江秋まつり」にも一部が引き継がれている。

②祭りと神輿巡行の実態

左沢天満宮の祭りについては文献記録が残されているのでそれを参照しながら考察していきたい。

左沢天満宮の祭りは旧暦七月二十七日であったが、その前後四日間、祭りが盛大に行われた様子が次の二つの記録をとおして知ることができる。その一つは「安政四年日記」（松山領左沢代官所文書）であるが、それによると「天満宮御祭礼獅子神輿外町々より手踊出ル、尤内町大仕組手踊下座物出来兼囃子座引出し候由之処、外町も囃子座引出し候儀見合之処」とある。[23]

さらにもう一つは、「御町廻り御足軽目付手控」（文久二年、鈴木多内文書）である。以下に関係箇所を引用する。[24]

文久弐年七月廿七日天満宮祭礼之節御町廻両人郷廻り御加勢共、御徒士　目付宅江三番拍子木ニ而相詰、右一同御免町友治方江出同所昼飯、夫ヨリ手　踊り旁見物致し右仕舞後行列相成候通左ニ記、尤廿五日獅子并手踊り実相院江相揃相成候節、同所ヨリ案内ニ付御徒士目付御町廻り相詰同道実相院江参り御徒士目付脊着ニ而御町廻り廻勤仕度ニ而、尤郷廻り両人目先壱人連其場ヨリ御役所江詰候、先者獅子踊其跡三町切はやし座手踊追々夫ヨリ御家人警固八人、但し小頭共ニ其次道具持、夫ヨリ御神輿其次実相院其跡大庄屋其次御徒士目付其跡御町廻同断目先、右順列ニ而原町迄参り其砌日暮相成候故御神輿先江御通し申候、原町御番所ニ廻、御向ノ高張御紋付挑燈参リ御堂入之時五ツ半時頃覚候、夫ヨリ御役所江御徒士目付御廻り共同道御届申上、直ニ御徒士目付江無滞祭礼相済候ニ付、右御礼ニ罷出、夫ヨリ直ニ御免町角惣八宅江参リ夕飯致し

其場ニ而踊リ等見物致引揚ケ申候、同廿八日獅子実相院江参リ候節同所ヨリ案内ニ付御町廻両人御徒士目付
廻勤仕度ニ而詰同道実相院江罷出可申事

ここには多くが祭りの練り物として行列をなして巡行している様子が記されている。先頭には「獅子踊り」、次に「三町町切りはやし座・手踊り」の各芸能集団、次に「御家人警固八人」、「小頭」「道具持ち」、「御神輿」、「実相院」、「大庄屋」、「御徒士目付」、「御町廻り、同断、目先」等が町内を練り歩いている。

③巡行の特徴

以上、「安政四年日記」「文久元年酉年　御町廻り御足軽目付手控」の史料を通してわかるのは、天満宮の祭りには御神輿を中心に獅子踊り、三町（内町組・横町組・原町組）の囃子座・手踊りの各芸能集団が加わった賑々しいものであったことである。さらには、この神輿渡御行列の集団に御家人という大小をさした武士たちと御徒士、目付、そして実相院の僧侶、大庄屋、なども加わって構成される多彩な内容をもっていたことである。神社の祭りに天満宮別当の僧侶が参加していることは、当時が神仏混淆時代だったことであればうなずけられる。

行列の町を巡る順序などは記されていないが、特に「御町廻り御足軽目付手控」の記録では、原町を通る頃は夕方であり、そこの番所を通過する時は高張御紋付きの「挑燈」（提灯の意）を灯して行列を迎え入れ、「五ツ半時頃」つまり午後九時頃にお堂に戻ってきたと記されている。さらに三町から出た手踊り集団は、行列が終わってから各町に戻ってまた踊り続けたことも知られるのである。

巡行内容をとおして、あらためて左沢天満宮の祭りを見てみると、練り物として神輿渡御とともにシシ踊りが先頭に立って町内を巡行している。これは他の祭りには見られないめずらしいものといえる。もっと詳細にシシ

踊りに関する記録を追ってみよう。特に文久二年の『御町廻り御足軽目付手控』（鈴木多内記）によれば、シシ踊りは手踊りと共に七月二十五日に実相院に勢揃いをして町内を巡行している。さらにシシ踊りは、二十七日・二十八日も実相院に参ってから、徒目付と町廻り目付が警固を目的としてお供をしながら巡行している。『元治二年日記』（松山領左沢代官所文書）にも以下のように記されている。(25)

廿六日天気・廿七日天気

一、天満宮御祭礼、獅子御輿町々ヨリ少々出シ、御免町組手踊大仕懸也、去ル巳年大火之後暫ク中絶いたし候（中略）、廿八日天気出勤　夕方一頻リ雨

一、獅子踊其外手踊庭かため有之（以下略）

ところで文中の「巳年大火」とは弘化二年（一八四五）四月十八日の大火をさすが、このとき左沢の町の大半が焼けて天満宮祭礼が中絶していたが、それにもかかわらずシシ踊りだけは参加していたという。

以上のような藩政時代の記録では、左沢天満宮の祭りにおいてシシ踊りが三日間も町中を練り歩いており、しかも文久二年『手控』によれば、必ず実相院へ参って二つの目付役を伴って巡行している。他の芸能集団にはみられない手厚い保護下にあったといえる。そのほかの特徴として、三町（内町組・横町組・原町組）の囃子座・手踊りの各芸能集団が加わっていることである。ここから、多くの町衆が加わった賑やかな祭りであったことが容易に想像される。

(二)戸澤藩天満宮の祭り

①祭りの歴史的背景

山形県新庄市の最上公園は、かつての新庄城(沼田城)の跡地に整備されたものである。その公園内には天満神社が建立されている。この神社の由来とは、元和八年(一六二二)に戸沢政盛が六万石の新庄城主として入部したが、戸沢家歴代が氏神として信仰してきた天満宮もこのときに城内本丸に移したとされる。天満宮に残る最古の棟札が寛永五年(一六二八)のもので「奉造立天満自在天神社頭一宇」とあることから同社はこの年に建立されたと考えられている。[26] 祭神は菅原道真である。天満宮は城下の吉川町にも分祀し、城下北方面の守り神としている。宝暦五年(一七五五)に出羽国や陸奥国は冷害による大凶作に見舞われ、出羽国山形も大量の餓死者を出すなど大きな被害を受けた。当時の新庄藩主五代戸沢正諶は、翌宝暦六年に打ちひしがれる領民を励まし、かつ餓死者の霊を弔うため天満宮の祭りを始めたものと伝えられる。いわば「世直しの祭り」といわれている。この祭りは現在では「新庄まつり」として東北一の山車パレードが行わて盛大な祭りに発展している。

②神輿渡御行列

さて、神輿渡御行列は城内天満宮のご神体を城下北の吉川町天満宮仮宮(御旅所)に移す行列である。この祭りの姿の起源を記した記録に『豊年瑞相談』がある。新庄町人福井富教が著したものであるが、年代は不詳である。内容からおそらく宝暦五年の飢饉からそれほど離れない時期に書かれたものと考えられている。祭り当日について次のように記されている。[27]

出陣の御儀式、太鼓の音、螺の声とうとうとして天地に満て、御輿出御の御行列正しく弓・鉄砲・長柄の備、先乗、物頭杉山十太夫様、跡乗、町奉行桜井又七様　びび敷れつを乱さつ、西の御丸の方へ志つ志つと繰出す、花笠鉾色々の作り物風に和し戻し、幡差物　御城を廻りて、御物見前指懸り、大手口より御町出之所、貴賤群集夥敷雲霞の如く並居て、御行列を拝見す（中略）笛太鼓の声は申に及ばず、鶏のこえだもたへてたまごを産ム事なき折なれと、舞鼓の拍子、鳴物の音心を動す斗也（以下省略）

以上から、弓や鉄砲などの物々しい警固の中で神輿行列とともに「花笠鉾色々の作り物」などが参加している様子がうかがわれる。現在の「山車パレード」につながる萌芽がそこにみられる。この記録に登場する「花笠鉾」の「鉾」とは、京都祇園祭のいわゆる山車に相当する「山」と「鉾」につながるものとして注目される。「鉾」は都市型祭礼を象徴する造り物であり、御霊会が発展した京都祇園祭が発祥であると考えられている。[28]

さらに上記に引用しなかった部分を断片的に紹介する。「就夫町方よりもの等勝手次第指出候様被仰出候故之趣」とあり、さらに「下々の賎者に至まて、乍恐其利を奉感、俄に物を作り、花さし物等をことごとく拵、（中略）町々の子供等も装束をおもひおもひの思ひ付を作れり」と記されている。ここでは領主側の指示によって、子供を含んだ町衆が花笠鉾や花さし物、装束などを思い思いに作って参加した様子が見てとれる。大人に交じって子どもたちも着飾って参加している点は町衆がこぞって祭りに加わっていたことがよくわかる。この祭りは当初領主側が仕掛けた祭りであったと伝えられるが[29]、実際は多数の町衆参加によって成立していたことが認められる。

一方、この記録からは左沢天満宮の祭りのように、神輿渡御行列のなかにシシ踊り・手踊り・囃子座などの芸能集団の存在は記載されていない。ただし、時代はずっと下るが明治三十一年の新庄まつりでは「新庄町鹿子踊六頭立て　明治三十一年北本町高山家前」と記された写真資料が残されており、確かにシシ踊りが参加していることが認められる[30]。写真の「鹿子踊」とは、装束や腰につけた「五日雨」「十日風」、ササラスリ等の姿から、明らかに現在の萩野鹿子踊か仁田山鹿子踊のいずれかである。この萩野・仁田山鹿子踊は現在でも新庄まつりに参加しているが、はたして近世期から神輿渡御行列に伴っていたかどうかは史料的裏付けがなくわからない。

なお、近世の天満宮祭りを表す記録として、『豊年瑞相記談』以後のものは郷土雑誌「葛麓」一二号（大正八年発刊）に安永五年（一七七六）の祭りの様子が掲載されている。それによると、一一町内から飾り屋台やはやし傘鉾、囃子屋台などが出されている実態が明確に認められる。また文化九年（一八一二）に記された「御城内天満宮御祭礼御行列牒」には祭り行列の全体構成がじつに詳細に記されている。(31)

この天満宮の祭りは現在は「新庄まつり」と称して、毎年八月二十四日～二十六日の三日間開かれる。この祭りの主要な役割を持つのは「新庄まつりの山車行事」である。これは平成二十一年（二〇〇九）一月に国の重要無形民俗文化財として指定を受けた。現在では豪華絢爛な二一台の山車が練り歩く「日本一の山車パレード」と称賛されるまでに発展したが、そのとき祭り囃子を担当するのが新庄市周辺の在方一七の若連である。当日は山車担当の町方と在方がペアを組んで祭り行事を担っている。古くからの慣習によってこのような組み合わせが成り立っている例はおそらく他になく、なぜこのような仕組みが歴史的に出来上がったのか興味がわく。

(三)近世の祭りの比較分析

①町衆参加の祭り

近世後期の左沢天満宮の祭りと戸澤藩天満宮の祭りをとおしてみると、神輿渡御および練り物などの行列は、この頃には都市型祭礼または町場の祭礼で中心をなすものとしてほとんど行われるようになっている。以下に、二つの神輿渡御や練り物行列の内容で共通するものがみられることについて記そう。

警護役として武家側の人物がかかわっているのは城下の祭りとして当然であるが、見逃せない点としては商工人の町場の祭りとして町衆が多く加わっていることである。左沢天満宮の祭りには、最上川舟運の河岸をもつが故に富を蓄積した町衆がかかわっている側面が強くみられるのが特徴的である。

左沢は城下町であるが、一方では領内の青苧や漆などの特産物を仲買する豪農や商人たちが最上川舟運の隆盛によって収益を蓄積して繁栄した町でもあった。神輿渡御に獅子踊り・三町（内町組・横町組・原町組）の囃子座・手踊りの各芸能集団が練り物として加わって賑わいを創出できたのはその表れであろう。また大庄屋の名も見えるが、これは町役人として重要な存在であり町衆を代表する顔といえる。このように左沢天満の祭りは町場の祭礼の性格を持っている。

一方の戸澤藩天満宮も、前記の記録を忠実にたどれば、下々の賤民や子どもを含んだ町方の人々が一緒になって花笠鉾や花さし物、装束などを思い思いに拵えて神輿渡御行列や練り物の中に喜々として加わった様子が浮かび上がる。新庄城の大手口から町場に出る場所では、「貴賤群集夥敷雲霞の如く並居て、御行列を拝見す」と記述されているように、城下に住む大勢の町衆が見物客として神輿や花笠鉾の造り物などの練り物行列を今か今かと待ち構えている光景が浮き彫りされている。

以上、左沢および戸澤（新庄）の双方の祭りは、参加する側や見物する側の多くは町方の人々であり、祭りの担い手は実質町衆であったことがわかる。

②御霊信仰を背景とした祭り

双方に共通するものとして、「天満宮祭」として御霊信仰が背景にあったことが指摘できる。非業の死や遺恨を残したままの憤死などして祟りをなす怨霊を弔い、丁重に鎮魂供養することをつうじてその霊威にあやかる信仰を御霊信仰といっている。まさに天満宮は菅原道真の怨霊を鎮めるため、「天神」として祀った神社であることはいうまでもない。全国の天満宮は怨霊から御霊へと転換をはかる装置としての施設（お社）であり、その祭礼も本質として死者の鎮魂供養という性格をもった祭りなのである。このことを考えるにあたり、左沢天満宮の祭りにシシ踊りが伴っていたことが非常に示唆的である。また、戸澤藩天満宮の祭りが宝暦五年大飢饉による大量の餓死者を出した翌年に始められたことも暗示的である。以下ではこの二つのことをさらに深く考えてみたい。

第一は、シシ踊りと実相院との関係についてである。天満宮の別当は実相院という寺院であり、僧侶自身が祭りの練り物にも参加していることはすでにみたとおりである。シシ踊りは祭り期間中に実相院に詣でて、そこからスタートをきっている。これらのことはシシ踊り参加を仏事的供養の側面から考えることができる。つまり、東北地方ではシシ踊りがお盆に墓地で踊る場合や庭先で位牌や遺影を前にして演じる場合が今なお多く見られる。本来シシ踊りとは死者の鎮魂供養という仏祭りにかかわる芸能だったのである。左沢天満宮がもつ怨霊鎮魂の機能を芸能的側面から担うのがシシ踊りだったと考えることができる。祭り期間中にシシ踊りが神輿御渡行列、練り物の先頭にたって巡行するのは、怨霊・悪霊を祓い鎮める願いを地域共同体から託されたからであると解釈できる。ただし、左沢天満宮の祭り以外どんな時期と場所においてシシ踊りが行われたか記録には表れず、実相院とシシ踊りの関係は、この祭り以外は不明である。

先に、明治三十一年の新庄まつりに萩野・仁田山鹿子踊の参加が認められるものの、それが近世期にまでさかのぼれるかはわからないと述べた。しかし、この二つの鹿子踊は現在でも死者供養の機能をもっている。とすれば、近世期から萩野・仁田山鹿子踊は戸澤天満宮の祭りに加わっていた可能性も考えられる。

第二は、天満宮が本来もつ性格、役割とのかかわりを考えてみたい。すでに記したとおり、天満宮そのものが怨霊を鎮める歴史的役割を付与された宗教施設であった。歴史上恨みをもった死霊は祟るとする怨霊観念を強く植え付けたのは、なんといっても大宰府に左遷させられて延喜三年（九〇三）に憤死した菅原道真の怨霊である。承久元年（一二一九）頃に成立したとされる承久本『北野天神縁起絵巻』巻六（北野天満宮所蔵）には、延長八年（九三〇）六月二十六日に道真の怨霊が火雷神（赤鬼）となって宮中の清涼殿を襲って落雷し、大納言藤原清貫らの死をはじめ多数の犠牲者が出た場面が描かれている。(32) 天暦元年（九四七）に現在の社地に創建されたのが北野天満宮である。実際に起こったこの落雷事件や、左遷にかかわった醍醐天皇・左大臣藤原時平のその後の連続死は、恨みをもった死霊（無縁仏・餓鬼仏）に対する弔い・鎮魂供養の必要性を日本人に強烈に刻み込ませることになったと考えられる。

折口信夫はお盆には無縁の亡霊もやってくるので、家では先祖の祭りを行う一方で、外では無縁仏の悪霊を追い払う必要があると述べている。(33) 祖霊とともに悪霊も伴って来るというこの怨霊観念は、庶民のなかにも伝統的に根強く生き続けてきたと思われる。

このような歴史的経緯から北野天満宮は菅原道真の怨霊を鎮魂供養するため建設されたものであり、全国の天満宮（神社）はそのような御霊信仰の性格を本来的に有している。戸澤藩天満宮の祭りも宝暦五年の大飢饉の犠牲者の怨霊を鎮魂するねらいで領主側の主導で始まった。このことも鎮守の天満宮が有する鎮魂機能に沿ったものであると言える。戸澤藩の天満宮祭りが京都祇園祭の疫病死を弔う御霊会的側面をもつと考えられるのはそういうことである。

江戸時代、陸奥・奥羽地方で頻繁に起った冷害による大飢饉は大量の餓死者・疫死者を生み出した。その犠牲者をあつく弔い、鎮魂供養をしなければ、その怨霊は再び飢饉や大災害を引き起こすだろうと考えた当時の人々は、寺院での仏供養とともに天満宮の祭りを盛大にしてこそ豊作がもたらされると心底思ったのである。

3　現代の祭り

(一)仙台市大崎八幡宮例大祭「松焚祭」(どんと祭)

慶長五年(一六〇〇)、伊達政宗は岩出山(現大崎市岩出山町)を出て仙台城の築城を開始し、城下町周縁部には社寺を計画的に造営・配置した。その中の一つに大崎八幡宮があった。大崎八幡宮は伊達政宗によって慶長十二年(一六〇七)に建立された由緒ある神社である。当時、社寺の門前には社寺関係者や町人が居住する門前町が置かれ、その支配を寺院が任される場合があった。その代表的なものとして、大崎八幡宮とその別当である龍宝寺が支配管理する門前町があった[34]。その門前町はのち八幡町と改められる。また八幡町は八幡堂ともいわれ、ここには踊り大将の「藤九郎」や「佐藤長兵衛」といわれる人物がシシ踊りや剣舞を指導したという。特にシシ踊りは「八幡堂系鹿(シシ)踊り」といわれて数団体が現在まで継承されてきている。これらのシシ踊りは岩手県南部にまで伝播して八頭構成の鹿踊りの成立に影響を与えている。

さて、大崎八幡宮の小正月の火祭りは、明治時代頃までは「松焚祭」、現在は一般的に「どんと祭」といわれている。小正月の火祭りとは、一月十五日を中心に門松やしめ飾り、護符、お札、ダルマ等を各戸から一定の場所に集めて高く積み上げられたワラなどとともに焼くかたちが一般的であり、その祭り・行事は全国に分布している。これをどんと祭、どんと焼きなどといっているが、日本全体を見わたせば、左義長・オサイト・サイノカミ、さらにはオニビ(九州地方)などとも呼んでおり、その呼称はじつに多様である。

大崎八幡宮の松焚祭(どんと祭)では、一般に燃え盛る火にあたると心身が清められ、一年間無病息災でいられ、しかも家内安全であるというような火に対する民俗信仰は根強く伝承されている。このような点では、他地域の小正月の火祭り行事と本質的には変わらないといえよう。

写真17　仙台市の大崎八幡宮「どんと祭」と裸参り

ここでは現在の松焚祭（どんと祭）がどのような特色をもっているかをまとめてみる。

①装飾的造形のない火祭り

大崎八幡の火祭りは明治時代頃までは「松焚祭」といわれてきた。文字どおり正月の松飾りや門松などを燃やしたことに由来する。現在でも参拝者が投じる松飾り・門松・注連縄・ダルマなど正月の縁起物などがうず高く積まれ、そこにこんもりとした小山が出現する。やがて点火された小山は赤々と燃え続ける。いうなれば、そこには焼却されるモノがあるだけである。

前述した左義長とは、山車のような装飾されたモノが造られていた。竹を骨組みとしてそこに藁を積み上げ円錐状につくられる象徴的な造形的スタイルもみられた。担がれて町中を巡るやぐらの中で太鼓とお囃子が演奏され、やがてそこからモノ（松飾り）が切り離されて燃やされるものもあった。一方、東日本のサイの神に特徴的なモノは、中心となる神木を高々と立てその先端にオンべをつけるというかたちであった。

こうして他地域の火祭り行事と比較してみると、現在の大崎八幡宮の松焚祭(どんと祭)は、燃やされるモノに即していえば、正月飾りなど積み上げられた廃棄物を燃やすだけの単純構造からなる火祭りであり、なんら祭礼的装飾がほどこされた造形物はない。

②明確な神道儀礼

現在の松焚祭(どんと祭)は、十四日午後に大崎八幡宮宮司とその他神職によってうやうやしい神事が行われ、その後の「点火の儀」によって始まる。そこでは氏子総代世話人数人が立ち会い、仙台東一番町商店街代表たちも招待されている。神事内容は、修祓・宮司一拝・献饌・祝詞奏上・玉串奉奠などからなる。「点火の儀」では、氏子総代と東一番町商店街代表が採火式でとられた火種の「忌火」(穢れを清めた神聖なる火)を松明に移して、すでに門松やダルマなどうず高く積まれた小山に四方から点火する。夜空を焦がすほど高々と炎が舞い上がるがこの火を「御神火」と呼んでいる。「忌火」や「御神火」という名称が象徴的であり、いうまでもなく地域住民が広場などで行う民間型火祭りでは使われない言葉である。

大崎八幡宮の「参拝のしおり」の「年間祭典神事」には、一月一日「松焚祭採火式」・一月十四日「松焚祭」が明確に位置づけられている。少なくとも東北地方では、大崎八幡宮のような大きな社家が深くかかわる小正月の火祭りはあまりみられない。裸参りについても事前申し込み制であり、昇殿料の納入なども含めて大崎八幡宮側が主管している。こういう現状を踏まえれば、大崎八幡宮の松焚祭(どんと祭)は厳かに行われる神道的儀礼を中心にした祭礼行事といえるだろう。

大崎八幡宮の古い火祭り行事の姿について、『仙臺年中行事大意』(嘉永二年成立)では、江戸時代後期の小正月十四日夜に八幡宮境内で門松を焚きそこに参詣者が群集していると記している[35]。現在の姿の原型がおぼろげながらすでに見える。それは現在のように社家側が明確にかかわりを持つ火祭りであったかどうか、記録のうえではよくわからない。しかし、そこに記された門松焚きの行われるエリアは大崎八幡宮境内であり、発生・経過においては社家とともにあったこと事実はうたがいない。本来的に大崎八幡宮の門松焼き、やがて松焚祭（どんと祭）は、町内会などの単位で地域の人々の主導で発生したいわゆる民間行事でなかったことは確かである。

③「暁参り」と小正月観念

大崎八幡宮の松焚祭（どんと祭）の始まりは、もともと家々で行うべき「松焼き」処理を神社境内に持ち寄って行うようになったことによるとみられている。じつはそこには、この地方特有の「暁参り」の習俗が介在している。つまり、大崎八幡宮では江戸時代から小正月に「暁参り」または「暁詣」する習俗がみられた。暁参りに来る人々は、いつしか正月の門松や注連縄などを持って訪れるようになり、それが松焚きにつながったと考えられているのである。『大崎八幡宮の松焚祭と裸参り調査報告書』では、松焚祭（どんと祭）はその歴史的経過からみて、「暁参り」が先にあってそれに「松焼き」と「裸参り」が加わって成立していったという見解が示されている。[36]「暁参り」は松焚祭（どんと祭）を生み出すもととなった注目すべき習俗といえよう。

ところで、『宮城県の祭り・行事報告書』には、角田市の「斗蔵さんの暁参り」が紹介されている。一月十四日の晩から十五日早朝にかけて、斗蔵山へ登りお参りをする行事である。十年前からはどんと祭が行われるようになり、さらに創作太鼓「斗蔵太鼓」も組入れられるようになったとある。[37]

このように、大崎八幡宮の松焚祭（どんと祭）の歴史とともにあると思われる暁参りは、地域によって今なお明確に継承されているのである。福島市の信夫山暁参りなど一部を除き、他域にはなかなかみられない暁参りは、この地方特有の習俗として注目される。

④裸参りの拡大

大崎八幡宮の松焚祭（どんと祭）は、小正月の火祭りに裸参りが加わって賑わうことでも全国的に知られる。裸参りは岩手県の杜氏などの酒造関係者のあいだで行われていたものが、いつしか大崎八幡神社の松焚祭において仙台市内の酒造関係者によって始められたものと考えられている。(38)松焚祭は、マスコミ発表ではおよそ七万人以上の人手で賑わうというが、(39)かつては十五万人から二十万人とも報道されていた。(40)そこには「見る者」「見られる者」等の重構造が成立し、さらに露店も境内に所狭しと並び立っている。この人手の多さや賑わいぶりは、裸参りの参加者が酒造関係者を中心とする時代から多様な職業に関係する人々が自由に参加する時代へと移ってきたことと密接にかかわっているだろう。

裸参りは近年では仙台市内を中心に、酒造関係者以外に会社・事業所、病院、大学・学校等から団体を組織して参加している。その中には女性の参加者も数多い。家族単位や個人参加もある。平成三年は一七〇団体、約七千人が参加したという。(41)平成四年には仙台市による「成人裸参り実行委員会」が組織されて新成人による裸参りも奨励、実施されている。裸参りへの参加は事前に大崎八幡宮へ申し込み、お守り代と昇殿料と一〇〇〇円を支払えば誰でも参加できる。先に記したように、近年の裸参りは酒造というほぼ限定された職業人の参拝から、多様な職業人や学生などの参拝へと変容している傾向がつかめる。このように松焚祭(どんと祭)は神道色を根底に持ちながらも、裸参りなど諸要素を加えていっそう民俗色を帯びているといえる。

⑤火祭りと「まれびと」的異形集団

厳冬の迫力ある裸参りの姿は、日常とは異なった「異形の姿」といえる。なぜなら、白鉢巻きと素裸に白さらしを巻き、口には私語を慎むための「含み紙」をくわえてみなが無言である。厳粛性・神聖性のかたまりであるいくつもの裸集団が足並みを揃えて行進し、神前に進んで次から次へと参拝し続ける。この光景はある種異様でもある。その周辺を取り巻く人々は、凛々しい姿へのあこがれや畏怖にも似た心持ちで、非日常性のこの異形集団を見つめることになる。

一月十四日の夕方から裸参りの各集団は、本殿での参拝が終われば火の山となって燃え続ける松焚祭(どんと祭）の本会場に移る。ここでは一般参拝者が暖をとりながら周囲を大きく囲んで裸参り集団を一目見ようと待ち構えている。そこに集団は次から次へと到着して順番に火の回りを巡り、終わったら帰路につく。

ここには、裸参りの集団とそれを見守る人々とはほとんど交わることができないある種の断絶がある。この異形集団は神々しくさえあり、人々によって一種の羨望のまなざしで見つめられている気配すら感じとれる。

やがて異形集団と一般集団の垣根が急に崩れる瞬間がやってくる。午後一〇時過ぎになり大集団の裸参りから少人数だけの裸参りに変わる頃、火祭り会場では「みなさん、どうぞ裸にさわって下さい」とのアナウンスが流れる。周囲にいた人々は急に静寂を破って近づいて来た裸の男性たちの胸板や肩などにペタペタと手で触り始める。それまであった異形集団と一般集団の隔たりが取り払われて、たちまち両者の一体性がそこに出現する。素裸にタッチすることによってカミ（神）のご利益にあずかるということであろうか。触り終えた人々は満足そうに笑みを浮かべ、語らいながら帰り支度をする。

人々にとって裸参りとは、秋田県男鹿半島のナマハゲ、東北地方のカセドリ、中国地方のコトコトなど小正月の訪問者＝来訪神に似た感覚で受けとめられているのかも知れない。来訪神とは、民俗学者の折口信夫によって「まれびと」（まろうどがみ）と名づけられたが、一年のうちに他所（異界）から時を定めて家々や集落を訪れて、邪気を祓い幸福をもたらすありがたいカミ（神）である。それはまさに非日常的な畏怖すべき異形な姿なのである。

裸参りには、それが神聖性をともなうほど来訪神化・まれびと化している側面も感じとれる。そういう意味においても、裸参りは大崎八幡宮の松焚祭（どんと祭）には欠かすことのできない貴重な民俗習俗となっていると考えられる。

⑥「松焚祭」の歴史的構成要素

以上から、大崎八幡宮例大祭の「松焚祭」（どんと祭）を歴史的に構成してきた要素は以下の三種にまとめることができる。

a、江戸時代から庶民が小正月に大崎八幡宮に参拝する「暁参り」（暁詣）が習俗化

　現在のように大勢の人出で賑わう「松焚祭」（どんと祭）の根元をなしてきたものは、一年の区切りという意識が強かった小正月における「暁参り」であった。

b、小正月に大崎八幡宮で行われてきた「松焼き」儀礼が庶民の参加によって拡大

　暁参り（暁詣）に来た一般大衆は、境内で行われていた神社儀礼の「松焼き」の場に注連縄や松飾り、ダルマなどを持ち寄って投げ入れ焼却したことから、現在のようないっそう大規模な「松焚祭」がかたちづくられた。

c、酒造関係者によって始められた裸参りの祈願方式が次第に一般庶民へと浸透

　現在は酒造関係者のみならず、職場単位・学校の級友グループ・友人同士・家族、個人など、多種類の参加形態がみられ、火祭り行事が行われる一方で大変厳粛な祭りの側面を演出している。

以上の三要素が大崎八幡宮「松焚祭」（どんと祭）の固有性をかたちづくってきたものと考えることができる。

(二)飯豊町手ノ子八幡神社の祭り

山形県飯豊町手ノ子は、かつて米沢と越後を結ぶ旧越後街道の要衝にあって、江戸時代は宿場町として栄えた。手ノ子集落には手ノ子八幡神社があり、近隣八か村の総鎮守として崇敬を集めた。社伝によれば天喜五年（一〇五七）に源義家が安倍貞任を討伐する際に近くの大館山に八幡大菩薩を勧請して祠を建て、康平年中（一〇五八～六五）に社殿を改築した。元禄十六年（一七〇三）に手ノ子八幡山に遷座したという。[42]

手ノ子八幡神社の例祭は毎年八月十五日に行われるが、前夜祭である十四日は神輿渡御行列が午後三時三〇分

写真18　山形県飯豊町の手ノ子八幡神社祭礼の獅子舞

過ぎから夜中まで長時間にわたり繰り広げられる。神輿渡御行列は獅子舞を伴っており、神輿とともに町を巡行して各家庭や集落全体の悪魔払いを行う。家々では獅子舞一行が家の前を通りかかった際に丁重にお神酒を捧げる。獅子は大きな口を開けて飲み干した後に、「ごしんじん（御信心か）」のかけ声とともに歯打ちを三回行う。人々は大きな歯打ちの音を前に神妙に頭を垂れる。こうして自分の身体にまとわりつく悪霊・災悪が獅子によって噛み滅ぼされて健康体となることを祈願する。

この獅子は通称「ムカデ獅子」といい、若者十数人が幕の中に入って、大蛇のようにくねりながら練り歩く。時おり、獅子をリードする警護（警固）と激しい力くらべを行う場面が見どころであり、取り巻く観衆の喝采をあびる。獅子は神社をスタートしておよそ十二時間を過ぎた真夜中に再び帰還する。祭りは翌日も続き神社本殿で神事と舞いが行われる。以下は、平成二十年（二〇〇八）調査の祭り当日の状況と特徴点をまとめたものである。

①神輿渡御と獅子舞は、八月十四日午後三時三〇分から始まり翌日の午前二時頃にまで及んでいる。約十二時間

という長丁場にもかかわらず、祭りを最後までやり遂げようとする意欲が参加者にみなぎっている。また最後まで全体の統率が良く保たれている。

②祭りと芸能に対し、地域の支援と多くの人々の参加・協力体制が実現されている。とりわけ獅子への崇敬の念をつうじて地区住民の一体感がつくられている。

③最終場面である「お入り」では、午前零時を過ぎても周辺の人々は警護（警固）と獅子の七度に及ぶ「力くらべ」を見守り続け、いわばハイライトシーンへの惜しみない拍手を送っている。その中で、子どもたちが防寒用のタオルケットで身を包みながらも真剣に見つめる姿も見られ、そこに手ノ子の祭りと芸能の魅力があらわれている。

④獅子舞は、神社本殿への「お宮入り」を目前に、八二段の階段を三〇分ものあいだ左右に蛇行しながらゆっくり登る。この際の獅子の規則的な舞いや所作の美しさが目立つ。狭い階段を一段一段右へ左へと歩を進めて登る足取りがじつに慎重かつ細やかである。

⑤獅子が神社に向かって左を歩む際はカシラを社殿に向け、右を歩む際は階段下を振りむき、人間のように情感豊かに演じている。幾度かの獅子の入れ替わりは、階段上で左右に歩を進めているさなかに幕の中ですばやく行なわれているのはみごとである。幕に入っている獅子約十六人の足は狭い階段上でも歩調を合わせて進め、獅子全体の足並みが揃って美しい。

⑥獅子舞開始後すでに十二時間近く経過して疲労困ぱい状態であるにもかかわらず、終局場面である「見せ場」を微に入り細に入り仕上げ、神社への信仰心を表すとともに地域民の期待に応えている。全て終了したのは午前二時過ぎである。

⑦中学生・高校生などの生徒たちが神輿渡御と獅子舞に参加・協力し、それぞれの役割に従事している。そのこ

とは、一定の教育的機能がはたされているとともに伝統文化を継承していくうえでの明るい材料である。⑧地域文化の担い手が年々減少傾向にあるなかで、獅子舞に地域の若者たちが責任と自覚をもって参加している。「かっこ良さ」を楽しんでいるようにもみえる。

以上、手ノ子八幡神社祭礼の中の獅子舞の姿とそれを取り巻く地域の人々がどう関わっているのかを簡潔にまとめてみた。

ところで、これまでみてきた手ノ子八幡神社の獅子祭りは、山形県南部に当たる置賜地方に集中的にみられる神社祭礼の一つの実態でもある。このような獅子舞を伴う祭り（獅子祭り）は子ども獅子舞も含めて、長井市四〇社寺、白鷹町三六社寺、飯豊町一六神社、小国町一神社にあり、じつに広範囲にみられる置賜地方の象徴的な祭り現象といえる。山形県内ではその他の地域には見られない特異なものである。以下にその特徴点を記す。

①集落ごと鎮守神の祭りが成立している。

成立の最大要因は獅子舞である。鎮守神に獅子舞（ムカデ獅子）が奉納される。その獅子舞の担い手として地元の多数の若者が参加する。祭りのエネルギーが最大限に発揮されるのが獅子舞芸能にある。それを歓迎する地域民・外来観客とともに共同体の象徴的祭礼がかたちづくられている。

②庶民文化（草相撲）と獅子芸能が融合している。

獅子をリードする警護（警固）役は、鎮守の神社境内の相撲場で若者同士が戦い、そこで勝った者が獅子を統御する警護（警固）となれるのである。いわば神に選ばれた人間が獅子を統御できる能力を有するのである。このような真剣勝負を経たうえで祭りの重要な担い手が決まる伝統的仕組みが残されている。神社と神事相撲と獅子芸能の関係性が明解である。

③祭りの見せ場づくりに成功している。

人間である警護（警固）と神獣である獅子が要所要所で激しく対決して祭りの見せ場作りに成功している。また警護（警固）の屈強な男性としての魅力がそこに発揮される。「悪魔払い」を本領とする獅子がもつ荒々しさの摩訶不思議な魅力もいかんなく発揮される。エネルギッシュな祭りの醍醐味が置賜地方各地の獅子祭りで味わえる。それが一堂に集まって披露されるのが、長井市で毎年五月に行われている「黒獅子まつり」である。

(三)現代の祭りの比較検討

大崎八幡宮の「松焚祭」（どんと祭）は裸参りも含めて、あくまでも神社主導の色彩が濃いものであるが、一方では一般庶民が参加しやすい「条件」をもっており、それをはたすための祭り空間や場が用意されていることが注目される。それは火祭り、裸参り、暁参り、そして夥しい露店（屋台）販売である。様々な職業層の人々がそれぞれの意図をもって参加しながら、それらが同時的に満たされて祭りを楽しむ「仕掛け」が備わっている。たとえば以下のように分析することができよう。

まず、注連縄・松飾り・ダルマ等の燃焼材料を持ち寄って焚き火に投入する人々は、火祭りを楽しむ観衆であり、祭りにおいては「見る者」の一員である。裸参り祈願をする人々は、厳かな実践者としては他者から「見られる者」である。しかし、火祭りを三周するなかで観衆と一体化して、祭りの神聖さと賑わいを創出する「祭りをつくる者」となる。また、暁参りに来た人々は、神のご加護を祈念しながらも火祭りや裸参り集団に出会って観衆化し、いつしか「見る者」の一員となる。

さらに境内にびっしりと並びたつ露店を前にして、大多数の人々が何かしら購入する交易を構成する一員となり、ショッピングと飲食を楽しむ経済市場の空間が成立している。

以上のように、それぞれ異なる目的意識をもって大崎八幡宮を訪れる人々が、他者との遭遇を経て「見る者」

となったり、「見る」「見られる」関係が流動性をもった関係となる。裸参りのように「見られる者」がじつは「祭りをつくる者」であったりする。厳かな祈願者がいつしか購買者に変わる。多要素で成り立つ祭りの中で自ら参加し、立場を変えながら楽しみが味わえる。先にも述べたように松焚祭（どんと祭）は確かに社家主導の神道的色彩の濃い祭りであるが、明け方まで大勢の大衆参加によって成り立つ祭りという現実がある。

一方、飯豊町手ノ子八幡神社や置賜地方の獅子祭りはどうか。これは集落ごとの鎮守神に獅子舞（ムカデ獅子）が奉納される。祭りのエネルギーが最大限に発揮されるのがこの獅子の芸能を中心としたものにある。なんといっても、獅子舞の担い手として地元の多数の若者が参加する。このムカデ獅子とは、本来十数人が長幕を支えなければ成り立たない。このことは、この祭りはそもそも地元民が担う祭り構造からなり、まずは「参加する祭り」なのである。

一方、その獅子の芸能を大いに歓迎する地域の人々や観衆も多数存在する。それはなぜか。それは悪魔払いを期待する心理や商売繁盛などの現世利益にもとづいていることは当然である。しかしそればかりではない。さらにこの祭りがもつ非日常的なエネルギーが大いに発揮されて人々を魅了するからである。ここでは、人間である警護（警固）と神獣である獅子が要所要所で激しく対決する。それはまさに真剣味に溢れて見る者を興奮させる。その対決は場所を選びながらしばしば展開される。まさしく祭りの「見せ場作り」に成功している。この祭りがもう一方で「見る祭り」でもあるのはそのためである。獅子のお練りは長い距離を移動するため、広域的に観衆を巻き込むことができる強みを持つ。

以上のように、置賜地方の獅子祭りは、「参加する者（見られる者）」と「見る者」が相見えることなく両サイドに分かれて構成される。先にみたように大崎八幡宮の松焚祭（どんと祭）のような立場が変容する多要素からなる祭りではけっしてない。「見る者」「見られる者」などの立場が流動的であるということはない。そういう意味では獅子祭りは単純構造であるが、まるでスポーツ観戦のように楽しめて祭りのムードが最大限に盛り上がる。両サイドともに祭りへの参加意識と充足感を持つことができるわかりやすい祭りといえる。鎮守神への信仰心もさることながら、どこか今風の「よさこいソーラン祭り」に似ている趣もある。それは現代の祭礼の特徴的な一つの姿なのかも知れない。

まとめ

1　祭りの原義

ここまで、各時代の祭り諸相をとおして分析・考察してきたが、ここであらためてマツリの語源について考えてみたい。マツリの原初は、まずは「奉る」「献る」（たてまつる）にあるのではないかと考えられる。その原典は『万葉集』巻四に記されている。[43]そこには、相聞五三一「海上女王の和し奉りし歌一首」とか、同じく六二六「八代女王の天皇に献りし歌一首」と出ている。この場合、「奉る」「献る」は上位の人に「差し上げる・献上する」という意味で使用されている。主として目上の人に対して、何物かを差し上げる、お供えする、ということが祭りという語彙を生んだと考えられている。先にみた中世の「荒瀬郡一条八幡宮祭礼日記」にみられるおびただしい神々に対する供物・奉納の品々は、まったくそのことを表しているといえる。まずは神々に対してカタチとして表現されるということが根本にある。

ただし、それが神に対して行われる行為となれば、何物かを献上するだけにとどまらない。その行為とともに人間の内面が必ずや伴っている。そこに着目したのが江戸時代の国学者である本居宣長である。彼は、『古事記伝』巻一八において、祭りとは「仕奉る」（つかえまつる）ことでもあると述べている。[44] つまり、それは人間が神に「奉仕する」ことである。願望をかなえていただくため、ひたすら心を尽くして神に従う人間の心理状況を言い当てたものである。たんにモノを献上する儀礼的行為のみならず、そこには行為者の神に向けた心が伴っているはずである。この神に対する奉仕の心こそが祭りの根本である、というのが宣長の説だと考えることができる。

これは、中世の一条八幡宮の祭りで行われた神楽・舞楽・猿楽能などの芸能がそれにあたり、奉納芸能はまさに奉仕の心からうまれたものであり、神を喜ばす歓待の心でもあった。また、伊佐須美神社御田植祭の御正作田での苗の手植えは、神田における田植えという神に対する労働奉仕の行為ともいえよう。

このように、『万葉集』や『古事記伝』のいう語源を踏まえれば、祭りとは、人々が諸々の祈りや願いのため神を降臨させて、奉仕の心を持って供物や技芸を献上し歓待すること、とりあえずこのように簡潔に定義づけることができる。神々への切実な祈り・願いが原点になければ、一見「祭り」の装いはしていても、本来的な祭り・祭礼とはいえないのではなかろうか。

このような祭りの原義や本質を踏まえながら、以下にこれまで述べてきた中世～現代の祭りを歴史民俗的視点からまとめていく。

2　祭りの時代的諸相の整理

（一）一条八幡宮と伊佐須美神社の祭り

中世の祭りである一条八幡宮と伊佐須美神社の祭りは、まず神田を媒介とする農民参加によって成り立っているのが特徴である。一条八幡宮と伊佐須美神社は、中世時代に地域の在家農民・有力農民（地頭）が寄進した神田を所有していていた。神社の祭りではこのような農民たちの積極参加があり、豊作への祈りと願いから多くの供物を神に奉納している。カタチに表されたその量的豊富さから、当時の人々の信仰心のいかほどかが推し量れる。祈りの切実性が多種類の芸能・技芸で祭りを彩っていたともいえる。

他方、当時の神社の祭りは、領主(神社および有力農民)側の下層農民に対する支配統制の手段、勧農政策を推進する意味合いの濃いものでもあった。下層農民側からすれば、祭り行事へ積極的に参加・執行することによって、領主側からの保護や共同体の成員として認知された。二つの祭りの共通性は政治的勧農型祭礼という点にみられる。

伊佐須美神社の御田植祭は、神輿渡御行列が厳かに町を練り歩きながら御正作田という神田に出向いていく。神田である御正作田で農民たちは催馬楽という太鼓・笛付きのお囃子にのって実際に田植えを行っており、これは一種の「田植え型田楽」が行われていたということであろう。実際の田に入った苗植えによる豊作祈願の方式は、一条八幡宮がある出羽国のみならず陸奥国には見られない。この方式は稲作の遅れた東北地方には見当たらず、福島県が北限といえる。

(二)左沢天満宮と戸澤藩天満宮の祭り

近世後期の左沢天満宮と戸澤藩天満宮の祭りの特徴は、神輿渡御行列に多種の練り物が参加して賑々しく行われていること、さらに城下・町場の祭りとして町衆が多く加わっていることである。左沢天満宮の祭りは繁栄する最上川の舟運河岸をもって富を蓄積した町衆が深くかかわっていた。そこでは、獅子踊り・三町(内町組・横町組・原町組)の囃子座・手踊りの各芸能集団が練り物として加わっている。城下および町場の祭礼の性格がよく表れている。

戸澤藩天満宮も、下々の賤民や子どもを含んだ町方の人々が一緒になって花笠鉾や花さし物、装束などを思い思いに作って神輿渡御行列や練り物に加わった様子が顕著である。大勢の町衆が見物客として神輿や花笠鉾の造り物などの練り物行列を、今か今かと待ち構えている光景も浮き彫りにされている。左沢および戸澤の双方の祭りは、根底に支配者側の民心を治める意図が働いていたとしても、参加する側や見物する側の多くは町方の人々であり、祭りの担い手は実質民衆であったことは十分に認められる。

(三)大崎八幡宮と手ノ子八幡神社の祭り

現代の祭りである大崎八幡宮「松焚祭」(どんと祭)は、裸参りも含めて、あくまでも社家主導の色彩が濃いものであるが、他方では多数の周辺住民が祭りを楽しむための空間や場が用意されている。火祭り、裸参り、暁参り、露店販売購入など、それぞれ本来異なる目的意識をもって大崎八幡宮に訪れた人々が、他者との出会いを通じて「見る者」となったり、「見る」「見られる」関係が固定されない面白みをもっていた。裸参りのように「見られる者」がじつは「祭りを担う者」であったりする。多要素で成り立つ祭りの中で、自らの立場を変えながら楽しみを味わうことができる。松焚祭(どんと祭)は明け方まで多くの大衆参加によって成り立っている祭りである。

飯豊町の手ノ子八幡神社の祭りのみならず、置賜地方の獅子祭りの特徴は、獅子舞の担い手として地元の多数の若者が参加する。この祭りはそもそも地元民が担う祭りであり、「参加する祭り」である。その一方で、獅子の芸能を大いに歓迎する地域の人々や観衆がいる。人間である警護(警固)と神獣である獅子が要所要所で激しく対決する。それは真剣味に溢れており見る者を興奮させる。この祭りがもう一方で「見る祭り」でもあるのはそのためである。置賜地方の集落の獅子祭りは、「見る者」「見られる者(参加・演じる者)」が相見えることなく両サイドに分かれている。獅子祭りは両サイドの単純構成であるが、まるでスポーツ観戦のように楽しめる祭りである。

大崎八幡宮と手ノ子八幡神社の双方の祭りをとおして考えれば、現代の祭りとは観光客を含めた大衆参加において成り立ち、その大衆は時間的空間的に必ずしも神々の存在を意識しない。地域の活性化の役割も期待されるが故に、楽しみ創造する祭りの要素を盛り込んだ内容に工夫をこらすようになっている。

(四)時代をつうじた祭りと今日的意義

①時代的特徴と祭りのゆくえ

中世に起源をもつ祭りは、神田(祭田)を耕す在家を主とした農民たちが供物献上や田植え奉仕などに自ら関わることによって、大いなる信仰心をまずカタチとして表現した。それは、領主側の勧農政策の一環として行われる祭りを下支えするものでもあった。そこには農民・領主の生業的利害を共有する者どうしの限定された祭礼空間がみられた。

近世の祭りは、京坂や江戸の都市型祭礼の影響を受けた町場の祭礼が出現する。神輿渡御行列を中心にさらに練り物・造り物が賑々しく町方を巡行して厄払いが行われ、空間的広がりの中で神々の威光が示される。そこには多くの民衆を巻き込んだ祭礼の姿がみられる。

現代の祭りは、行政区域を超えて参加する人々や遠方から観光する人々が加わり、まさに多方面・多種類の大衆参加によって成り立つ。そこでは、神々は必要以上に権威者として意識されず、祭りに創造的要素を加えながら楽しみを味わう工夫もみられる。祭りの構図として「見る者」「見られる者」の境界が曖昧であり、双方は一体化しやすく、関わり方によっては誰もが祭りの「担い手」となる可能性も秘めている。

旅行業者は観光ツアーに対し祭り参加をセールスポイントとする。祭りの地元商工関係者は体験観光として急ごしらえの神輿担ぎ手や踊り手を養成することに知恵を絞る。特に近年は、祭りの賑わいを創出することは地域経済の活性化や地域づくりに貢献することにつながるという視点が強く打ち出されている。祭りはまさに観光資源として大きな役割を担うようになっている。冒頭にあげた「東北六魂祭」も例外ではない。祭りによる経済効果という実利的側面もある。祭りのあり方は、産業や経済を含めた地域生活全体との関連で変容を余儀なくされる時代になっている。

このような時代にあって、中世の祭りに顕著にみられた神々への信仰心という根源的な問題はどうなっていくのだろうか。祭りを考える際のこの重要な部分について、祭りの中核をなす神輿渡御と神の顕現という問題を、以下の事例を踏まえて考えてみよう。

②「けんか祭り」と神の顕現

「血が騒ぐ」とはよくいったものだ。祭りと聞けば血が騒ぎ、人は内側から活力をみなぎらせ、我を忘れて酔いしれることができる。血が騒ぐのでついエキサイトする。各地には「けんか祭り」と俗称されるものが少なからずあり、祭りの空間は、時として暴力的空間にたやすく移行する。それが神の意にかなったものとするなら、いよいよ留めることが難しい。

冒頭で岩手県陸前高田市気仙町の「けんか七夕」を紹介したが、ここでは「灘のけんかまつり」をみてみよう。これは姫路市にある松原八幡神社の秋祭りである。そもそも「秋季例大祭」という厳かな呼称をもち、毎年十月十四と十五日に行われる。この祭りには三基の神輿が渡御する。神輿を担ぐのは旧灘七村といわれる七地区の氏子である。彼らが一年ごと順送りにこれを担当する。七地区はそれぞれ豪華絢爛たる屋台をもち、からだを寄せ合い激しい「練り競べ」を展開する。大変な見せ場である。しかし、それにもまして見ごたえあるものが存在する。それは、渡御する途中の三基のすさまじい神輿のぶつかり合い、壊し合いの場面である。

神輿が壊れれば壊れるほど神意にかなうと考えられている。だからぶつかり合いは熾烈をきわめる。毎年けが人が出るし、ときには死者すら出る。血が出れば、さらに興奮が渦巻く。もはや暴力以外のなにものでもない。地元では、それが神意にかなうのだから、けが人と死者はいわば神の生け贄である、と言い放つ者もいる。それほどここでは壊し合いの暴力が神の前で肯定されるのである。

同じように神輿同士のぶつかり合いがほかにもある。新潟県糸魚川市の「一の宮のけんか祭」である。これは天津神社の春の例大祭であり、毎年四月十日に行われている。神輿を担ぐのは二地区の若者たちであり、二手に分かれて神輿をぶつけ合う。神輿のけんか場となるのは天津神社の境内である。

まずは、二基の神輿がゆっくりと会場を一巡するお練りがある。その直後、若者たちの歓声が湧き起こり、双方の神輿が激突する。しばらく揉み合ってから離れ、またぶつかり合う。装飾金具が飛び散るのもかまわず、押し合いへし合いが続く。そのうち担ぎ手の小競り合いが高じてけんかが発生。血が飛び散ることもある。土地の人は、「血は神さまが清め、血を鎮めてくれる。怪我も神さまが治してくれる」というのだ。まさしく神の前の公然とした暴力であり、その是認である。こうして激突と壊し合いは十回前後続くだろうか。

じつはこの荒々しい行為こそ、そもそも占いの祭り行事なのである。神輿の担ぎ手である寺町地区が勝てば豊作、一方の押上地区が勝てば豊漁という。けんかは押し込まれれば負けになるが、実際はどちらが勝ったかの判定は下されないのが普通なのである。この神輿の激突を演じたあと、あらたに「お走り」が始まる。それは神輿が太鼓の合図をもって境内を全力で走り出す。競い合って神輿は拝殿に担ぎ上げられるのだが、毎年どちらかが交互に早く到着できるように仕組まれている。しかし、ここでもどちらが勝ったかあまり問題視されない。担ぎ手双方とも桟敷に上がり、「バンザイ」と「勝ちどき」をしばらく続ける。勝っても負けてよしの光景を見せつけられて、見学者も妙に納得してしまう。いずれにせよ、神輿を激突させて暴力的空間を創出させることが、地域の人々をいよいよ団結させ神への信仰心を強めさせる。そんな勇ましい発想が祭りの背景に数多く横たわっている。

③祭りの本来と今日的意義

このように、本来的な祭りは日本各地に健在である。祭りとは非日常性（ハレ）のなかで人を華やかに、ときに荒々しく変貌させ、やがて日常そのものを変革させる魔力を秘めている。古来祭りは地域がエネルギッシュに溢れる時間と空間を創出する。そこでは自分をさらけ出し、裸になった人と人とが真に結び合う喜びに満たされる。祈りと願いをもって神の存在をおぼろげながら自覚するときに、人は謙虚に自然と他人に向き合おうとするのである。そこに献身や奉仕の心も生まれる。それは人智を超えた自然への畏敬の心とも通じ合うものだろう。神々は神輿に乗りながら祈り・願いの対象として身近に意識され、時代をとおして厳とした存在感を保っていなければならないのである。

祭りには神輿渡御のみならず、山車、囃子屋台、民俗芸能など多彩な祭礼文化が歴史的に構成されてきた。それを担う者、見る者ともに多勢の人々がそこに結集して一大コミュニティーが成立する。祭りは人々の生きる勇気を奮い立たせ、また心と心をつなぐものである。結論として、祭りは地域生活の賑わいや結束力に欠かせないことはすでに自明のことではなかろうか。

3　祭りの分析視点

ここまでの祭りの時代的諸相や今日的意義の考察をとおして得られた知見をもとに、今後地域の祭りのあり方を考える際に必要な視点・観点というようなものを以下にまとめてみた。

(1)祭りを歴史と民俗から分析する。
①祭りの由来はどういうものか。歴史的裏付けができる部分と伝承的部分を区別する。ときおり伝承的部分に本質が隠れていることに留意する。
②人々は祭りに何を求めてきたのか、祈りと願いの内面性を分析して時代と人々の心を理解する。
③祭りは町や村の歴史とどうからみ合って成り立ってきたか、祭りを村落発展史の中に位置づけて理解をはかる。
(2)祭りはどんな構造で成り立っているかを分析する。
①空間的構造…祭りが行われる場所・地域の物理的・地理的広がり、祭り施設の配置や建物構造、露店位置など
②人文社会的構造…観客の賑わいの広がり、人の流れ、舞台周辺の集客、参拝者の動き、年齢層に応じた群がり
(3)祭りの多面的要素を分析する。
①祭りの構成物件
神輿渡御、山車、屋台、人形、衣装、信仰用具、造り物、持ち物、火・水などの使用物件など、さまざまな側面をもれなく把握し、その構成要素と意義を考えてみる。
②祭りと芸能文化
民俗芸能とは、祭りのなかで鎮守神などに献上と奉仕のこころから生まれたものが非常に多い。祭り芸能と地域生活の関係について、民俗宗教学的視点からのアプローチを試みる。
③祭りと食文化

祭りにはつきものの食べ物を取りあげることによって、個々の祭りの特色や地域的特色を捉えてみる。

(4)祭りと地域社会との結びつきを分析する。

①地域の人々は祭りにどんな関わり方をしているか　その参加状況　信仰心はどこに、どういうかたちで表れているか

②祭りがあることによって人々の「つながり方」はどうなっているか

③地域社会の賑わい、楽しみにどんな影響を与えているか（社会文化的影響）

④地域社会の振興、活性化にどんな影響を与えているのか（産業経済的影響）

(5)祭りに数量的視点を導入し、計数的データをふまえて分析してみる。

①祭りの規模…見物客数、観光宿泊者数、露店数等

②①に対する地域の居住人口との対比（割合）

③祭りを支える関係者数、その年齢構成およびその対比構成（男女、若者と年配者等）

④祭り全体の時間的流れ

⑤祭りの中の催事の構成分量と全体比等

⑥祭りの賑わいの時間的差異

⑦祭りの年間回数と時期および地域行事との数量的関係

⑧祭りの商業経済面での財務的効果

⑨祭り運営の財源規模および収支

(6)創造される祭りとは何かを考える

①伝統的要素にあらたに加えられた創造的要素もある

②新たな祭りとしてつぎのようなものがある
・新興住宅地などであらたに創られた祭り
・特定の祈りや願いを伴わない祭り＝「神なき祭り」
　よさこいソーランまつり、フェスティバル、カーニバル（「祝祭」）
・イベント的・商業的祭り
③伝統的「神々の祭り」と現代的「神なき祭り」の違いを理解する

おわりに

二〇一一年、年の瀬恒例の漢字検定では、「今年の漢字」に「絆」が選ばれた。三月以来大震災で住居を失った方々が仮設住宅での生活を余儀なくされ、かつての地域生活がバラバラに解体されてしまっている。東京電力福島第一原発事故によって避難生活を余儀なくされた多くの人々にとっても、かつての故郷はもうないに等しい現実がある。このようなとき、人々の「絆」とか共同体意識（コミュニティー）を少しでも取り戻すための方策が積極的に施されなければならない。その一つが地域に根づいた祭り行事などの祭礼文化であることが、これまでの各地の取り組みから明らかになっている。

本稿は、このような被災地での懸命な取り組みに学びながら、過去にさかのぼって祭りの本質や今日的意義、これからの課題などについて考えてみようとした。そのため中世から現代までの具体的事例を取り上げてみたが、それだけでねらいどおりすべて捉えられるわけではない。取り上げた祭り事例そのものが妥当だったかの問題もあるだろう。

現代の祭りでは、集団舞踊からなるよさこいソーラン祭りなど、特定の祈りや願いなどをかかげない「神なき祭り」が流行している。フェスティバル・カーニバル（祝祭）と名づく祭りもある。そういう中で、人智を超えたものに対する畏怖と祈りを込めた伝統的「神々の祭り」もまだまだ健在である。それらは日本人の精神を表現するものとして長く継承されていくべきものであろう。

科学技術一辺倒の傲慢な姿勢を乗り越えて、これからは自然界およびそこに宿る神々に対していかに敬虔な心や素朴な信仰心を取り戻すかが課題であろう。祭礼文化つまり「祈りの文化」についてこれからも調査研究を重ね、その成果をいかすために地域生活における祭りの意義づけをいっそうはかっていきたいと考えている。

引用・参考文献

(1)柳田國男「祭りから祭礼へ」『日本の祭り』所収　弘文堂　一九四二年
(2)『八幡町史』上巻　八幡町史編纂委員会　一九八一年
(3)『八幡町史資料編8』八幡町史編纂委員会　一九九四年
(4)『図説八幡町史』一条八幡宮の威光　八幡町史編纂委員会　一九九五年
(5)「萩野戸故事来歴之事」上荻野戸共有文書　発行年不詳
(6)前掲『八幡町史資料編8』
(7)福原敏男『祭礼文化史の研究』法政大学出版局　一九九五年
(8)「桜農栞」『山口弥一郎選集』第10巻所収　世界文庫　一九七三年
(9)大木美重・濱田進『伊佐須美神社史』歴史春秋社　一九七九年
(10)「明治25年伊佐須美神社祭式記録」『会津高田町史』近代・現代資料編Ⅲ所収　一九九八年
(11)新井恒易『日本の祭りと芸能』ぎょうせい　一九九〇年
(12)菊地和博「御田植神事の共同体的性格と史的背景」『山形民俗』第14号所収　二〇〇〇年

(13)『会津高田町史』第2巻　考古・古代・中世資料編Ⅰ所収　一九九七年
(14)『続日本後紀』『新訂増補国史大系』第3巻所収　吉川弘文館　二〇〇〇年
(15)「延喜式」『新訂増補国史大系』第26巻所収　吉川弘文館　二〇〇〇年
(16)「讀日本紀」『新訂増補国史大系』普及版所収　吉川弘文館　一九九四年
(17)山路興三「御田植祭」『日本民俗大辞典上』所収　吉川弘文館　一九九九年
(18)髙橋富雄『古代語の東北学』歴史春秋社　一九九六年
(19)福原敏男「神輿」『精選日本民俗辞典』所収　吉川弘文館　二〇〇六年
(20)前掲『祭礼文化史の研究』
(21)『大江町史』大江町教育委員会　一九八四年
(22)同右
(23)『大江町史資料』第5号　大江町教育委員会　一九七八年
(24)『大江町史資料』第13号　大江町教育委員会　一九八二年
(25)前掲『大江町史資料』第5号
(26)『新庄市史』第3巻近世(下)新庄市教育委員会　一九九四年
(27)『豊年瑞相談』新庄市立図書館蔵　新庄市教育委員会　発行年不詳
(28)植木行宣『山・鉾・屋台の祭り』白水社　二〇〇一年
(29)『新庄市史』別巻民俗編　新庄市　二〇〇六年
(30)『新庄まつり』公式ガイドブック　新庄まつり250年祭実行委員会　二〇〇六年
(31)前掲『新庄市史』第3巻近世(下)
(32)「御霊会と熊野詣」『週刊朝日百科 日本の歴史64』第3巻所収　朝日新聞社　一九八七年
(33)『折口信夫全集』2　中央公論社　一九九五年
(34)『大崎八幡宮と瑞巌寺』国宝大崎八幡宮　仙台・江戸学叢書　大崎八幡宮　二〇〇九年
(35)『大崎八幡宮の松焚祭と裸参り調査報告書』仙台市教育委員会　二〇〇六年

(36)同右
(37)『宮城県の祭り・行事調査報告書』宮城県教育委員会　二〇〇〇年
(38)『仙台市文化財調査報告書　天賞酒造に係る文化財調査報告書』仙台市教育委員会　二〇〇六年
(39)「河北新報」平成十六年一月九日付記事
(40)「河北新報」昭和四十年一月十四日付記事
(41)「河北新報」平成三年一月十五日付記事
(42)『山形県神社誌』山形県神社庁　一九四三年
(43)「万葉集」巻4『新日本古典文学大系』所収　岩波書店　一九九九年
(44)「古事記伝」巻18『本居宣長全集』所収　筑摩書房　一九六八年

第二章　小正月の火祭り行事の比較考察
—燃え盛る炎に人々は何を託したか—

はじめに

小正月の火祭り行事とは、門松やしめ飾り、護符、お札、ダルマ等を各戸から一定の場所に集め、ワラなどとともにそれらを高く積み上げて焼くもので、主として一月十五日の小正月に行われている。この火祭り行事は全国に分布しており、呼称は「どんと祭」「どんと焼き」「オサイト」「サイノカミ」が多いが、近畿地方などを中心に「左義長」という呼び名もある。本稿では、東北地方ではみられない火祭り行事である「左義長」について、滋賀県近江八幡市・神奈川県大磯町・福井県勝山市に事例を求めた。また東北地方の事例として仙台市大崎八幡宮で行われる「どんと祭」（明治時代頃までは「松焚祭」）を取り上げ、さらに東北各県の実態も取り上げた。これらの広域的事例を比較検討してそこに見出されるものの分析・考察を試みた。その結果として、これらの火祭り行事の背景にある考え方や共通する民俗的意味を導き出しつつ、火祭りは「神送り」であるとの従来の見方に対して「神迎え」ではないのかという疑問と仮説を提示した。意図するところは、これらを通して全国にみる小正月の火祭り行事とは何かの本質を考えてみようとしたものである。

一　左義長の火祭り

小正月の火祭り行事を左義長と呼ぶのは、近畿地方を中心に山陰、北陸の各地方、および愛知県などの一部地域においてである。左義長は古くは三毬杖・三毬打・三鞠打などと書かれてサギチョウ・サギッチョと呼ばれた。そもそも木製の毬を杖で打ち合う正月の遊びであり平安時代末期の「年中行事絵巻」にも描かれている。[1]その遊びで破損した毬・杖を集めて燃やしたのが火祭りのサギチョウの起源ではないかと考えられてきた。『徒然草』には宮中の「さぎ丁」について、「正月打ちたる毬丁(さぎちょう)を真言院より神泉苑へ出て焼き上ぐる也」(第一八〇段)と記している。[2]天文末～永禄初年頃(一五五〇年代)成立の「上杉本洛中洛外図屏風」のなかには京都市中に作られたサギチョウ四基が描かれている。[3]うち三基は大型で太い青竹三本が三脚状に組み立てられ円錐状に藁が巻き付けられている。円錐の先端部分には一本の笹竹が付けられ、そこには結わえられた紙の御幣が数本たなびいている様子がうかがえる。すでに現在みられる一般的な左義長の原型が出来上がっている。

なお、柳田國男は「神樹編」のなかで左義長の起源問題に触れているのが注目される。そこには、三本の竹や木を括って三脚にしたのを本来はサギチョウと呼んだのだと記されている。[4]沖縄では御幣を付けた三本組の竹の芯を今でもサギッチョといっている。このサギッチョの呼称は後に記す福井県勝山市の左義長にも通じる。

ここでとりあげる小正月の左義長は、西日本の滋賀県近江八幡市、関東地方の神奈川県中郡大磯町、そして北陸地方の福井県勝山市の三か所である。それぞれが左義長の地域的特徴を良く保っており、各地の小正月の火祭り行事、とりわけ東北地方において特徴的な大崎八幡宮のどんと祭と比較考察するのにふさわしいと考えられる。以下に簡潔に概要と特徴を述べてみる。

1　滋賀県近江八幡市の左義長祭

『近江八幡の火祭り行事』によれば、平成十年現在で「左義長」の呼称で行われているのは市域の七六地区に及ぶ(5)。さらに「ドンド」が四地区、「注連縄焼き」が一地区である。旧八幡町の左義長は明治時代以前小正月一月十四日・十五日に行っていたが、現在は三月中旬の土曜日（渡御）と日曜日夜（奉火）に行っている。一三の地区では二、三か月かけてそれぞれ左義長一基がつくられるが、二日目の「奉火」では夜八時頃から順番に左義長に点火される。最後十三番目の左義長に点火されるのが一一時近くであり、長い時間をかけてすべての左義長が燃やされる。

近江八幡市の左義長は藁・竹などの円錐状に高くした一般単純形ではない。つまり左義長の構造は、藁の松明部分の「台」、海の幸・山の幸を使い今年の干支をあしらった作り物の「ダシ」、飾り物である「十二月（ジュウニンガツ）」のおおよそ三部分から成り立っている。いわば祭りの山車のようなものでこれを人々は担いで練り歩く。日数をかけ華やかなものに仕上げられた各種左義長を、女装する若者など異形の姿で担いで市内を巡行する。この火祭りは大勢の見物客で賑わうようになり、山車を伴う祭礼に近い祭り行事として発展している。

ここで、左義長実施の七六地区にはいくつか共通する部分があるので、『近江八幡の火祭り行事』にしたがって記してみる。

一、正月飾りは焼くが、その際に古いお札などは一緒に焼かない。
二、その火で餅などを焼いて食べると無病息災となる。
三、残り火を持ち帰り、それで小豆粥などを炊く。燃え残りの竹をガス台の上に一度置いてから粥を炊くという家もある。残り竹を味噌壷のそばに置くと味噌が酸っぱくならない。

四、正月の書き初めや色紙の縫い物を火で燃やすと上手になる。

くりかえしになるが、近江八幡の左義長は「台」「ダシ」「十二月」からなる華やかなもので、他にはみられない祭礼行事化した火祭りの特異性を示している。しかし一方では、火を燃やすことについての呪術的な考えや行為において全国の小正月火祭り行事と共通する部分も少なくない。

2　神奈川県中郡大磯町の左義長

大磯では左義長のほかに、サイト・サイトヤキ・サイトバライなどとも呼んでいる。明治の頃から左義長と呼ばれるようになったという。[6] この祭り行事は相模湾に面する海沿いの九つの町内で毎年一月十四日に行われてきたが、近年では一月の第三土曜日に行われるようになった。

『神奈川県史　各論編5　民俗』などによって以下に概観してみる。[7] それによると、大磯の左義長はいくつかの民俗行事が複合して成立している。つまり、左義長を大きく捉えれば、前年の十二月八日に「一番息子」という行事から始まっている。九町内の子どもたちはこの日、それぞれいくつかのグループを編成して縄でしばったゴロ石を持って家々をめぐり、病魔を追い払い幸福が訪れるよう唱えごとをしてお賽銭をいただく。ゴロ石とは、道祖神であるサイノカミの祠に置かれているものである。翌年一月十一日早朝平塚市に竹や松を買いにいく行事(マッカイ)から三日間、子どもたちは町内ごとに木造で組み立てたオカリコ(御仮籠)と称する御仮屋に籠る。オカリコには奥正面にサイノカミが祀られる。その傍らには提灯や五色の紙で作った吹き流しなどを飾った竹を立てる。これをオンベといっている。この三日間で町内の人々は山王地区を除く八か所のサイノカミを巡拝(ナナトコマイリと称す）して歩き、子どもたちが無病息災で暮らせるように祈願する。ここまではサイノカミ（道祖神）の祭りと仮小屋をつくる鳥追い行事が習合した側面が認められる。

さて、翌日左義長の本番ともいえる一月十四日を迎える。早朝にはオカリコを壊して北浜海岸（大磯海水浴場）には九町内ごと九つのサイトが作られる。オンベ竹などを芯として立てて門松や注連縄、しめ飾り、ダルマなどの正月飾りや縁起物を円錐形に積み上げて藁で包み込んで完成させたものである。その高さは七、八メートルにもなり巨大な藁の塔が浜辺に林立する。各サイトから少し離れた集落側にはサイノカミの祠や石像を置く。さらに、サイトの傍らには海側に向けてサイノカミの仮宮が作られる。

サイトは夜七時頃に点火されて燃え上がる。これをサイトバライともいっている。かつてはアキの方角から順次燃やしたが現在はこの限りではない。木の枝につけたり竹竿の先に吊り下げた福団子をサイトの火であぶって食べるのが慣習である。

燃え上がった頃に下帯姿の青年たちが海に入り、浜辺にいる子どもたちとそれに加勢した大人たちの間で「ヤンナゴッコ」と呼ばれる綱引きが行われる。青年は魚に見立てられて必ず浜辺に引き上げられ子どもたちが勝つのである。その後、下帯姿の青年たちは伊勢音頭を歌ったりしながら各町内に引き揚げ、町内一巡した後にサイノカミの前で大声で歌い、手締めをして終了する。ようするに「ヤンナゴッコ」は豊漁への予祝行事の側面が強い。

以上のように、大磯の左義長は関東地方を代表する大規模な火祭り行事で多面性をもっている。「一番息子」「サイノカミ」「オカリコ」「ヤンナゴッコ」などにみられるように、鳥追い、道祖神祭り、予祝行事など複合的な民俗要素から成り立っていることがわかる。

3　福井県勝山市の左義長

『勝山市史 第一巻 歴史と風土』によれば、「勝山左義長」が文献にみえるのは元禄四年（一六九一）小笠原公の勝山入部からであるという[8]。左義長は少なくとも江戸時代には行われていたといえる。それまでは小正月十五日に行われていたが明治になってから二月に移行している（現在は二月最終土・日）。地元では二日間の一連の祭り行事を「サギッチョ」といっているが、最終日の火祭りを「どんど焼き」とも称する点は留意したい。

小正月の火祭り行事として基本的に全国と共通しているのは、竹や木などを文柱にして藁や杉などを巻き付け、注連縄やお札などを高く積み重ねてそれを燃やすことである。しかし勝山左義長には他の左義長祭りにはみられない特徴がある。まず、「太鼓やぐら」という二階建ての櫓（やぐら）を作りその中で数人の奏者が乗り込む。やぐらには「歳徳大明神」と書かれた額を掲げるものもある。その中で演奏されるのは「左義長太鼓」「左義長ばやし」である。赤系統の長襦袢を着た太鼓たたきは、三味線や鉦、笛とともに体をくねらせながら面白おかしい動作で元歌に合わせて太鼓を打ち鳴らす。この高さ約六メートルもある太鼓やぐらは町内ごと一二基つくられている。

最終日夜のフィナーレに燃やされるものを「松飾り（ご神体）」といっている。それは各太鼓やぐら上手に高さ四メートルの松四本を組んで枠組みを作り、注連縄を張り、青竹を結び、御幣や円形の扇を立て、「歳徳大明神」などの文字を掲げたものである。最終日に太鼓やぐらから「松飾り（ご神体）」が切り離され、九頭竜河原に担ぎ出され一斉に燃やされる。これを地元では「どんど焼き」といっていることは冒頭に記したとおりである。

どんど焼きは若連中によって午後八時から一〇時頃までに燃やし続けられる。点火の際に周囲にいる子どもたちは雪を投げて消そうとし、若連中はまた火をつけ、このような攻防を繰り返すのが伝統であった。こうして火が燃え盛っているあいだ「サギッチョチョイヤ　長兵衛のかか目をむいた」などと皆で囃し立てたのである。また期間中、太鼓やぐらでの演奏が行われる各町内の会場には、「作り物」「絵行灯」「押し絵」なども華やかに展示し飾られ、二日間にわたる祭りを盛り上げる役割をはたしている。

このように勝山市の左義長まつりは、太鼓やお囃子が演奏されて著しく芸能化が進んでいることが特徴である。一方で、「どんど焼き」の共通呼称であること、松飾り（ご神体）を焼いたその火で餅を焼いて食べると健康になる、など全国的に通じる小正月火祭り行事の側面を伴っていることは興味深い。

二　大崎八幡宮のどんと祭と裸参り

仙台市大崎八幡宮のどんと祭は、一月十四日午後に大崎八幡宮の境内で宮司とその他神職によってうやうやしい神事が行われ、その後「点火の儀」によって始まる。「点火の儀」では、一月一日の「採火式」でとられた火種の「忌火」（穢れを清めた神聖なる火）を松明に移して、参拝者が投じた松飾り・門松・注連縄・ダルマなど正月の縁起物などが小山のようにうず高く積まれたものに四方から点火する。点火された小山は赤々と燃え続ける。夜空を焦がすほど高々と炎が舞い上がるがこの火を「御神火」と呼んでいる。この火は翌朝まで燃え続ける。参拝者は夜中じゅう絶えることがない。

大崎八幡の火祭りは明治時代頃までは「松焚祭」といわれてきた。文字どおり正月の松飾りや門松などを燃やしたことに由来する。このどんと祭においては、一般に燃え盛る火にあたると心身が清められ、一年間無病息災でいられ、しかも家内安全であるというような火に対する民俗信仰は根強く伝承されている。このような点では、他地域の小正月の火祭り行事と本質的には変わらないといえよう。

大崎八幡宮のどんと祭は、小正月の火祭りに「裸参り」の行事が加わって賑わうことでも知られている。どんと祭の賑わいの最大要因は裸参りであるといっても過言ではないくらいである。この祭り行事は、およそ七万人以上の人出で賑わうというが(「河北新報」平成十六年一月九日記事)、かつては十五万人から二十万ともいわれた(「河北新報」昭和四十年一月十四日記事)。そこには見るもの見られるもの等の重構造が成立し、露店も境内に所狭しと立ち並ぶ。この人出の多さや賑わいぶりは、裸参りが酒造関係者を中心とする時代から多様な職業に関係する人々が自由に参加する時代へと移ってきたことと密接にかかわっているようである(9)。

裸参りは近年では仙台市内を中心に、酒造関係者以外に会社・事業所、病院、大学・学校等から団体を組織して参加している。その中には女性の参加者も数多い。家族単位や個人参加もある。平成四年には仙台市による「成人裸参り実行委員会」が組織されて新成人による裸参りも奨励、実施されている。

裸参りへの参加は事前に大崎八幡宮へ申し込み、お守り代と昇殿料と一〇〇〇円を支払えば誰でも参加できる。近年の裸参りは酒造というほぼ限定された職業人の参拝から、多様な職業人や学生などの参拝へと変容している傾向がつかめる。このようにどんと祭は神道色を根底に持ちながらも、裸参りなど諸要素を加えていっそう民俗色を帯びているといえる。

宮城県は地域住民が行うどんと祭、オサイトなどの火祭りはもともと盛んでない地域であった。しかし、昭和五十年代以降から各地の神社や町内の近くの公園などで「ミニどんと祭」が広がり始めたといわれる。それは大崎八幡宮の火祭りの影響が周辺各地に及んだ結果とみられているのである。それでいて、発端ともいえる大崎八幡宮のどんと祭そのものが衰退の方向をたどっているわけでもない。

どんと祭を媒介にして成り立った火祭りの民俗社会の構造は、お社(やしろ)と人々のくらしはどんな結びつきにあるのかという点において、大変興味深い関係性を示している。火祭りの構造の中心にある大崎八幡宮の古態の「松焚祭」は民俗化した「どんと祭」として発展し、それは今や全国でも特色ある小正月の祭礼行事として位置づけることができる。

どんと祭については、『大崎八幡宮の松焚祭と裸参り調査報告書』において新聞記事を含めた多史料を駆使したじつに詳細な歴史的検証がなされている。[10] そこでは、先行する名称の「松焚祭」がやがて「どんと祭」に変更されていく過程も明らかにされている。

三　東北の小正月火祭り行事

以下は文化庁の補助事業として編集された『北海道・東北地方の祭り・行事１・２』に掲載された東北各県の『祭り・行事報告書』（平成五年以降に各県教育委員会ごと発刊）を基本に、その他の資料も加えながら東北地方を中心に概観してみたものである。[11]

『祭り・行事報告書』の作成にあたっては、各県で市町村ごとに調査担当者を依頼して、全国統一した調査項目に従い現況をカードに記載する方式をとっており、データ収集に遺漏のないように努めている。筆者も山形県調査執筆委員の一人としてかかわった経緯から、このデータは第一次資料として信用度の高いものであり、調査時点での各県の火祭り行事の実態をかなり正確に反映しているものと捉えている。

１　青森県

上記文化庁『報告書』によれば、青森県内では「どんど焼き」「ドント焼き」が三か所にみられるだけで、火祭りを伴うサイノカミ（塞の神）、オサイトは一か所もない。

2　秋田県

秋田県内では「道祖神」「賽の神」「どんと焼き」の行事は県北二、県央三、県南四の合計九か所にみられる。また、秋田県仙北地方の一部に小正月の火祭りを「天筆」または「天筆焼き」と言っている地区がある。大仙市（旧仙北町）杉の下地区では、一か月遅れの二月十五日に約三メートルの高さの木に積み重ねられた藁束（これを「天筆」と称す）に火を放つが、「天筆和合楽 地福円満楽皆今満足」と書かれた色紙をその火で燃やす。同じような天筆焼きは、大仙市（旧太田町）南小神成地区・旧中仙町豊岡地区、仙南村四ッ谷地区などにみられる。

3　岩手県

『岩手県の祭り・行事調査報告書』には、小正月の火祭りについて実施報告がまったく掲載されていない[12]。また、岩手県立博物館発行図録の『火とまつり』には、小正月の火祭りについての全国的解説はみられるものの、岩手県内の事例が一件も記載されていない[13]。ただし、写真が一枚掲載されており、題して「とんどの火を拝む」（盛岡市・教浄寺）とある。教浄寺とは一月十四日に行われる「裸参り」で知られた寺院であるが、その境内の一角で「とんど」は行われているようである。

4　宮城県

『日本の民俗　宮城県』では、「宮城県下には他地方のトンドのような松焼きの正月送りは仙台市の大崎八幡神社以外にはないらしい」と記している[14]。ただし、先に述べた『大崎八幡宮の松焚祭と裸参り調査報告書』では、「宮城県内には数少ないとは言いつつも、正月飾りを焼く行事が山間部の七ヶ宿や仙台市の大倉地区、加美郡などに残されている」とある。

『宮城県の民俗分布図』では、小正月の火祭り行事として、仙台市大崎八幡宮の「どんと祭」と蔵王町の刈田嶺神社境内で行っている「暁参り」の二か所だけをとりあげている[15]。暁参りは十四日から十五日にかけて大火を焚き正月の飾り等を持って来て焼くとある。明治時代にはすでに行われていてお札を焼くのが行事の中心だったようで、戦後になって正月の飾りが焼かれるようになったという。また、火祭りの廃絶したものとして七ヶ宿町の四地区でオサイドヤキが一月十五日に行われていたことを記載している。

なお、『宮城県の祭り・行事調査報告書』の「宮城県の行事」では、どんと祭は大崎八幡宮に限られた行事であったが、昭和後期になると大崎八幡宮にならってしだいに行われるようになり、昭和五十年代になると全県に普及し、平成十年正月に仙台市内だけで一七九か所で行われた(仙台市消防局届け出)と詳細に記している[16]。これは町内の公園などで行われた小規模などんと祭を含めた件数であろうと思われる。

5　山形県

山形県内の小正月の火祭り行事は、『山形県の祭り・行事調査報告書』によれば、一一三か所にものぼりじつに盛んに行われてきたことがわかる[17]。このなかで全県的にはオサイド(「お柴灯」・「お斉灯」など)の呼び名が最も多いが、山形市や天童市、中山町などでは「イワイイワイ(祝い祝い)」とも言っている。県南部にあたる置賜地方の川西町、長井市、白鷹町、飯豊町などでは「ヤハハエロ」、小国町では「サイズ(サエズ)焼き」などの呼称も特徴的であり内容も他地域と異なる要素をもっている。秋田県でみられた「天筆」の呼称はないものの、山形市西部地域でオサイトに「天筆和合楽　地福皆円満」などと書いた半紙を燃やし習字の上達を願う行為は三か所あり両者の共通性がみられる。

写真19　山形県村山市柏倉地区のいわいいわい（オサイト）

ヤハハエロとは、円錐形に積み上げた藁束を燃やしながら「ヤハハエロ、貧乏の神もってっ て果報持って来い」（川西町）、「ヤハハエロ、ヤハハエロ、センキセンバコ、ミナモテンゲー」（長井市）、「ヤハハエロ、目くそ鼻くそ飛んでんげぇー、出もの腫れもの、せんきすんばこ吹っ飛んで行げー」（白鷹町鮎貝）などと叫ぶ。ヤハハエロの名称はこれらの唱えごとからきているが、元来「サイトウ焼き」とも言っている。

また、小国町の「サイズ（サエズ）焼き」は火が燃え盛るとき周囲の人々は声をそろえて大声で「アハハ、アハハ、アハハ」と三度笑う。これを「サイズ（サエズ）笑い」といっている。ちなみに、小正月の火祭りで「笑う」という行為は、長野県北安曇郡小谷村黒川や飯田市周辺、および静岡県富士山麓から北伊豆にかけて分布している。これらの地域では「おんべ焼き（おんべ笑い）」といっており、火が燃え盛るなか皆で悪口や卑猥な言葉で囃し立て大笑いする。小国町の「サイズ（サエズ）焼き」と相通じる面があるといえる。

一方、庄内地方の酒田市・遊佐町・鶴岡市温海地区などでは、火祭り行事は「サンド小屋・サイド小屋」などという呼称が目立つ。これは子どもたちが作る仮小屋のことで、その中にサイノカミ（塞の神・道祖神）を祀ってのちに小屋ごと燃やすのである。[18] これは中部地方に多いサイノカミや先にみた大磯のオカリコ（仮小屋）に通じる。

6 福島県

『福島県の祭り・行事調査報告書』によれば、小正月の火祭りは「サイ(歳)の神」三五か所、「どんど焼き」一三か所を数えることができる[19]。サイ(歳)の神行事は会津地方に集中的みられるのが特徴であり、平成十四年現在二六か所でおこなわれている。「サイ(塞)の神」の呼称が圧倒的に多いが、一部に「おんべ焼き」「おんべ」の呼び名もある。会津地方でもとりわけ三島町では一一地区でじつに盛大な小正月の火祭り行事が行われているのが特徴である。

以下、『サイの神調査事業報告書　三島のサイの神』によってこの火祭りについて各地区にほぼ共通する部分を概観してみる[20]。行われる時期はほとんどが一月十五日であり、その日が平日であっても以前からの慣習にしたがって日曜・祭日などに移行せずに実施している。担い手は現在は区長や組長であるが、かつては子供組であり、さらに若衆の青年たちが手伝うところが多かった。サイの神はアキの方角の山から切り出してきた神木に藁や豆がら・籾がらを巻き付け、また根元には門松、注連飾り、お札、ダルマなどを積み上げたものもあり、やや円錐形ではあるが地域によって多様なかたちをしている。なかには十字形のかたちもある。さらに神木の先にはオンベを付ける。オンベとは紙製の「御幣」の意味で和紙を何枚も重ねて作るが、これに扇子や紙垂などをつけたり「歳徳大善神」と書かれた紙札などを含めた様々な作り物全体をさす言葉である。

サイの神は現在は一本を立てる地区もあるが、多くは大小二本をセットに立てている。地区によっては、大きいほうを「男サイの神」、小さいほうを「女サイの神」または「子どもサイの神」と称している。サイの神をつくる作業には女性はまったく加わらない。点火はその年のアキの方角から人数によって三か所や五か所から行う。中心に立てられた神木などがすべて燃え落ちると、取り囲んでいた人々は一斉に餅やスルメを焼き始める。

団子を持ち込む地区は少ない。

燃え盛るサイの神の周辺を厄年に当たる人や初婿二人ずつ腕を取り合いながら左から三回あるいはそれ以上を回り、最後は胴上げをされて雪の中に放り投げられる慣習もみられる。これを「胴突き」といい厄払いの意味で行っている地区もある。

また、サイの神には様々な年占いや呪術がともなっている。各地区ともに火の勢いが良い、あるいはオンベに早く火が移ると豊作になるといっている。逆にオンベまで火が燃え移らないと異変が起きるという地区もある。他方、火で腹を温めると「腹病み」しない、悪い所を温めると治る、煙を頭にかけると頭痛が治る・頭が良くなる、燃えた炭や灰を顔に塗ると頭痛や歯痛をしない、風邪をひかない、無病息災でいられる、などじつに多様な呪術性がみられる。

四　考察

1　左義長・オサイト等の共通性と民俗的意義

小正月の火祭りをどんと祭、どんどん焼き、オサイト、サイノカミなどと呼称しているのは東北地方や関東・中部地方、新潟県など主として東日本である。ただし、「どんと祭」「どんど焼き」の呼称は先にみた近江八幡市の左義長地域内の「どんど」、さらに福井県勝山市の左義長のフィナーレ「どんど焼き」もあるように広域的分布がみられる。

この小正月の火祭りは先にみた神奈川県大磯町の左義長のように、道祖神祭りや子どもたちが小屋に泊まる鳥追い行事などと一体化している地域も少なくない。特に道祖神祭りは関東西南部や中部地方にその傾向が強くみられる。

オサイトの語源は、修験者が火の浄化力を願って行う「柴燈護摩」（サイトウゴマ）に起因すると考えられている面もある。また、サイノカミは悪霊の侵入をさえぎる塞（サエ）の神＝道祖神（道陸神）であるという見方があり、東日本の小正月行事も左義長と同様に様々な民俗要素が習合している場合が少なくない。

これまでみてきた左義長またはオサイト、どんと焼きなど全国の小正月の火祭りには大いに地域的差異や特性が認められる。一方ではその同一性や共通部分もまた認めることができる。それらは、日本列島において本質的に同じ小正月の民俗的な祭り・行事ととらえることができるだろうか。それを可能とする民俗的解釈として、人々はあらたな転換を期待するときに火の更新を求める心意があるといわれてきた。つまり、日差しが衰えて寒さが頂点に達した冬の時節に、太陽の再生や活力の回復を期待して人々は火を燃やすという捉え方である。

他方、小正月の火祭りはお盆の火祭りと対比して考えることができる。お盆は餓鬼仏・無縁仏、祖霊を迎えて鎮魂し、丁重に送り出す行事で、迎え火や送り火、高灯籠などの火や明かりを目印としている。正月の行事も歳徳神という年神様（つまり祖霊）を迎えて送るものでお盆と本質を同じくしている。お盆と正月の行事について、一年を大きく二分する節目という意味で、年中行事の両分性ともいわれている。

ここで、各地の小正月の火祭りにかかわる民俗について整理してみたい。一月十五日の小正月の火祭りでは、多くの地域で年神様は燃やされる煙にのって帰っていくと考えられている。つまり、そこには燃やすことによってそれが神に届くというような観念がうかがえる。山形県村山市山の内地区では、オサイトの煙に載せて「受験合格」などの願い事を書いた半紙を高く舞い上がらせながら燃やす。しかし、煙の勢いが少なくて半紙が途中で落ちてくるようなことがあれば願いごとは達成できないとみなされる。昔から書き初めを燃やし高く舞い上がると書道が上達するなどと考えられたのも同じ発想であろう。

一方、邪悪なものを火の浄化作用によって祓い清められるという考えもみられる。火に対する特別な力を認めるゆえである。その事例として、火であぶった餅を食べると風邪をひかず健康になる、また虫歯にならない。火でタバコを吸うと健康になるなどがある。さらに農作物の豊穣を占って二手に分かれて勝負ごとを行う豊作祈願行事が火祭りと併合されている場合も各地で多くみられる。先にみた大磯の左義長のヤンナゴッコなどもその事例といえる。また、これまでみた各地の火祭りの共通性として、大磯の左義長まつりや会津地方のサイの神行事で顕著にみられたように、火祭りの担い手はかつて子どもたちである地域が多いということである。もしかしたら数え年十五歳までの男子集団の「子ども組」が担う祭り行事であったことが考えられる。

2　「神送り」に対する「神迎え」説

小正月火祭りの意味について、先に年神様は煙にのって帰っていくという考えがあると述べた。そこには小正月の火祭りは「神送り」であるという見方が根強くある。「備後国福山領風俗問状答」には現広島県福山市の左義長(とんど)の様子が記されているので紹介する。(21)

とんどと申、城下町々、十日頃より子供集り、家々の注連縄　松飾りを相集め候、(中略)火をかけはやし申候、此時、とんどや左義長や明年もござれや、と人々はやし候ゆへ、焼くをはやすと申候

ここでは、大正月の飾り物を燃やして年神(正月様)の送り火としている様子が読み取れる。明らかに「明年もござれや」と「神送り」をしていることが認められる。

同じように会津地方では「正月様送り」といっており、正月様は燃やす明かりで望月の山へ帰ると信じられている[22]。これに類似するものとして、「わが国の古い信仰では、正月と盆は同じく魂祭の時で、その際、荒々しい霊魂を追い退ける目的で火祭りを行う」という見方もある[23]。

他方、これらの「神送り」の見方に対して、かつて山形県置賜地方の小正月火祭り行事を調査した奥村幸雄は、本来は「神迎え」なのではないかという見解を示している[24]。このことを考えるにあたり、あらためて大崎八幡宮どんと祭の一例をみてみる。

一月十四日夜の大崎八幡宮の松焚祭・どんと祭の始まりは、もともと家々で行うべき「松焼き」処理を神社境内に持ち寄って行うようになったことによるとみられている。じつはそこには、この地方特有の「暁参り」の習俗が介在している。つまり、大崎八幡宮では江戸時代から小正月に「暁参り」または「暁詣」する習俗がみられた。暁参りに来る人々は、いつしか正月の門松や注連縄などを持って訪れるようになり、それが松焚きにつながったと考えられている。『大崎八幡宮の松焚祭と裸参り』では、どんと祭はその歴史的経過からみて、「暁参り」が先にあってそれに「松焼き」と「裸参り」が加わって成立していったという見解が示されている。「暁参り」は松焚祭やがてどんと祭を生み出すもととなった注目すべき習俗といえる。

そこで、「暁参り」・「暁詣」の習俗について、大正十二年(一九二三)一月十五日付け「河北新報」には「暁詣と唱へ年重ねの日と定めている田舎の人も大分あるやうであるから、本夜から明朝にかけての松焚祭(どんと祭)は実に元旦三ケ日七草に次ぐ然も有終の美をなす正月の別れである」と記されている(『大崎八幡宮の松焚祭と裸参り調査報告書』)。ここには「年を重ねる」「正月の別れ」という言葉がみられる。庶民は小正月の観念として、この日を大きな節目・区切りとして捉えていたことがわかる。特に「年を重ねる」とは、数え年の時代に一年の終わりの大晦日から元旦にかけて人々が言ってきたことである。このことは、小正月を一年の終わりと始まりの大きな区切りとして捉えていた古い時代の名残ではないかと思われるのである。小正月こそ一年のスタートという観念がうかがえるのである。

こうみてくると、これまでの小正月火祭り行事に根強い「神送り」説がまったく妥当なのか、いささか疑問になってくる。そこで、以下に小正月がもつ「予祝」の視点を取り入れた疑問点を整理してみる。

①左義長やオサイト、どんと祭などの全国の小正月火祭りは「予祝」行事の側面をもつといわれてきた。それが「神送り」であるとすれば「予祝」は成立しなくなるのではないか。全国の小正月火祭り行事は、年頭に当たってその年の農産物、海産物の豊作、商売繁盛を祈る予祝の性格を合わせ持っている。あらためて山形県内の小正月火祭り行事の名称と子どもたちの掛け声の事例をもって、そのことを確認してみたい。すなわち、名称としては「イワイイワイ（祝い祝い）」「ユワ（祝）ユワ（祝）」（山形市・天童市・中山町など）がある。「イワイ」は「祝い」、「ユワ」は「祝」である。掛け声としては「祝～い、祝～い、作の祝～い」（東根市）がある。「作の祝～い」とは言うまでもなく「豊作の祝い」である。ここに、その年の豊作や繁昌などがすでにもたらされたことを前提に神に感謝して祝いの唱えごとを発するという予祝構造がみえている。このことに関連して『山形県民俗地図』には以下のように記されている。[25]なお文中では火祭り行事を「さいとう」と記している。

「正月の神は、正月のうち御馳走を食べてぜいたくしたので、この火に笑われながら帰るのだ」と、さいとうの火を送り火とみる地域もあるが、この火にあてたものを食べると、風邪をひかないとか虫歯にかからないという伝承が広く分布していること、この行事を「ゆわいゆわい」と呼ぶ地域があること、正月の主要行事が小正月に集中していることなどから、さいとうの火は、むしろ正月の神迎え的性格をもつものと言えそうである。

小正月火祭り行事には、商売繁昌・豊作祈願・豊漁祈願など年占いの要素が多くある。先にあげた神奈川県大磯町の左義長などは、神前にて豊漁の吉凶判断を委ねる典型的行事といえよう。これらの予祝の行事は小正月火祭りが「神迎え」の状況においてこそ成り立つのであり、「神送り」では意味をなさないのではないだろうか。

②宮城県の事例などを参考にすれば、大正月の「神送り」である「松納め」などが小正月火祭りに混入することによって「神送り」観念が強まったことはないだろうか。つまり、宮城県の「松納め」は、一月十四日夕方か一五早朝、年神様の依代である松や注連縄を下ろして屋敷神や鎮守などへ納めたり、庭の木に結びつけたりする。この時「ホーイ、ホイ」と囃しながら持って行くのは、神を送り出す意味がある（『宮城県の民俗地図』）。大正月の飾り物を片付ける「松納め」の時に囃しながら神を送り出す意味が、小正月の火祭りの解釈にも適用されていったことが考えられる。このような事例が他にもないかどうか、各地の実態を丹念に調査し把握する必要がある。

③小正月の火祭りが「神迎え」の意味をもつとすれば、かつて小正月の「一年の始まり」の位置づけがより明確になるのではないか。

以上、現時点における疑問点および仮説を提示してみた。いずれにしても、大崎八幡宮の暁参りが「年重ねの日」と考えた庶民の小正月観念をもとに再考すると、奥村幸雄の小正月火祭りの「神迎え」説は傾聴に値する解釈論であると考えられる。筆者はかつて、奥村の見解は重要な論点を含んでおり神迎え説は引き続き検討したい旨の論考をまとめている(26)。

まとめ

(1)小正月火祭りの根源にある考えがいくつかある。本稿では、日差しが衰えて寒さが頂点に達した冬の時節に、太陽の再生や活力の回復を期待して人々は火を燃やすという捉え方を取り上げた。また、正月は年神様(つまり祖霊)を迎えそして送るという点においてお盆と本質を同じくしている。小正月火祭り行事もお盆の迎え火、送り火と共通する発想が根底にあるという考えも述べた。

(2)小正月の火祭りは神奈川県大磯町の左義長にみられるように、道祖神祭りや子どもたちが小屋に泊まる鳥追い行事など、他の祭り行事と一体化している地域も少なくないことを確認した。特に道祖神祭りは関東西南部や中部地方にその傾向が強くみられる。

(3)小正月火祭りの民俗性はさまざまであるが、本稿では次のような点を指摘した。

一つ目は、年神様は燃やされる煙にのって帰っていくと考えられていることである。また燃やすことによってそれが神に届くというような観念もあり、書き初めを燃やし高く舞い上がると書道が上達するなどと考えられたのも同じ発想であろう。

二つ目は、火祭りには邪悪なものを火の浄化作用によって祓い清めるという考えもみられる。火に対する特別な力を認めるゆえである。その事例として、火であぶった餅を食べると風邪をひかず健康になる、また虫歯にならない。火でタバコを吸うと健康になるなどのいい伝えが多くの地域でみられる。人々の切実な祈りと願いが込められている。

(4)小正月火祭り行事は、年頭に当たってその年の農産物、海産物の豊作、商売繁盛を祈る予祝の性格を持っていることを述べた。その年の豊作や繁昌などが早々ともたらされたと想定し、人々は神に感謝して祝いの唱えごとを皆で発する、というような予祝構造がみえている。

(5)小正月火祭り行事が予祝の側面をもつのであれば、それは「神送り」ではなく「神迎え」の意味をもつと捉えたほうが理にかなっており、小正月火祭りは本来的に「神迎え」であるという仮説を提示した。

以上であるが、「神送り」「神迎え」いずれにしても、年の始めに人々は燃え盛る炎に神の力を感得し、祈り願いを託しようとした。現代に生きる私たちは今、そういうことを感じ取る民俗的心意や感性を損なっていないか、あらためて問わなければならない。

おわりに

本稿では東北各県『祭り・行事報告書』がほぼ実態を反映した一次資料であることを前提にして、東北地方の小正月火祭り行事は青森県・岩手県・宮城県ではきわめて少なく、逆に山形県や福島県ではその多さが顕著であることを明示した。山形・福島両県では、そのほとんどが発生的にも運営面でも、町内に住む人々によるその地域エリアで行われる祭り行事になっている。この北東北と南東北の相違はどこから来ているのか。本稿ではこのことについて考察のなかに盛り込むことができなかったが、『報告書』以外のさらなるデータ収集も含めて今後の検討課題としたい。また、小正月火祭り行事は「神送り」か「神迎え」かという問題について、じつに本質的な問題として引き続き考察を重ねていきたい。

大正月の飾り物などの廃物を燃やす行事という意識だけでなく、燃え盛る炎に祈りと願いの心を持ちながら、小正月火祭りの本質というものを再確認したいと思っている。

引用・参考文献

（1）「年中行事絵巻」小松茂美編『日本絵巻大成8』所収　中央公論社　一九七七年
（2）「万葉集」『日本古典文学大系　第30』所収　岩波書店　一九五七年
（3）「上杉本洛中洛外図屏風」（米沢市上杉博物館所蔵）
（4）「神樹編」『定本柳田国男集19』所収　筑摩書房　一九九九年
（5）『近江八幡の火祭り行事』近江八幡市教育委員会　一九九八年
（6）星野紘・芳賀日出男監修『日本の祭り文化事典』東京書籍　二〇〇六年
（7）『神奈川県史　各論編5　民俗』神奈川県　一九七七年
（8）『勝山市史　第1巻　歴史と風土』勝山市　一九七四年
（9）『仙台市文化財調査報告書　天賞酒造に係る文化財調査報告書』仙台市教育委員会　二〇〇六年
（10）『大崎八幡宮の松焚祭と裸参り調査報告書』仙台市教育委員会　二〇〇六年
（11）都道府県別日本の祭り・行事調査報告書集成『北海道・東北地方の祭り・行事1、2』海路書院　二〇〇九年
（12）『岩手県祭り・行事調査報告書』岩手県教育委員会　二〇〇〇年
（13）図録『火とまつり』岩手県立博物館　一九九四年
（14）竹内利美『日本の民俗　宮城』第一法規　一九七四年
（15）『宮城県の民俗分布図』宮城県教育委員会　一九七七年
（16）『宮城県の祭り・行事調査報告書』宮城県教育委員会　二〇〇〇年
（17）『山形県の祭り・行事調査報告書』山形県教育委員会　二〇〇四年
（18）戸川安章『日本の民俗　山形』第一法規　一九七四年
（19）『福島県の祭り・行事調査報告書』福島県教育委員会　二〇〇五年

(20)『サイの神調査事業報告書　三島のサイの神』三島町教育委員会　二〇〇二年
(21)「備後国福山領風俗問状答」『日本庶民生活史料集成』第九巻所収　三一書房　一九七二年
(22)『会津若松市史23　会津若松の年中行事』民俗編3　会津若松市　二〇〇四年
(23)西角井正慶編『年中行事辞典』東京堂出版　一九五八年
(24)奥村幸雄「置賜地方の正月の火祭オサイト」『山形民俗』第7号所収　山形県民俗研究協議会　一九九三年
(25)『山形県民俗地図―民俗文化財分布調査報告書―』山形県文化財保護協会　一九八〇年
(26)菊地和博「小正月の火祭り行事とその解釈をめぐって」『山形民俗』第24号所収　山形県民俗研究協議会　二〇一〇年

［初出一覧］

第一部　東北の歴史風土をもつ田植踊り

第一章　東北の歴史風土と田植踊りの本質

「東北地方の歴史風土と田植踊りの本質」（『日本歌謡研究』第四十六号所収）日本歌謡学会　二〇〇六年十二月三十日

第二章　菅江真澄の「八戸田植踊」と豊作祈願の芸能

「菅江真澄『八戸田植踊』と豊作祈願の芸能」（『真澄学』第六号所収）東北芸術工科大学　二〇一一年二月十日

第三章　菅江真澄の「胆沢郡徳岡田植踊」と豊作祈願の芸能

「菅江真澄の江戸期『胆沢郡徳岡田植踊』と豊作祈願芸能」（『紀要』第一号所収）東北文教大学　二〇一一年三月三十一日

第四章　東北の豊作祈願の芸能と「藤九郎」の問題

「東北の豊作祈願芸能と『藤九郎』」（『山形民俗』第二十五号所収）山形県民俗研究協議会　二〇一一年十一月十一日

第五章　東北の田植踊りの起源・伝播を考える

「東北の田植踊りの起源・伝播に係る基礎的研究」（『紀要』第六号所収）東北文教大学　二〇一六年三月三十一日

第二部　東北の修験山伏が生んだ番楽・山伏神楽

第一章　東北と修験系神楽の演目「鐘巻」

「東北地方と修験系神楽「鐘巻」研究序説」（『研究紀要』第七号所収）東北芸術工科大学　二〇〇八年三月三十一日

「稲沢番楽『金巻』と東北の修験系神楽」（『民俗芸能』通巻九十四号所収）民俗芸能刊行委員会　二〇一四年十一月二十二日

第二章　山伏神楽・番楽と地域社会

「山伏神楽・番楽と地域社会」ＯＲＣ研究報告書　東北芸術工科大学　二〇〇九年〜二〇一〇年

「東北の獅子信仰における番楽」（『民俗芸能研究』第四十九号所収）　民俗芸能学会　二〇一〇年九月

第三章　芸能伝承をめぐる地域的・民俗的要因―早池峰神楽と「真室川番楽」―

「芸能伝承をめぐる地域的・民俗的要因の研究―早池峰神楽と真室川番楽を中心に―」（『山形民俗』第二十三号所収）山形県民俗研究協議会　二〇一一年十一月十五日

第三部　東北のシシ踊り、その供養性と野獣性

第一章　南奥羽（東北地方南部）を視座にすえたシシ踊りの実態

「民俗芸能からみた南奥羽―東北地方のシシ踊りの歴史と現状―」（『講座 東北の歴史』第五巻「信仰と芸能」所収）清文堂出版　二〇一四年

第二章　シシ踊りと岩手県一関市本寺（骨寺）の生活史

「芸能伝承と本寺（骨寺）生活史の一断面」（『季刊東北学』第二十一号所収）東北芸術工科大学　二〇〇九年

第三章　岩手のシシ踊り演目にみる野獣性

「野生表現が醸し出す象徴性―岩手のシシ踊り演目を中心に―」（『村山民俗』第二十八号所収）二〇一四年六月二十二日

第四部　東北の祭礼行事

第一章　祭礼の時代的諸相と今日的意義

「祭礼の時代的諸相と今日的意義の考察」（『紀要』第二号所収）東北文教大学　二〇一二年三月

第二章　小正月火祭り行事は「神送り」という疑問

「小正月の火祭り行事の比較考察―燃え盛る炎に人々は何を託したか―」（『紀要』第四号所収）東北文教大学　二〇一四年三月三十一日

あとがき

平成二十二年六月、私は数十人の仲間とともに「シシ踊りネットワーク世話人会」を立ち上げた。そして平成二十五年一月に、その世話人会の主催で「民俗芸能公演&新春対談」を企画、㈳日本伝統芸術国際交流協会名誉会長の三隅治雄氏を山形市にお招きし、基調講演と私との対談をお願いした。三隅氏はこの講演のなかで次のようにお話しをされた。

東日本大震災では民俗芸能の存在意義があらためて見直された。芸能は　人々が楽しい時よりは、苦しい時に力を発揮するものである。沖縄は本土に比べて芸能が盛んである。それは太平洋戦争で地上戦が行われて廃墟と化し、戦後何もないところに沖縄の伝統的な踊りや音楽が復興の支えになり、盛んになった歴史背景をみることができる。沖縄を例にとってもわかるように、まさに芸能こそ国を興す原動力になるものである（要約）。

三隅氏の言葉は印象的であり、また大変示唆的である。沖縄の戦後の苦難の歩みのなかで、芸能が発揮した力の大きさを、私は三隅氏のお話によってあらためて知ることができたのである。

ところで、東日本大震災以降の東北地方について、どういうことが言えるのか。やはり祭りや芸能が、被災された人々を元気にさせている出来事があちこちに見受けられると感ずるのは、私だけでないだろう。祭り芸能が持つエネルギーやパワーは、ふるさと意識を蘇らせ、郷土愛を強め、それが震災復興に少なからず貢献しているのではないかと思うのである。

さて、私は東北地方で生まれ育った人間である。私にとって東北とはどういうところなのか。先人たちが刻んできた歩み、蓄積されてきた東北の文化、そういうものを知りたいとこれまで願ってきた。今それらを明らかにする責務のようなものも感じている。東日本大震災が起ったから、という訳では必ずしもないのであるが。今日まで、民俗学研究を進めるなかで、善くも悪くも「東北的なもの」は、他地域と比較検討するなかで、おのずから感じとることができた。それは本書で取り上げているいくつかの民俗芸能研究を通して、自分の中でいっそう強まってきているように思う。

私のこれまでの東北研究は、民俗芸能においては、①シシ踊り　②修験系山伏神楽・番楽　③田植踊りの三分野に絞ることができる。それらの考察を通して、東北の地域性または固有性が明らかにでき、まさに東北の歩みや文化的特性が浮き彫りにされるのでは、という期待を抱きながら調査研究を進めてきた。

しかし、まだまだ道半ばである。シシ踊りは単著としてとりあえず出版できたが、山伏神楽・番楽と田植踊りについてはほど遠い。できるかどうかわからないが、今後の課題としておきたい。

清文堂出版の編集者松田良弘氏とは、『講座　東北の歴史』第五巻の刊行(二〇一四年二月)の際に、東北大学名誉教授入間田宣夫氏とともに編著者として関わらせていただき、少なからぬご縁があった。「山形民俗文化論集3」(『山形の祭りと芸能』)の準備も念頭にあったが、このたび松田氏のご厚意により、先に本書を上梓する機会を与えていただくことができた。出版に際しては、清文堂出版の取締役社長前田博雄氏と松田良弘氏には、一方ならぬお力添えを賜り、じつに立派な一書として仕上げていただいた。最後となったが、お二人に心より御礼を申し上げる。

二〇一七年　二月　　齋藤茂吉文化賞受賞祝賀会の感激を胸に刻んで

菊地和博

著者略歴

菊地　和博（きくち　かずひろ）

［略　歴］
1949年　山形県東根市生まれ
1972年　法政大学文学部哲学科卒
1973年　山形県立新庄北高等学校教諭
2000年　東北芸術工科大学東北文化研究センター助教授
2011年　東北文教大学短期大学部総合文化学科教授
現　在　東北文教大学短期大学部総合文化学科特任教授
　　　　博士（文学）東北大学より学位授与
［著　書］
〈単　著〉
『庶民信仰と伝承芸能』岩田書院　2002年
『手漉き和紙の里やまがた』東北出版企画　2007年
『やまがた民俗文化伝承誌』東北出版企画　2009年
『シシ踊り―鎮魂供養の民俗』岩田書院　2012年
『山形民俗文化論集１　やまがたと最上川文化』東北出版企画　2013年
『山形民俗文化論集２　民俗行事と庶民信仰』岩田書院・東北文教大学出版会　2015年
〈編著書〉
『東北学への招待』角川書店　2004年
『講座　東北の歴史』第五巻「信仰と芸能」清文堂出版　2014年
〈共　著〉
『ザ・エピソード山形おもしろものがたり』みちのく書房　1996年
『最上川と羽州浜街道』吉川弘文館　2001年
『東根市史』通史篇下巻　東根市　2002年
『図説　東根市史』東根市　2006年
『民俗芸能探訪ガイドブック』国書刊行会　2013年

東北の民俗芸能と祭礼行事

2017年３月30日　初版発行
著　者　菊 地 和 博 Ⓒ
発行者　前 田 博 雄
発行所　清文堂出版株式会社

〒542-0082　大阪市中央区島之内2-8-5
電話06-6211-6265　FAX06-6211-6492
ホームページ＝http://www.seibundo-pb.co.jp
メール＝seibundo@triton.ocn.ne.jp
振替00950-6-6238

印刷：亜細亜印刷　製本：渋谷文泉閣
ISBN978-4-7924-1059-9　C3039